Zu diesem Buch

Berlin: In karger Umgebung, wenig Tradition, lange Zeit eher eine große Kaserne als Bürgergemeinde. Dann in wenigen Jahrzehnten der Aufstieg zur deutschen Metropole, zur Weltstadt. Diese Dynamik prägte die Berliner: Hektisch, schlagfertig, ganz und gar unsentimental leben sie ihre ruhelose, veränderungswütige Stadt.

Diese Anthologie beschreibt die wechselnden Gesichter Berlins und die Temperamente der Berliner. Sie versucht einer Stadt auf den Grund zu gehen, der man viele Verwandtschaften nachgesagt hat, zu Chicago und Amsterdam etwa, und der doch nichts gleichkommt. Denn keine streift so schnell neue Kleider über, keine macht so dramatisch Geschichte wie Berlin – immer in Bewegung.

KLAUS STROHMEYER, geb. 1947, 1970 der Anziehungskraft Berlins erlegen, Studium der Germanistik und Politischen Wissenschaften, wissenschaftlicher Assistent an der Freien Universität Berlin; lebt als Publizist in Berlin.

MARIANNE STROHMEYER, geb. 1949, Studium der Germanistik und Politischen Wissenschaften, Studienrätin für Deutsch und Geschichte.

Berlin in Bewegung

Literarischer Spaziergang 2: Die Stadt

Herausgegeben von Klaus Strohmeyer in
Zusammenarbeit mit Marianne Strohmeyer

rororo
Rowohlt

Redaktion Wolfgang Müller
Umschlagentwurf Wolfgang Kenkel (Foto: An der Normaluhr
vom Bahnhof Zoo von Friedrich Seidenstücker, 1931/
Bildarchiv Preußischer Kulturbesitz, Berlin)

Erstausgabe
Veröffentlicht im Rowohlt Taschenbuch Verlag GmbH,
Reinbek bei Hamburg, März 1987

Satz Sabon (Linotron 202)
Gesamtherstellung Clausen & Bosse, Leck
Printed in Germany
1480-ISBN 3 499 18373 0

Inhalt

Inhalt Band 1

Klaus und Marianne Strohmeyer

Rundfahrt

Anregungen zum Erinnern, Gehen und Sehen

Es beginnt mit einer Schwierigkeit: Wo sollen wir die Rundfahrt beginnen lassen, die wir auf den Spuren Franz Hessels unternehmen wollen? Einfach Unter den Linden, als sei nichts geschehen, als sei hier unangefochten das Zentrum Berlins? Überhaupt, ist «Rundfahrt» noch der adäquate Begriff, um Berlin zu erkunden, das zwiespältige, zwillingshafte Stadtgebilde, die beiden Berlins, die sich heute in vertrackter Weise aufeinander beziehen und doch ständig weiter auseinanderentwickeln?

1929, als Franz Hessel, der Flaneur par excellence, zur Sightseeing-Tour in eines der «Riesenautos» des Rundfahrt-Unternehmens Käse stieg, «vor denen livrierte Männer mit Goldbuchstaben auf ihren Mützen stehen und zur Rundfahrt einladen», war die Stadt noch in Ordnung, zumindest äußerlich. Im Innern brodelte es, die Stadt drohte zu explodieren. Heute, in geborstenem Zustand, ist der Überdruck aus ihr entwichen, heute wird sie von außen zusammengepreßt, unter politischer Spannung gehalten.

Wir beginnen unsere Rundfahrt an einer Leerstelle zwischen den Städten, die damals der Inbegriff des Berliner Verkehrslebens war: am Potsdamer Platz. Wir können nicht sagen «auf» dem Potsdamer Platz, denn er ist heute unbetretbar, von zwei Mauern eingerahmt, Niemandsland, eine geschleifte Fläche, auf der nur mehr die Fußspuren der Geschichte zu lesen sind. Außer den Panzersperren gibt es hier nichts, was in die Luft aufragt. Ein vergessenes Schienenstück der Straßenbahn gibt den charakteristischen Bogen an, mit dem die Potsdamer Straße in den Platz mündete, um dann auf den Leipziger Platz, in die Leipziger Straße zu weisen ... Es herrscht ohrenbetäubende Stille über der planierten Fläche, wo früher «am Tage fieberhaftes Leben brüllte». So beschrieb der Journalist Hardy Worm in den zwanziger Jahren den Platz. Wir stehen auf der Plattform, die dem Blick über die Mauer einen Hauch von politischer Peep-Show gibt, und denken uns die Schinkelschen Wachhäuser des Potsdamer Tores, überlegen, wo die Normaluhr stand mit der eingebauten Verkehrskanzel und der Ampelanlage. Hier stauten sich tagtäglich die Straßenbahnen ...

Um auf die andere Seite des Potsdamer Platzes zu kommen, dorthin, wo der Leipziger Platz beginnt – benötigen wir eine Stunde: Wir fahren die Linkstraße entlang, biegen in die Bernburger, behalten die Mauer im Blick, überqueren den Askanischen Platz, fahren durch die Anhalter-, die Koch-, schließlich die Oranienstraße, bis wir am Moritzplatz angekommen sind und vor dem Übergang Prinzenstraße stehen: Hier warten wir nach der üblichen Slalomfahrt zwischen Betonblöcken und Panzersperren hindurch in einer Schlange, bis über eine dünne Lautsprecherstimme unsere Nummer aufgerufen wird. Sie ist kaum zu verstehen, weil zwei Arbeiter neben uns mit einem Preßlufthammer ein Loch ausheben, für einen Pfeiler Grenzabsperrung mehr. Schließlich, nach Deklaration des Hessel-Buches als Stadtführer, erhalten wir wieder freie Fahrt im Slalom auf die Heinrich-Heine Straße, über die Insel- und Wallstraße in die Leipziger, bis ans Ende der Leipziger.

Nein, die Schilderung dieses kleinen Umwegs ist nicht als Demonstration gedacht, sie gibt nur eine Realität wieder, von der Hessel sich noch nichts hatte träumen lassen, eine historische Differenz, an die wir uns nicht gewöhnen wollen. Jetzt sind wir wieder fast dort, wo wir vorhin waren, am Potsdamer/Leipziger Platz, nur ein- bis zweihundert Meter entfernt vom Ausgangspunkt. Dieser Umweg ist es, der uns zwingt, die Rundfahrt Hessels abzuändern. Unsere Rundfahrt hat am Ende nur wenig mit der Hessels gemein, wir haben kein Bus-Unternehmen gefunden, das uns auf den alten Spuren fährt. Wir stellen das Auto ab, unternehmen einen Rundgang. Gleich hinter der zweiten Mauer, die den Potsdamer Platz nach Osten begrenzt, entdecken wir gegenüber dem ehemaligen Preußischen Landtag ein Ausgrabungsfeld, Reste eines weißgekachelten Kellerlabyrinths, in dem wir die Reste des Wertheim-Palastes vermuten, vielleicht die Warenexpedition oder die Warenannahmestelle, über die Paul Göhre in seinem enthusiastischen Wertheim-Buch schrieb: «Wer je einmal dort war, wird die Stelle nicht wieder vergessen. Es geht dort schlimmer zu als in einem Taubenschlage. Sendungen von der Eisenbahn, der Post, dem Zollager, aus der Markthalle, den Engroslagern, den Filialen und Betriebswerkstätten wechseln ab mit schweren oder leichter bepackten Boten Berliner Fabrikanten, die ihre Waren, wie es gern gesehen wird oder auch bestellt ist, in Teilsendungen abliefern lassen oder auch neue kleine eilige Nachbestellungen des Hauses auf diese Weise erledigen [...] Es ist ein ewiges, ununterbrochenes, rastloses Hinauf, das den Betrieb da unten im Keller beherrscht.»

Nein, Gewißheit kann uns über die Kellerruinen niemand verschaffen, die jüngeren Autobastler nicht und auch nicht der alte Herr mit dem

Krückstock und der Baskenmütze. Er glaubt das Wertheim näher zum Potsdamer Platz, zur Mauer hin. Zur Entschädigung erklärt er uns dafür die anderen Gebäude, nicht ohne Wehmut, hatte er doch einmal in der Lützowstraße gewohnt und war dort ausgebombt worden. Er erzählt uns seine Teilungsgeschichte. Wenn, ja wenn..., dann lebte er heute nicht hier in diesem Teil der Stadt, wo man ihn, den alten Sozialdemokraten aus seinem Beruf drängte. Die Kinder leben in West-Berlin, und natürlich geht er öfter hinüber...

Wir stehen vor dem Haus der Ministerien, dem ehemaligen Reichsluftfahrtministerium Görings (vorher befand sich hier das alte Kriegsministerium) und fühlen uns beobachtet, durch die schwenkbaren Fernsehkameras, die die Straßenfront im Blick haben. Und der alte Herr spricht zu laut und zu wenig verbindlich über die jetzigen Herrn dieses Regierungsgebäudes mit der unseligen Vergangenheit, obwohl doch die Fenster offenstehen ... Es ist, als könne das Haus in ungebrochener Kontinuität Angst erzeugen. Wir sind an der Ecke Grotewohlstraße angelangt und werfen den Blick hinein in die alte Wilhelmstraße, in die Regierungsstraße, doch mehr gibt es hier aus älteren Zeiten nicht zu finden. Wir ahnen mit Hilfe unseres Begleiters die Lage des Hotels Kaiserhof, dann verabschieden wir uns und gehen auf der Leipziger bis zur Mauerstraße weiter, denn das südliche Ende der Wilhelm-/Grotewohlstraße endet als Sackgasse an der Mauer, und die Prinz-Albrecht-Straße, die Hessel entlangfuhr, liegt heute genau unter bzw. neben der Mauer. Von den Gebäuden, die er erwähnt, steht allein noch das alte Kunstgewerbe-Museum, nach dem Architekten heute «Gropius-Bau» genannt, aus langem Dornröschenschlaf erwacht und eines der schönsten Ausstellungsgebäude Berlins. An das Palais des Prinzen Albrecht und die alte Kunstgewerbeschule, in nationalsozialistischer Zeit die berüchtigten Sitze von SS und Gestapo, erinnerten lange Zeit allenfalls Schuttberge; auf einem Teil des Geländes hatte sich Strapsharry mit seinem Übungsplatz für Führerscheinaspiranten etabliert, bis 1985 im Zuge der Vorbereitungen der 750-Jahr-Feier Berlins das belastete Gelände «wiederentdeckt», planiert und begrünt wurde. Und am Rand der Freifläche wurden die Reste der Gestapo-Folterkeller ausgegraben, um der Opfer zu gedenken. In Deutschland bewältigt man die Vergangenheit vornehmlich im Jubiläums-Rhythmus.

Um Hessel auf den Spuren zu bleiben, hätten wir vom Potsdamer Platz aus die Saarlandstraße/Stresemannstraße hinunterfahren müssen, am Haus Vaterland und am Völkerkundemuseum vorbei: Ein Straßenzug und zwei Gebäude, die es nicht mehr gibt. Doch wir erinnern uns, Anfang der siebziger Jahre, als der Westberliner Senat von der DDR das Gelände des ehemaligen Potsdamer Bahnhofs kaufte, stand hier noch die Ruine von Haus Vaterland, «dies kulinarische Völkermuseum von Kempinski und seine Panoramen», allerdings mit offenen Fensterlöchern und durchhängenden Decken. Vom alten Glanz dieses Turmbaus in der sündigsten Stadt des Deutschen Reichs war nichts übriggeblieben. Heute ist es noch schwerer geworden, die erogenen Zonen der Stadt von damals zu erahnen. War es dort, wo die Freaks heute ihre selbstgebastelten Wohnmobile abgestellt haben? Ist das die Nabelkuhle des früheren Nepp- und Glitzerbezirks, war das der rotbeleuchtete Unterleib Berlins? Dort, wo heute eine öde Fläche von der Magnetbahn überspannt wird?

Nein, das liegt alles hinter der Mauer, die Beschäftigung mit der Vergangenheit verführt zu grenzüberschreitenden Gedanken, wir sind noch immer im Ostberliner Bezirk Mitte, gehen auf der Leipziger Straße ostwärts und stehen jetzt an der Kreuzung Mauerstraße. Hier wird das alte Postministerium mit dem Postmuseum gerade renoviert und ist zur Zeit unzugänglich. Die 750-Jahr-Feier wirft ihre Schatten auch in Ost-Berlin voraus: Wo der alte Glanz wiederhergestellt werden soll, müssen wir uns mit Baustellen zufrieden geben. Unser Blick fällt auf das abblätternde grüne Mosaik der Jugendstilfassade des Geschäftshauses an der Ecke gegenüber, mit dem Firmenzeichen WMF über dem Nebeneingang. Die Mauerstraße hat noch immer die charakteristische Krümmung, die von der alten Stadt- und Akzisemauer herrührt, an der sie entlang führte.

Beinahe überflüssig zu erwähnen, daß die Dreifaltigkeitskirche, Schleiermachers Wirkungsstätte, nicht mehr steht. So ging es vielen Kirchen, und was erhalten geblieben ist, ist oft noch immer in trostlosem Zustand oder wird jetzt erst renoviert. Auch das von Hessel erwähnte Warenhaus Tietz steht nicht mehr. Die Leipziger Straße, früher die Haupteinkaufsstraße des bessergestellten Berlin, war eine Attraktion für die Provinzler, zum Beispiel für Falladas Rittmeister von Prackwitz: «Sooft der Rittmeister von Prackwitz auch nach Berlin kam, zu seinem Hauptvergnügen gehörte es, einmal die Friedrichstraße und ein Stück Leipziger entlangzuschlendern und in die Läden zu schauen. Nicht etwa, daß er große Einkäufe machte oder auch nur beabsichtigte, nein, die Schaufenster freuten ihn. Sie waren so herrlich für einen Provinzler zurechtgemacht. In manchen gab es entzückende Sächelchen zu sehen, Dinge, die einen reizten, einfach in den Laden zu gehen, mit den Fingern auf sie zu zeigen, zu sagen: Dies!»

Heute ist die Leipziger Straße im erhalten gebliebenen Teil eine glanzlose Sackgasse zur Mauer hin, dem Spittelmarkt zu geöffnet mit großzügig-eintöniger Blockarchitektur, Hochhäuser mit integrierten Einkaufsbereichen in den unteren Geschossen, von Wohnungsbaukombinaten am Straßenrand abgesetzte, exakt ausgerichtete Quader aus Fertigteilen. Hier wirkt die Leipziger Straße für den mäßigen Verkehr viel zu breit. Zwischen zwei Hochhäuser eingeklemmt die Spittelkolonnaden, als hätte sie ein unaufmerksamer Stadtplaner versehentlich stehengelassen, doch sie wurden von einem fürsorglichen Dilettanten des Denkmalschutzes nachträglich – als Zitat offenbar – hier wieder eingefügt.

Wir biegen ab auf den Platz der Akademie, den alten Gendarmenmarkt, und treffen auf ein wirkliches Meisterstück des Denkmalschutzes, den gerade wieder hergerichteten Französischen Dom und das Schauspielhaus; am Deutschen Dom sind die Restaurierungsarbeiten noch nicht abgeschlossen. Hier «liegt meines Vetters Logis in dem schönsten Teile der Hauptstadt, nämlich auf dem großen Markte, der von Prachtgebäuden umschlossen ist, und in dessen Mitte das kolossal und genial gedachte Theatergebäude prangt.

Es ist ein Eckhaus, was mein Vetter bewohnt, und aus dem Fenster eines kleinen Kabinetts übersieht er mit einem Blick das ganze Panorama des grandiosen Platzes.»

Von unserem ersten Kriminal- und Gruselschriftsteller ist die Rede, der sein literarisches Alter ego über das Kaufen und Verkaufen, über das Marktgeschehen mit detailgenauen Beobachtungen berichten läßt.

Das Schauspielhaus, «das Schinkel auf den stehengebliebenen Mauern nach dem großen Brande, welcher das frühere Nationaltheater der Ifflandzeit zerstörte, errichtet hat, [ist] eine wunderbare Einheit». In der Tat! Und das neue Flügelpferdchen auf seinem Dach glänzt noch ganz unpatiniert in den verhangenen Regenhimmel.

Über die Französische und die Werderstraße spazieren wir zum Schloßplatz bzw. zum Marx-Engels-Platz. Der ist heute, es war nicht anders zu erwarten, nicht mehr als ein riesiger Parkplatz. Wo sich einst das alte Stadtschloß erhob, steht heute der Spiegelpalast der Republik, dessen imponierendste Seite die ist, die das Bild des (neuen, neureichen) Domes auffängt. Wahrscheinlich unterscheidet sich das Innenleben des Palastes nicht sehr vom Innenleben, das das Schloß heute bieten würde, wäre es wiederhergestellt worden: Schulklassen und andere eifrige Republikaner werden durch das Gebäude geführt, dessen Hauptaufgabe darin zu bestehen scheint, Treppenhaus und luxuriöse Vorhalle der Republik zu sein, Garderoben und Restaurants zu beherbergen ...

Hinter dem Palast überfällt uns die Leere des sozialistischen Realismus: Außer dem Roten Rathaus zur Rechten und der schlicht-schönen Marienkirche zur Linken so weit das Auge blickt Neubauten, die Klaustrophobie, und Plätze, die Agoraphobie hervorrufen. Doch wir denken auch an die Ursachen und Umstände, die zu dieser Neubaulandschaft geführt haben...

Wer heute Hessels Hinweis folgt, einmal die Spreegasse zu besuchen, die das Vorbild für Raabes Sperlingsgasse abgab, würde enttäuscht wieder zurückkommen. Zwar ist sie heute Raabe zu Ehren in Sperlingsgasse umbenannt worden, doch ihr ist nichts von einer Gasse geblieben. Nur die Jungfernbrücke entschädigt ein wenig für den Verlust dieses Stücks Alt-Berlin und das von glatten Fassaden eingerahmte Nicolai-Haus in der Brüderstraße, einmal der «gesellschaftliche Mittelpunkt von Berlin». Doch nicht weit entfernt hat sich um die Nikolai-Kirche herum ein kleines Viertel erhalten: «An diesem Platz stehen noch ein paar sehr alte Häuschen, und wenn man in eines geht, sieht man auf winzig kleine Höfe. In die Wohnungen führen steile Stiegen, manche der Häuser haben keine selbständige Giebelmauern, sondern sind ans Nachbarhaus ‹angebacken› [...].» Sorgfältig renoviert wurden diese kleinen Bürgerhäuser, daneben allerdings mit Betonfertigteilen nachempfundene Neubauten, ein im ganzen nur halb gelungener Versuch, der winkligen Altstadt ein Andenken zu bewahren.

Hier am Molkenmarkt wird auch das Palais Ephraim wiederhergestellt mit den Fassadenteilen, die der Westberliner Senat aufbewahrt und vor ein paar Jahren zurückgegeben hat. Dagegen ist die Fischerinsel schräg gegenüber mit zwanziggeschossigen Betonblöcken bestückt worden. Von der Idylle des einstigen Gassenquartiers ist dort nichts geblieben. An die Plätze und Brücken dieses Quartiers, das Amsterdam hätte Konkurrenz machen können, erinnern nur mehr die Namen. Vom Krögel keine Spur.

Wir machen über die Inselbrücke einen Abstecher hinüber zum Märkischen Museum, dieser düsteren Ritterburg, deren massiger Turm der Bischofsburg in Wittstock nachgebildet ist und die alle Stilarten in sich zu vereinigen scheint. Leider können wir uns die Biedermeier-Zimmer mit all dem «rührenden Kleinkram an Etuis und Bestecks, Spieldosenhäuschen aus Zitronenholz, Stammbuchbildern, das viele herbstliche Goldgelb der Möbel aus flammender Birke und das Mahagoni der Schränke» nicht ansehen, auch hier bleibt wegen Renovierung die Tür verschlossen. In der Nähe steht der Pinsel-Heinrich mit seinem Skizzenblock, und über seine Schulter guckt ungeniert so eine richtige Zillefigur, ein junger Bursche im kragenlosen Hemd mit Melone, ein einprägsames Denkmal von Heinrich Drake. 1929, als Hessels Buch erschien, starb Zille.

Nein, wir fahren nicht über die Waisenbrücke zurück, die existiert nicht mehr, wir fahren über die Jannowitzbrücke. Und eigenartig, auch heute bietet sich uns ein merkwürdiges «Schauspiel aus Ruinen und Neubauwelt». Hier wird renoviert und gebaut. Wir blicken auf den Stadtbahnbogen, auf dieses «von Erinnerungen angeräucherte Stück Tempel des Dampfes, dieser schon altertümlich gewordenen Lokomotion». Es ist ein ganz normaler S-Bahnzug, der dort über unseren Köpfen gelbrot vorüberrattert, keine Dampflokomotive, aber trotzdem, hier ist die ununterbrochen mit Waren und Menschen im Eiltempo belieferte Großstadt noch lebendig...

Wir folgen der Stralauer Straße nicht bis zum mächtigen, häßlichen Stadthaus, dieser gelungenen Synthese aus Schloß- und Gefängnisarchitektur, in der wir eine kafkaeske Vorhölle zum Aktenparadies vermuten, sondern biegen vorher in die Littenstraße ab, gehen am letzten Stück erhaltener Stadtmauer entlang zum Stadtgericht Mitte, dem ehemaligen Land- und Amtsgericht, das Hessel der näheren Beachtung gar nicht für wert befand. Wir treten ein und befinden uns in einem der herrlichsten Jugendstiltreppenhäuser mit gegenläufig sich überkreuzenden Treppenzügen und wunderbar leichten, schmiedeeisernen Geländerranken. Es ist frisch renoviert, und wir können uns kaum sattsehen an der kunstvollen Architektur der großen Treppenhalle. Das ist nicht zu vergleichen mit der wilhelminischen Bombastik des Moabiter Amtsgerichts, die jeden Angeklagten, der dort hineingeführt wird, schon im voraus verurteilt. Damit soll nicht behauptet werden, daß es hier etwa den Angeklagten leichter würde ...Der freundliche Portier hat uns bis in die runde Treppenhalle eingelassen und jetzt verrenken wir uns die Hälse, alles ist bis in die Einzelheiten durchkomponiert, bis in die Apsisfenster, die Ampelleuchten, die wellenförmig auslaufenden Treppenstufen, die zapfenförmigen, feinziselierten Öfen am Treppenfuß und die Hinweisschilder ...Das freut unseren Portier, daß wir über sein Gerichtsgebäude so begeistert sind; er erzählt uns gleich etwas über den spektakulären Prozeß, der gerade verhandelt wird, einen Mordfall...

Bevor wir Hessel nacheilen zum Alexanderplatz, gehen wir noch am Ruinendenkmal der Klosterkirche vorbei zur «Letzten Instanz», der traditionsreichen Gerichtsklause in einem der handtuchschmalen Gebäude, die in der Waisenstraße als Rest der Häuserzeile stehengeblieben sind. Wir schauen durch die Fenster auf holzgetäfelte Wände und altdeutsche Gemütlichkeit. Die Parochialkirche macht einen vernachlässigten und unzugänglichen Eindruck.

Genau gibt uns Hessel nicht an, wie er die kurze Strecke von hier zum Alexanderplatz gefahren ist, er stellt nur fest, daß es auf ihm «zur Zeit recht unordentlich aussieht, weil hier ein ganzes Stadtviertel eingerissen und umgebaut wird». Zur gleichen Zeit schreibt Alfred Döblin seinen Roman «Berlin Alexanderplatz»: «Rumm rumm haut die Dampframme auf dem Alexanderplatz. Viele Menschen haben Zeit und gukken sich an, wie die Ramme haut. Ein Mann oben zieht immer eine Kette, dann pafft es oben, und ratz hat die Stange eins auf den Kopf. [...] Alles ist mit Brettern belegt. [...] Wie die Bienen sind sie über den Boden her. Die basteln und murksen zu Hunderten rum den ganzen Tag und die Nacht.»

Vor dieser chaotischen Überfülle und dem Lärm der Baustelle Alexanderplatz flüchtet Hessel, wir flüchten vor der toten Betonplattenlandschaft, als die sich der Alex heute präsentiert, geeignet vielleicht als Rollbahn, aber kein Ort zum Verweilen. Wir folgen unserem stillen Führer zur Marienkirche und treten ein, doch wir verweisen auf seine Beschreibung des Innenraums, der wunderbaren Kanzel von Schlüter und des leider nicht zu besichtigenden Freskos in der Turmhalle. Wir sind bei den Bildern der Anne Frank-Ausstellung stehengeblieben ... Diese Bilder stehen dem Totentanz auf dem Fresko an Eindringlichkeit und Mahnung wohl nicht nach.

Hessels Schloßführung können wir nicht mitmachen und seinen Abstecher zur Museumsinsel wollen wir unkommentiert lassen: Hierüber gibt es genug Literatur, die angemessen ausführlich die Schätze beschreibt, die aus fernen Welten hier eingelagert sind. Doch wie sind sie hierhergekommen? War nicht das, was die europäische Archäologie betrieb, kaschiertes, verfeinertes Raubrittertum? Immerhin ist Hessels Vorschlag, das Kaiser-Friedrich-Museum doch lieber nach dem Mann zu benennen, der das Museum aufgebaut hat, heute Realität geworden: Es heißt jetzt Bode-Museum. Übrigens ist die Beschaffung von Exponaten aus dem Inland ein amüsantes Kapitel: Wo Wilhelm von Bode mit dem Erwerb kostbarer Stücke kein Glück hatte, schickte er Wilhelm II. ins Haus. Solch hohem Besuch war schwerlich etwas zu verweigern...

In der Nationalgalerie ist gerade Kunst aus der Bundesrepublik zu besichtigen. Die Ausstellung scheint auf reges Interesse zu stoßen. Direkt daneben wieder der Dom, seiner Beurteilung durch Hessel ist wenig hinzuzufügen: «Die einzige Unruhe an dieser gelassenen Stätte ist der Dom mit seinen vielen Hochrenaissanceeinzelheiten, Nischen, Hallen, Kuppelaufsätzen. [...] Er bedeckt eine Fläche von 6270 qm, während der Kölner Dom es nur bis zu 6160 qm gebracht hat. Es ist höchst überflüssig, hineinzugehen, denn auch innen verletzt dieses Riesengefüge aus eitel Quantität, Material und schlecht angewandter Gelehrsamkeit jedes religiöse und menschliche Gefühl. [...] Mit Recht verkündet ein marmorner Engel ‹Er ist nicht hier, Er ist auferstanden›. Wahrhaftig, hier ist Er sicher nicht.»

Die «Hauptkirche des Preußischen Protestantismus in Berlin» ist kein Ort stiller Einkehr, kein Dokument religiöser Toleranz, sondern eine Machtdemonstration. Gleichwohl, er wurde nicht, wie Hessel es sich wünschte, abgerissen, er ist nach schweren Kriegszerstörungen wieder aufgebaut worden. Das klingt wie Ironie der Geschichte, doch angesichts des Palastes der Republik anstelle des Stadtschlosses ist der Dom das geringere Sakrileg...

Auch über die Metamorphosen des Lustgartens zum Exerzier- und schließlich zum Versammlungsplatz hat Hessel noch heute Zutreffendes gesagt: «Da kann man mit Fahnen und Fähnchen zum Beispiel die Kommunisten demonstrieren und lagern sehen [...] und ehrfürchtig wird die Sowjetstandarte begrüßt. [...] Die Kämpfer sind uniformiert, wie auch die es waren, die sie kämpfend ablösen wollen. [...] Sogar die Kinder haben ihre Uniform.» Wir folgen Hessel nicht auf die «Linden», wir machen aus der Not, daß hier über jedes erhaltene Gebäude zu viel zu sagen wäre, eine Tugend und sparen die «Linden» aus. Zum einen sind sie die bestdokumentierte Straße Berlins, zum anderen haben sie heute gar zu sehr den Charakter einer Vorzeigepromenade, einer Museumsallee, die altehrwürdigen Gebäude sind wie Perlen auf einer Kette aufgereiht, Fassadenprunkstücke!

Das «Buch zum Fest» des Berlin-Jubiläums vom VEB Tourist Verlag nennt als ein Beispiel der Ausgewogenheit zwischen Altem und Neuem das dem Amtssitz des Staatsrats aufgesetzte Portal IV des Schlosses, doch hier hat, im Gegensatz zu den vielen wirklich gelungenen Rekonstruktionen historischer Gebäude, die politische Absicht dem Denkmalschutz eher einen Streich gespielt. Ein wenig allerdings von dieser Brüchigkeit, die unterschiedliche historisch-politische Schichten und Stile durchscheinen läßt, haben die Linden insgesamt.

Wir fahren über die Grenze zurück, am Potsdamer Platz vorbei zum Brandenburger Tor. Wir benutzen dabei die Straße mit dem Verlegenheitsnamen «Entlastungsstraße», die ehemalige Siegesallee, die vom denkmalsüchtigen Wilhelm II. mit 32 Standbildern brandenburgischer und preußischer Fürsten bestückt war. Daß sie hier heute fehlen, ist zu verschmerzen, vielleicht hätte man sie am besten eingegraben gelassen – wie die chinesische Tonfigurenarmee als Symbole eines untergegangenen Imperiums.

Der Kemperplatz ist kein Platz mehr, der Pariser Platz ist verschwunden, und der Königsplatz ist kaum noch zu erahnen, die Siegessäule wurde vom Welthauptstadtplaner versetzt und der gigantische Bronze-Bismarck glücklich am Großen Stern im Gebüsch versteckt. «Wo in Berlin ein Bismarck errichtet ist, pflegt Moltke nicht weit zu sein und auch auf Roon ist bisweilen zu rechnen.» Diese Symbiose ist auch hier im «Exil» erhalten geblieben. Allein der Reichstag insistiert vor der Mauer auf gesamtdeutsche Repräsentanz. Seine Inschrift «Dem Deutschen Volke» kommt heute eher einem Menetekel gleich. Daß auf den Grünflächen vor dem Reichstag fast täglich mit Hingabe Fußball gespielt wird, ist die wohl friedlichste Möglichkeit, dieses Gelände zu nutzen.

Von der Kroll-Oper bis zu den Zelten fahren wir durch Grünflächen, die der Krieg dem Tiergarten wieder dazugewonnen hat. Daß hier einmal prächtige Gebäude standen, darüber geben uns nur noch die Fotoarchive Auskunft. Wo Hessel – seine Zeit im Blick – den Verlust früherer Stadtwirklichkeiten beklagt, bedauern wir allemal schon den Verlust der Hesselschen Wirklichkeit: Ein Verlust wird vom nachfolgenden aufgehoben, die Erinnerungen überdauern selten eine Generation. Allein der Tiergarten bleibt sich treu: «So ist hier noch heute mitten in der Stadt eine Art Ausflugsrast für die unendlich vielen kleinbürgerlichen Familien, Gruppen, Vereine Berlins.» Nicht zu vergessen die türkischen Großfamilien. Über den Großen Stern fahren wir auf der Straße des 17. Juni/Charlottenburger Chaussee auf Charlottenburg zu in das neuere Zentrum Berlins, das nach dem Krieg zu einer eigenen politischen Realität gezwungen wurde. Früher war Berlin-West, abgesehen vom Charlottenburger Schloß und seiner altehrwürdigen Umgebung, der Inbegriff einer schneller fließenden Zeit mit Künstler-Cafés, Kinos und Bars. War es im östlichen Zentrum die Tradition der politischen Macht, die dort zu Hause war, so regierte im westlichen Zentrum die Psychologie des Geldes.

Der unfromme Wunsch, den Hessel am Schluß seiner Rundfahrt an die Kaiser-Wilhelm-Gedächtnis-Kirche richtete – «Wenn diese Kathedrale mit dem langen Namen wenigstens ein bißchen altern und zerfallen wollte» –, ist in Erfüllung gegangen. Die Kaiser-Wilhelm-Gedächtnis-Kirche, ein weiteres monströses Monument preußischer Religiosität und wilhelminischer Baukunst, hat sich geläutert. Erst als demütige Ruine erreicht sie die Wirkung, die ihr zugedacht war: Ein Wahrzeichen der Stadt zu sein.

Hauptstadt Berlin

Unsere Hauptstadt gleicht augenblicklich einem jungen Menschen, in jenem anmutigen Alter, da die Arme und Beine aus den Kleidern herauswachsen und eine tropische Vegetation die Gesichtshaut bedeckt. (*v. Treitschke*)

Gewisse Merkmale werden ihr ohne Zweifel ewig bleiben: Die äußere Häßlichkeit, die niederdrückende traurige Stimmung, die Schroffheit und Spottlust ihrer Einwohner, und leider! ihr Mangel an Geschmack und Takt [...]. (*Gersal*)

Unter den größten Städten in Europa, ist keine welche Berlin an Schönhait übertrift, und schwehrlich eine die ihr darinn gleichet, insonderheit ist Paris nicht so schön als Berlin. (*Büsching*)

Die Hauptstadt Berlin zieht andere Menschen an als die preußische Residenzstadt: Die Menschen aus der Provinz wollen die große Stadt sehen, die der Inbegriff des aufstrebenden Deutschen Reiches ist. Für diese Besucher sind die breiten, baumgesäumten Straßen, die majestätischen Palais und die ruhmbeschwörenden Denkmäler politische Demonstration und Bestandteile nationaler Größe. Zu lange hatten Deutsche auf einen Nationalstaat verzichten müssen, darum muß die Hauptstadt diesem Nachholbedürfnis Rechnung tragen.

Kaiser und Kanzler als konkurrierenden Gestalten im deutschen Nationalbewußtsein werden Denkmäler gesetzt, dazu den Kurfürsten und Generälen, und jede Denkmalsenthüllung wird zu einem Staatsakt, zu einer Feier der nationalen Gesinnung und zur Bestätigung der Staatstreue. Nach 1871 entwickelt sich Berlin zu einer Vorzeigestadt mit langen Sichtachsen und imposanten Blickfängen. Diese Wandlung zur Hauptstadt wird von den Besuchern jedoch sehr unterschiedlich beurteilt: Wo die einen die schönste Stadt der Welt erblicken, sehen andere nur eine monotone Anhäufung immergleicher Straßen.

[1756] Berlin ist der größte Ort in der Welt, den ich gesehen; und doch bin ich bey weitem nie ganz darinn herumgekommen. Wir drey Schweitzer machten zwar oft den Anschlag zu einer solchen Reise; aber bald gebrach's uns an Zeit, bald an Geld, oder wir waren von Strapazzen so marode, das wir uns lieber der Länge nach hinlegten.

Die Stadt Berlin – doch viele sagen, sie bestehe aus sieben Städten – Aber unser einem hat man nur drey genennt: Berlin, Neustadt und Friedrichsstadt. Alle drey sind in der Bauart verschieden. In Berlin – oder Cöl [sic!], sagt man auch – sind die Häuser hoch, wie in den Reichsstädten, aber die Gassen nicht so breit, wie in Neu- und Friedrichsstadt, wo hingegen die Häuser niedriger aber egaler gebauen sind; denn da sehen auch die kleinsten derselben, oft von sehr armen Leuthen bewohnt, doch wenigstens sauber und nett aus. An vielen Orten giebt es ungeheuer grosse läre Plätze, die theils zum Exerciren und zur Parade, theils zu gar nichts gebraucht werden; ferners Aecker, Gärten, Alleen, alles in die Stadt eingeschlossen. (*Bräker 1973, S. 131*)

[1775] Unter den größten Städten in Europa, ist keine welche Berlin an Schönhait übertrift, und schwehrlich eine die ihr darinn gleichet, insonderheit ist Paris nicht so schön als Berlin. Die Straßen unserer Stadt, einige wenige ausgenommen, sind breit und gerade. Die Anzahl der pallastmäßigen Häuser ist beträchtlich und die Anzahl der wohlgebauten und schönen sehr groß, insonderheit seit dem Königlichen Bau. (*Büsching 1775, S. 37*)

[1784] Berlin ist eine ausserordentlich schöne und prächtige Stadt. Man darf sie immer unter die schönsten Städte Europens setzen. Sie hat die Einförmigkeit nicht, welche den Anblick der meisten neu und regelmäßig gebauten Städte in die Länge ennuyant macht. Die Bauart, die Eintheilung, die Gestalt der öffentlichen Plätze, die Besetzung derselben und einiger Straßen mit Bäumen, kurz, alles ist abwechselnd und unterhaltend.

Ich bin seit einigen Tagen nach meiner Art die Kreutz und Quere durch die Stadt gerennt. In der Größe giebt sie Paris und Wien nichts nach. Sie hat beynahe anderthalb Stund in der Länge, nämlich von dem sogenannten Mühlenthor gegen Südosten bis an das Oranienburgerthor gegen Nordwesten, und eine starke Stunde in der Breite, nämlich von dem Bernauerthor gegen Nordosten bis an das Potsdamerthor gegen Südwesten. Allein in diesem ungeheuern Umfang sind eine Menge Gärten, und auf einer Seite sogar auch Felder mit eingeschlossen. Sie hat nicht über 6000 Häuser, da Paris hingegen beynahe 30000 zählt. Die Ödheit vieler Gegenden sticht mit der Pracht der Gebäude sonderbar ab. (*Riesbeck 1784, S. 81f.*)

[1817] Unleugbar ist diese große, volkreiche Hauptstadt, besonders in den neuen Abteilungen *Friedrichstadt* und *Neustadt,* mit einer Pracht, ja mit einem Geschmack gebaut, wogegen im Verhältnis Stockholm mit nur wenigen Ausnahmen und abgesehen von dem königlichen Eindruck seiner Lage einer kleinen Provinzialstadt ähnelt, die ihre Mauserung begonnen hat. Auf der anderen Seite hingegen hat Berlin nicht bloß die flache und langweilige Lage unüberwindlich gegen sich, so daß man beständig, trotz des fleißigen, ja bewundernswerten Bemühens der Einwohner, dieselbe mit Hilfe von umgebenden Lustgärten, von baumbeschatteten Straßen und dergleichen in ein Paradies zu verwandeln, dennoch immer an sich selber fühlt, daß dieses Paradies «in der sand'gen Mark» liegt, wenigstens fühlt man dies durch die nie ruhenden, feinkörnigen Sandwirbel, die dem Wanderer sowohl bei Sturm als Sonnenhitze entgegentanzen.

Überdies hat alles in der Bauart, in Anlage der Straßen, in der ganzen äußeren Erscheinung eine gewisse prahlende und trockene Monotonie, die ohne Zweifel entweder den Berliner Charakter allegorisch schildert oder doch stark auf denselben einwirkt. Der Beschauer wird bald all der Richtschnurbauten, Linien und geometrischen Figuren überdrüssig, wie zierlich sie auch ausstaffiert sind, und glaubt beständig, unter Reihen von lauter Kasernen zu wandeln. Dieser Eindruck kann um so weniger Illusion genannt werden, da es fast unmöglich ist, Füße und Augen nach irgendeiner Richtung zu wenden, ohne auf Soldaten, Paraden, Märsche und Manöver zu stoßen. Du entsinnst Dich doch Alfieris kurzer Charakteristik des preußischen Staates; nun, man sieht dessen allgemeine, hier zentralisierte Prägung, obgleich in geringerem Maße, im ganzen Preußen wiederholt; denn in jeder Stadt, jedem Flecken, ja beinahe auf jeder Stelle, wo es sich tun läßt, sind einige Kerle in Uniform aufgestellt und ein Subaltern-Imperator, der «Eins! – Zwei! – Halt! – Rechts um! – Kehrt euch!» brüllt. (*Atterbom 1970, S. 48f.*)

[1846] Berlin ist eine Stadt, welche, unter günstigeren Verhältnissen als Potsdam, von der regierenden Dynastie gehoben wurde. Erst in neuerer und neuester Zeit sucht es sich in eigenen Peripetien als eine europäische Großstadt zu entwickeln und die Hofkleidung des regierenden Hauses mit dem Zivilrock zu vertauschen. Der Vorteil, welchen Berlin von seinem Charakter als Residenz zieht, hat einen großen Teil der Bevölkerung zum unbedingten Verehrer der absoluten Regierungskraft gemacht. Bedenkt man ferner, daß sich die ganze Regierungskraft des preußischen Staates in Berlin konzentriert und unmittelbar auf den Charakter dieser Stadt einwirkt, so wird man sich wenig darüber wundern können, daß auf die untern Schichten des Lebens dieser Einfluß von oben von großer Wirkung ist. Dazu durchdringt das bürokratische Element, unmittelbar mit dem herrschenden Regierungsprinzipe verbunden, in Berlin alle Stufen und Stände. Als Residenz hat Berlin sich mehr als andere Städte an die Schauspiele, an den äußern Glanz gewöhnt, welche der Monarchismus immer mit sich verbindet, und diese Freude an der äußern monarchischen Pracht hat nicht wenig dazu beigetragen, die Bevölkerung an das Wesen des Bestehenden als an den natürlichsten, einfachsten, unumgänglich notwendigen Zustand der Dinge zu befestigen. Natürlich zeigt sich dieser Zusammenhang Berlins mit dem herrschenden Prinzipe in der Masse nicht als das Resultat eines Parteibewußtseins, sondern eben nur als ein Indifferentismus gegen alle politischen Elemente, die mit dem bestehenden Zustande in entschiedenen Widerspruch geraten sind. Andererseits wird der Indifferentismus durch den Charakter, welchen Berlin als Großstadt angenommen hat, sehr bedeutend gefördert. Der Kampf um die materiellen Güter des Lebens, das verzweifelte Ringen um eine Existenz, die Konkurrenz, die Geldausbeutung, welche sich in Berlin bis zu den widerlichsten Ausläufen entwickeln, halten die Massen von den abstrakten Fragen der Politik zurück und lassen sie gleichgültig gegen alle Krisen, die sich nicht unmittelbar auf das materielle Gebiet beziehen. Das Volk hat zuviel mit dem Hunger, mit der Sorge für den Tag, mit der Konkurrenz, gegen welche das politische Prinzip durchaus nicht hemmend auftritt, zu tun, als daß die Mahnungen des Liberalismus wesentlich auf seinen Sinn einwirken könnten. (*Saß 1983, S. 93 f.*)

[1846] «Das ist das moderne Babel», sagt der Pietist, sich bekreuzigend; «der Brandkessel des Radikalismus, der Sündenpfuhl der Demoralisation, wo alle Bande bereits gelöst sind und den Leuten nichts heilig ist, nicht Gott, nicht Kirche, nicht Vaterland, nicht einmal die heiligsten Familienbande, nicht Ehe, nicht Pflichtgefühl.» –

«Das ist der Herd der Reaktion», sagen die Freisinnigen, «wo die Regierung den Pietismus hätschelt, die freie Wissenschaft unterdrückt und ihre Kreaturen vor jedem Ehrliebenden bevorzugt. Hier nistet das Heer von Beamten, welches jeden Rechtsgang unmöglich macht, hier ist das Nest, wo die sauberen Maßregeln gegen den Fortschritt der Zeit ausgebrütet werden, wo die Polizeispione jeden verfolgen, wo ein übermütiger Adel sich breit macht, wo man die Leute auf den Gassen verwundet und bald die russische Knute einführt.» –

«Hier ist die Stadt des Preußentums», sagte der gemütliche Süddeutsche, «wo alles nörgelt und krittelt, wo alles altklug ist, und man nur kalten Verstand findet, aber kein Gemüt!» –

«Es ist die Stadt des Preußentums», fügt der Rheinländer hinzu, «wo die protestantische Regierung sich so schön in dem Wesen eines nüchternen Geistes spiegelt.» –

«Es ist die Pflanzschule des Pietismus, wo man englische Sabbatstrenge einführt, Magdalenenstifte gründet, bald auch katholische Prozessionen und Kirchenbußen anstellen wird.» –

«Es ist die Stadt der Entartung, wo die Regierung selbst mit den Leuten die schonendste, verderblichste Nachsicht übt, wo die Gläubigen öffentlich in den Zeitungen verhöhnt werden dürfen, wo ich in Wirtshäusern irreligiöse Lieder singen höre.» –

Es ist – es ist – Ja, es ist vieles, es ist die große Stadt. Darin besteht das ganze Geheimnis des großen Reizes, welchen das Leben in dieser Stadt für jeden und jede Richtung hat. Das Leben einer großen Stadt ist immer anregend, schon deshalb, weil es vielseitig ist, und ich habe oft von Männern von Geist wiederholen hören, daß sie in keiner anderen Stadt zu leben vermöchten. Es kann jeder leben, wie er will, weil eben alles zu finden ist, was man nur suchen kann; ja, man kann sogar alles zu gleicher Zeit haben. In der großen Stadt bekümmert sich niemand um den andern; es wissen die Leute oft in derselben Etage nicht, wer ihr Nachbar ist, und es kann jene Anekdote leicht wahr sein, wonach ein Mietsmann die Frage eines fremden Besuchers dahin beantwortete: einen Herrn namens Fischer kenne er nicht, neben ihm aber wohne seit zehn Jahren ein Mann, der vielleicht so heißen möge. Will daher jemand zurückgezogen leben, so findet er hier den geeignetsten Platz für seine Einsamkeit; will er dann die Vergnügungen des großstädtischen Lebens genießen, so braucht er seine Höhle nur zu verlassen. Da er aber in jeder Weise dabei sein Inkognito fortsetzen kann, so gibt es oft genug Leute, die beides verbinden. Der Pietist kann unbekümmert die Weltfreuden aufsuchen, ohne daß er Gefahr läuft, bei seinen Geistesverwandten in üblen Ruf zu kommen; der junge Mann, der mit glänzenden Empfehlungen aus der Provinz kommt, kann die Gesellschaften der höheren Kreise besuchen und Gegenbesuche empfangen, ohne daß jemand bemerkt, daß er mit einer Grisette zusammen wohnt. Dies Verschwinden der sogenannten Rücksichten gibt, wie gesagt, dem Aufenthalt in Berlin den Reiz und größeren Vorzug vor der Provinz, ist aber dagegen auch die Hauptursache des Verfalls des häuslichen Lebens. Der Mann hat nicht zu befürchten, ein verborgenes Verhältnis an seine Gattin verraten zu sehen; die Frau weiß, daß ihr Gemahl ihr nicht folgen kann, wenn sie unter irgendeinem Vorwand das Haus verläßt. Die kleinbürgerlichen Rücksichten verschwinden, das Leben reizt mit allen Verlokkungen zum Genuß und so treten dann alle, vom Höchsten bis zum Niedrigsten, Reiche und Arme, Fromme und Weltliche in der Stille aus ihren Verhältnissen heraus. Die Sicherheit, mit welcher dies allenthalben geschieht, hat etwas Unheimliches, fast Grauenhaftes. Sie löst die Bande ruhig und geräuschlos, ohne daß man von außen sie doch gelöst sehen könnte. Es ist ein Dualismus in diesem Leben, der natürlich die allgemeine Demoralisation nach sich ziehen mußte. Dies Verstecken der Neigungen vor den Verhältnissen der Familie und des Standes macht das ganze Leben äußerlich, öffentlich. Die höheren Kreise gehen ihren verborgenen Vergnügungen ebensowohl nach wie die mittleren, die älteren Leute wie die jüngeren. Der Student führt seine Grisette ruhig am Arm über das Trottoir; die Vornehmen halten ihre Orgien bei den ersten Restaurants; der alte Herr macht in der Stille eine Landpartie, während der Bürgersohn die öffentlichen Gärten und Konzerte besucht. (*Dronke 1974, S. 14–16*)

Berlin als Hauptstadt des Königreichs Preußen war allen verständlich gewesen. Es hatte, bescheiden an der Spitze eines bescheidenen Staates stehend und fast genau in seiner Mitte gelegen, ein sehr bequemes Verwaltungszentrum abgegeben. Ein wenig langweilig, gleichsam an Kopfweh leidend, lockte es nur sehr wenige Ausländer an, und wenn es dennoch mit allen Kräften danach trachtete, den anderen Hauptstädten zu gleichen, wenigstens hinsichtlich der Monumente und Paläste, so geschah das sehr pro domo, damit die treuen Untertanen der preußischen Krone Veranlassung hätten, stolz darauf zu sein, daß ihre Könige sich Monumente nicht zu versagen brauchten…

Militärische Neigungen hat es auch damals schon in Berlin gegeben, doch erschienen sie so harmlos, daß sie niemandem Mißtrauen oder Besorgnisse einflößten, obwohl im Zeichen dieser Harmlosigkeit die Bismarcks und Moltkes heranwuchsen...

Heute ist Berlin von allen diesen sympathischen Eigenschaften nur die eine, am wenigsten sympathische, geblieben, der Kopfschmerz nämlich, der auch heute noch als bleierner Kopfschmerz über der Stadt hängt. Alles übrige hat sich grundlegend gewandelt. Die Schüchternheit ist dem Eigendünkel gewichen, die politische Nachgiebigkeit dem durch nichts gerechtfertigten Anspruch auf Weltherrschaft, die Bescheidenheit dem ungeschickten Bestreben, die Ausländer durch die kleinbürgerliche Pracht der neuen Stadtteile und gewisse zweitrangige Ausschweifungen zu bestechen, deren häßlicher Zynismus vergebens danach trachtet, den schönen und eleganten Pariser Zynismus in den Schatten zu stellen. Schon wenn der Ausländer sich Berlin nähert, fühlt er sich von Langeweile, Offiziersdünkel und einer Kollektion unsauberer Rocksäume aus dem Orpheum * angeweht. Und da weder das erste noch das zweite, noch das dritte etwas Anziehendes an sich hat, eilt der Reisende zum ersten besten Gasthaus, um sich zu säubern und auszuschlafen, und fährt, ohne zu zögern, weiter. (*Saltykow-Schtschedrin, nach: Glatzer 1963, S. 22*)

[Um 1880] Unsere Hauptstadt gleicht augenblicklich einem jungen Menschen, in jenem anmutigen Alter, da die Arme und Beine aus den Kleidern herauswachsen und eine tropische Vegetation die Gesichtshaut bedeckt. Eine zusammengewürfelte Menschenmasse lebt eingeengt in unerschwinglich teuren Wohnungen: noch fehlen fast alle die Hilfsmittel entwickelten Verkehrs, welche allein dies bedrängte Leben wieder zur Natur zurückführen können. Jedes Verbrechen, jede Pöbelroheit, jeder Schwindel und jeder soziale Kampf, der sich abspielt in diesem unfertigen, großartigen Treiben, wird von einer skandalsüchtigen Presse mit ungeheuerlichen Übertreibungen in die Welt hinausgerufen. ...Wo eine Menschenmenge, so groß wie die Bevölkerung der Provinz Schleswig-Holstein, auf engem Raum sich zusammenpreßt, da muß das Verbrechen und das Unglück oft in furchtbarer Größe erscheinen ... Dafür ist der Mensch auch nirgends freier. Ein starker Mann fühlt sich immer gestählt und gehoben, wenn er dem Zwange, dem

* berüchtigtes Vergnügungslokal in der Alten Jakobstraße.

Klatsch und der Beobachtung eines kleinen Ortes entflieht und in dem jähen Wechsel von lautem Getümmel und tiefer Einsamkeit, den das großstädtische Leben bietet, sich zugleich in voller Selbständigkeit und als das bescheidene Glied eines großen Ganzen empfindet ... Der moderne Verkehr verlangt nicht bloß die Konzentration großer Kapitalien, sondern auch großstädtische Menschen, unternehmende, selbständige Kreaturen, die das vogue la galère! auf ihr Banner schreiben. Und heute, da auch wir Deutschen endlich in diese notwendige Epoche städtischer Kultur einzutreten beginnen, ist es nicht mehr an der Zeit, salbungsvoll zu beklagen, daß der Bewohner der Großstadt nicht mehr bei offenen Türen schlafen kann, wie der Inselfriese. Es gilt nur, die Härten des unvermeidlichen Übergangs zu mildern, und die sind leider sehr groß. (*v. Treitschke, nach: Bab/Handl 1918, S. 256f.*)

[1890] Das alte und halb holländische Berlin war schlichter, aber auch echter als das heutige; es würde wohl daran thun, bei seiner erweiterten und vertieften Weltstellung jener früheren Verhältnisse nicht zu vergessen. Es sollte zwar nicht wieder holländisch bauen; aber es sollte wieder etwas altpreußisch und damit holländisch gesinnt werden; dann würde es auch ganz deutsch gesinnt sein. Gewisse Theile eines Volkes sind nicht nur vorübergehend, sondern dauernd zur Erziehung des Ganzen berufen; so wurde der attisch-ionische Stamm, durch Homer und die Männer des perikleischen Zeitalters, zum Erzieher des gesammten Griechenlands; so sollte auch Holland der Erzieher des gesammten Deutschlands werden. (*Langbehn 1890, S. 148*)

[Um 1890] Es scheint, als ob die Reichshauptstadt, nachdem sie sich über alle Maßen aufgebläht hat, jetzt anfinge, die verschiedenartigen Elemente, die sich in ihrem Schooße angehäuft haben, gewissermaßen durch ein Sieb laufen zu lassen.

Gewisse Merkmale werden ihr ohne Zweifel ewig bleiben: die äußere Häßlichkeit, die niederdrückende traurige Stimmung, die Schroffheit und Spottlust ihrer Einwohner, und leider! ihr Mangel an Geschmack und Takt; andere Eigenschaften dagegen sind vorübergehend. – Nach fünfzig Jahren wird es interessant sein, zu sehen, was aus der Stadt unter dem Einfluß des Socialismus, des zügellosen Ehrgeizes und des üppigen Lebens geworden ist. Was würde nach einem unglücklichen Kriege aus ihr werden? Würde ein neuer Sieg ihr Gedeihen und ihre Wohlfahrt noch weiter fördern? Bisher war sie ein ungewöhnliches Phänomen; die Charakterzüge, die wir heute beobachten können, gestatten uns nicht, ein sicheres Urtheil für die Zukunft zu fällen.

Beim Anblick der großen Hauptstadt erfüllt alle Deutschen ein Gefühl berechtigten Nationalstolzes, während ihnen gleichzeitig das fortwährende Wachsen des ungeheuren Parasiten Unruhe bereitet. Man kann von dem heutigen Berlin nicht sprechen als von einer fertigen, festgefügten, wohleingerichteten Stadt; es ist vielmehr ein großer Jahrmarkt, dessen Buden statt mit Leinwand mit Ziegeln gedeckt sind, eine colossale Hasenheide, welche sich in der weiten brandenburgischen Ebene entfaltet hat. Das organisatorische Element liegt noch im Keime, aber dieser Keim allein wird im Stande sein, aus Berlin eine wirkliche Großstadt zu machen, und das wollen wir geduldig abwarten. (*Gersal 1892, S. 404 f.*)

[Um 1900] Ich habe mich selber gefragt, mich bei andern danach erkundigt und mich, immer ohne Erfolg, bemüht, herauszubekommen, wodurch Berlin sich besonders hervorhebe.

– «Wodurch Berlin sich auszeichnet», gaben mir die einen zur Antwort, «ist der militärische Sinn der Bevölkerung. Der erste beste Droschkenkutscher weiß Bescheid über die nächsten Manöver und welche Generäle sich daran beteiligen werden. Hören Sie sie reden miteinander an ihren Haltestellen, – um die Veränderungen in der Garnison, die Fähigkeiten ihrer Kommandeure dreht sich die Unterhaltung. Zieht ein Regiment daher, werden Sie sehen, wie selbst in den Vierteln mit durchwegs sozialistischer Einwohnerschaft die Leute mit strahlenden Gesichtern herzueilen...»

– «Berlin existiert überhaupt nicht», schrieb mir einer der ersten deutschen Schriftsteller, «ihm fehlt die Individualität. Das Phänomen, das mir jedoch immer ein Rätsel bleibt», fügte er hinzu, «ist, daß man dort so viel arbeitet (mehr als anderswo) und daß trotzdem die Straßen, die Restaurants, die Cafés bis in den Morgen hinein überfüllt sind.»

– «Die Siegesallee charakterisiert Berlin vollständig», äußerte eine Dame der Aristokratie mir gegenüber. «Diese zweiunddreißig in Marmor ausgehauenen Hohenzollern sind die Verkörperung dessen, was den Fremden auf brandenburgischem Boden erwartet.» –

Ich fragte einige liebenswürdige Landsleute, die das Heimweh zusammengeführt hatte und die ich zu meiner Freude in Berlin traf, über ihre Eindrücke aus.

– «Das Charakteristische Berlins ist seine Einförmigkeit», sagte der eine. –

– «Nein, seine Trams und die hübschen Straßen des Westens», behauptete der andere. –

– «Und ich meine – es liege in seiner Sauberkeit», erklärte ein Dritter. –

– «Und ich: an dem Modernismus des Magistrats», ein Vierter, der sich am längsten besonnen hatte. Es gibt nichts oder fast nichts Altes mehr in Berlin. Und das Wenige, was übrig geblieben ist, wie zum Beispiel das Schloß, einige königliche und prinzliche Paläste, die sehr unschön, steif, plump und mit ihren düstern Fassaden schrecklich unfreundlich aussehen, kann kein besonderes Interesse in Anspruch nehmen.

Eine Dame, deren Verstand und maßvolles Urteil ich sehr schätze, äußert sich folgendermaßen über Berlin:

– «Zweierlei fällt mir hier auf. Erstens das Unaristokratische des Straßenbildes (ich rede hier von den Straßen im Zentrum) und das spießbürgerliche, gewöhnliche Aussehen des Publikums. Anfangs machte mir das Spaß. Ich hatte das Gefühl, als ginge ich unter lauter lebendigen Karikaturen der ‹Lustigen Blätter› spazieren. Daß es auch in Paris an Gegenden dieser Art, an solchem Mangel an Eleganz und Schönheit nicht fehlt, weiß ich wohl, aber um uns davon zu erholen, um uns namentlich ein anderes Lebensempfinden zu geben, haben wir die Boulevards, das Bois, die Champs-Elysées mit ihrem strahlenden Luxus und festlichen Gepränge.

Das Zweite, was mir auffällt, ist dies Herauskehren der militärischen Dinge, dieses Vordrängen der Hohenzollern und der Armee, dem man auf Schritt und Tritt begegnet. (*Huret 1909, S. 8–10*)

[1910] Berlin ist niemals ein natürliches Zentrum, niemals die vorbestimmte deutsche Hauptstadt gewesen. Es lag von jeher weit ab von den Stammgebieten der deutschen Kultur, ja, der deutschen Geschichte; es ist zu all seiner ungeschlachten Mächtigkeit wie nebenher emporgewachsen. Jahrhundertelang wurde Berlin kaum genannt, wo Angelegenheiten des Deutschen Reichs verhandelt wurden; denn diese Stadt war immer ein Außenwerk und ist es im gewissen Sinne noch heute. Auch jetzt ist Berlin noch eine Grenzstadt und liegt nach wie vor an der östlichen Peripherie der deutschen Kulturzone. Auf den gegen Morgen führenden Landstraßen vor den Toren dieser Grenzstadt beginnt gleich der Osten. Der Osten! das will sagen: das weite, flache, unermeßliche Vorland des Deutschtums, das alte Kolonialland, den Wenden und Polen, der untüchtigeren slawischen Rasse, Stück für Stück entrissen, einer kargen, unwirtlichen Natur Meile um Meile abgewonnen. Bis Berlin reichte immer eben noch der Strom deutscher Kultur, dessen Quellen im Westen und Süden des deutschen Landes entsprangen; dann versiegte er, als hätte ihn die ungeheure Düne der Eiszeit, auf deren Sand Berlin erbaut ist, verschluckt. Weiter nach Osten scheint nur noch die Notdurft zu regieren. Zum deutschen Westen und Süden verhält sich der Osten wie zum Mutterland das Tochterland. Berlin ist ein vorgeschobener Punkt, gerade noch westlich genug gelegen, um nicht abgeschnitten zu sein; was aber dahinter kommt, inmitten dieses endlosen Ostlandes, das direkt in die russischen Ebenen hineinzuführen scheint, das ist Kleinstadt, Landstadt oder Verwaltungszentrum. (*Scheffler 1910, S. 11f.*)

Es ist natürlich töricht zu sagen, Berlin sei trotz seiner geographischen Lage durch irgendwelche geschichtlichen Zufälle Hauptstadt des neuen deutschen Reiches geworden. Es wurde Hauptstadt kraft seiner geographischen Lage: als der natürliche Übergang von dem lang durchkultivierten, an Techniken und Künsten reichen Westen zu dem noch vielfach schwach durchgebildeten, wesentlich agrarischen, aber die eigenen Menschen unzureichend ernährenden Osten. Berlin liegt genau auf der Mitte der dem neuen deutschen Reich Richtung gebenden Diagonale Südwest nach Nordost, es ist in der Luftlinie ebensoviel Kilometer von Konstanz wie von Memel entfernt. Nun war es seine Aufgabe, Kulturgüter vom Westen nach dem Osten, Naturgüter und Menschenkräfte vom Osten nach dem Westen zu bringen. Im Verlaufe dieser Arbeit (deren wohl augenfälligstes Resultat das nahezu völlige Schwinden der großen deutschen Auswanderung in wenigen Jahrzehnten ist!) wuchs Berlin zu seiner gewaltigen Größe. Aber die Menschenmassen, die es dabei brauchte, waren freilich von einer geringen Kultur und für die noch schwache Formkraft des berlinischen Lebens zu stark, um assimiliert zu werden, und so trat die große Verwüstung alter Kulturformen ein! (*Bab/Handl 1918, S. 225f.*)

Berlin – wer kennt es nicht? – ist die häßlichste Großstadt der Welt, ganz offen gestanden. Paris, London, Rom, New York, Kioto, Moskau – sie sind von ihren Bewohnern ganz allmählich erbaut worden, Berlin wurde von Unternehmern errichtet, in aller Eile. Von ganz wenigen Gebäuden, einzelnen Plätzen und Straßen abgesehen, ist es als Stadt architektonisch ohne jeden Reiz, ohne Zauber – ein Steinhaufen ohne Grenzen, nichts sonst. Trotzdem besitzt es mehr Badewannen als zum Beispiel Paris, nicht zu unterschätzen, vor dem Kriege genoß es auch den Ruf, die reinlichste Großstadt zu sein. Also die häßlichste der großen Kokotten der Erde, aber am sorgfältigsten gewaschen, immerhin etwas. Die Theater haben ohne Zweifel die besten Spielpläne der Welt, die besten Konzerte – aber sonst, häßlich, nüchtern, ein steinernes Meer. Früher verschwand die Häßlichkeit im Gewimmel der Menschen, im Donner des Verkehrs, im Gegleiße und Geglitzer von hunderttausend Volt, aber heute? Nackt und schmutzig liegt die häßlichste aller großen Kokotten vor allen Augen da… (*Kellermann 1921, S. 353f.*)

Die erste *Maifeier*, der erste Nationale Feiertag der Arbeit, zeigte, daß die Freude am Leben in Berlin wieder heimisch wurde. Zu den Olympischen Spielen, bei deren Eröffnung Berlin als Repräsentantin des Reichs die aus allen Erdteilen herbeieilende Jugend der Welt begrüßen konnte, entstand die gewaltige Anlage des *Reichssportfeldes*. In rascher Folge erhoben sich die Neubauten des *Luftfahrtministeriums*, der *Reichsbank*, der *Ausstellungshallen* am Funkturm, des Weltflughafens Tempelhof und schließlich der *Neuen Reichskanzlei*. Auf die Neugestaltung der großen Plätze Berlins zu Feststätten des politischen Lebens der Nation folgten die Maßnahmen, denen die Vorstellung von einem Ganzen der Stadt als körperhaftem, lebendig bewegtem Wesen zugrunde liegt. Berlin hat nach dem Willen des Führers Aufgabe und Beruf, Auszug und Inbegriff des Reiches zu sein, Abbild und Vorbild großdeutschen Lebens, nicht eine riesenhafte Menschenanhäufung in der Mark Brandenburg, sondern die berufene und ihrer Berufung würdige Hauptstadt Großdeutschlands. Diese Ausgestaltung Berlins zu einer wirklichen und wahren Hauptstadt des Reiches kommt einer grundlegenden Neugestaltung gleich. Nur ein souveräner künstlerischer Wille hat den verwickelten Knoten der bisherigen chaotischen Bauentwicklung Berlins durchschlagen und eine überlegene Gesamtplanung von bewunderungswürdiger Großartigkeit entwerfen können, die dem Werden und Wachsen der Stadt weit in die Zukunft hinein neue Wege bahnt. Die gewaltigen Straßenzüge der beiden neuen Achsen, ergänzt durch vier breite Ringstraßen, werden in Zukunft die klare Gliederung des riesenhaften Stadtgebiets bewirken und durch die Verbindung mit dem Reichsautostraßenring die Hauptstadt des Reiches diesem organisch einfügen, sie nach allen Seiten ins Land hinaus-, das Land von allen Seiten zu ihr hineinführen. An den großen Achsenstraßen werden nach Kriegsende repräsentative Bauten davon künden, daß Berlin im Dritten Reiche innerlich und äußerlich die wahre Hauptstadt, das lebensvoll pulsende Herz geworden ist. (*Reichshauptstadt 1943*, S. 247)

Wer Berlin kennt, den interessiert vielleicht, wie diese herrliche alte Stadt heute aussieht, da sie zur Hauptstadt von ganz Europa geworden ist, zu einem Walhall auf Erden, mit dem – wie Dr. Goebbels im letzten Herbst schrieb – höchsten Lebensstandard auf dem Kontinent. Oder sagen wir: dem höchsten mit Ausnahme der beiden einzigen Länder, die noch nicht mit der Neuen Ordnung gesegnet sind – nämlich Schwedens und der Schweiz. Das ist nun, ich weiß schon, keine faire Bemerkung, aber Unfairneß ist ein weiteres Nazimonopol, das endlich geknackt werden muß. Fangen wir also mal bei den weitläufigen, großzügig ausstaffierten Lokalen im Zentrum des Geschehens an: das Café Unter den Linden und das Café Kranzler. Bei ihren Polsterstühlen platzt die Füllung aus den Nähten. Eine Zigarettenverkäuferin, die jetzt nichts mehr zu tun hat, erzählte mir, sie hätte neulich eine ganze Woche damit zugebracht, die Polster zusammenzuflicken. Dafür konnte sie nicht einmal Nähgarn auftreiben, bis der Krieg vorbei ist, wird man mit Bindfaden auskommen müssen. Nicht mit deutschem Bindfaden, der ist aus Papier und reißt, sobald man mit einer Nadel kräftig an ihm zieht; nein, mit Bindfaden von Paketen aus der Schweiz, an den man ab und zu herankommt. Das Essen in diesen Lokalen regt nicht gerade den Appetit an. Normalerweise besteht es aus einem übelriechenden Batzen Fisch, der auf der Speisekarte unter der Bezeichnung KABELJAU läuft, mit einer klebrigen gelben Soße drüber, SENFTUNKE genannt. Das Ganze riecht, ehrlich gesagt, wie ein offener Mülleimer am Montagmorgen. Auch die Bedienung ist nicht mehr, was sie einmal war, vor allem weil es nur drei Ober gibt, die alle über siebzig sind. Sie waren schon im Ruhestand, aber als man im Juni die jungen Leute einzog, mußte man sie zurückholen und – Rheuma hin, Hexenschuß her – zu einem 10stündigen Arbeitstag verpflichten. Das Café Unter den Linden hatte früher eine schöne, große Sonnenmarkise, die im Sommer die Tische auf dem Bürgersteig überspannte. Aber die Scharniere, an denen sie aufgehängt ist, sind durchgerostet und es fand sich niemand für die Reparatur, also hat sich das Regenwasser in den Falten des Segeltuches gesammelt und Löcher hineingefressen. (*Smith 1982, S. 125*)

Metropole – Provinz

Berlin ist ein Abzugskanal für die Provinzen. Alle ihre Auswüchse nach unten und oben, Alles, was sie *Bestes* und *Schlechtestes* haben [...] ergießt sich nach hier. (*Langenscheidt*)

[Berlin] wird deshalb nicht weniger ein Schmarotzer bleiben, den man ruhig entfernen könnte, ohne daß der deutsche Geist einen einzigen charakteristischen Zug verlöre. (*Gersal*)

Der Bürgermeister von Kuhschnappel ist bei sich zu Hause ein großer Mann, in Berlin aber ein ganz kleiner Provinziale, und einer von ungeheuer vielen. (*Seidel*)

Berlin ist keine gewachsene Metropole wie Paris oder Wien. Auch deswegen wurde die Stadt angefeindet. Gern wurde der sumpfige Untergrund als Metapher benutzt, um die Hauptstadt als schillerndes Schmarotzergewächs zu charakterisieren mit einer täuschenden Scheinblüte. Von der Heimatkunst an zieht sich eine Linie wütender Haßtiraden bis in den Nationalsozialismus.

Als besonders provozierend empfand man in der Provinz, daß sich Berlin in Kultur und Politik verselbständigte und um die Bedürfnisse der Provinz nicht kümmerte. Tucholsky war ein beständiger Mahner, die Provinz nicht sich selber zu überlassen, sondern aufklärend in sie hineinzuwirken, ohne dabei die besten Kräfte aus ihr in die Hauptstadt zu ziehen. Es sei die Aufgabe des oppositionellen, kritischen Berlin, die kritischen Kräfte auch in den ländlichen Bezirken und kleineren Städten zu stärken.

Berlin war die «gleichzeitigste» Stadt des Deutschen Reiches und der Weimarer Republik, ohne den Ballast von Anachronismus und Traditionen auf der Höhe der Zeit. Doch es bemühte sich nicht, die Ungleichzeitigkeiten aufzulösen, die dann unter dem Nationalsozialismus auch in Berlin einmarschierten. Der Moloch, die Hure Babylon, der Hort des raffenden Kapitals wurde von der braunen Provinz in Besitz genommen; das reaktionsschnelle, vorauseilende Berlin wurde gleichgeschaltet, wurde den ideologischen Bedürfnissen des platten Landes angepaßt.

Aus der verabscheuten Metropole der Laszivität und des moralischen Verfalls, die die Provinzler gleichwohl mit Lust von Zeit zu Zeit heimgesucht hatten, wurde das Zentrum rigider Tabuisierungsmaßnahmen, wurde die Hauptstadt von Unfreiheit, Terror und Mord.

[1917] *Weltstadt und Provinz* – mit diesen Grundbegriffen jeder Zivilisation tritt ein ganz neues Formproblem der Geschichte hervor, das wir Heutigen gerade durchleben, ohne es in seiner ganzen Tragweite auch nur entfernt begriffen zu haben. Statt einer Welt eine *Stadt*, ein *Punkt*, in dem sich das ganze Leben weiter Länder sammelt, während der Rest verdorrt; statt eines formvollen, mit der Erde verwachsenen Volkes ein neuer Nomade, ein Parasit, der Großstadtbewohner, der reine, traditionslose, in formlos fluktuierender Masse auftretende Tatsachenmensch, irreligiös, intelligent, unfruchtbar, mit einer tiefen Abneigung gegen das Bauerntum (und dessen höchste Form, den Landadel), also ein ungeheurer Schritt zum Anorganischen, zum Ende – was bedeutet das? Frankreich und England haben diesen Schritt vollzogen und Deutschland ist im Begriff, ihn zu tun. Auf Syrakus, Athen, Alexandria folgt Rom. Auf Madrid, Paris, London folgen Berlin und New York. Provinz zu werden ist das Schicksal ganzer Länder, die nicht im Strahlenkreis einer dieser Städte liegen wie damals Kreta und Makedonien, heute der skandinavische Norden. (*Spengler 1973, Bd. I, S. 44 f.*)

[1775] Eine große und volkreiche Hauptstadt, ist etwas prächtiges in einem Lande und Staat, ob sie aber demselben eben so nützlich ist? das ist eine andere Frage. So wenig London vorteilhaft für England, und Paris für Frankreich ist: eben so wenig ist Berlin vorteilhaft für die Mark Brandenburg. Es scheint zwar als wenn ganze Länder und Staaten von ihren großen und volkreichen Städten lebeten: allein es scheinet nur so, und in der That entkräften die großen Hauptstädte alle ihre Länder. Sie sind für dieselben die Quellen der schädlichen Modesucht, und der verderblichen Schwelgerey, mit ihren fürchterlichen Folgen. Sie ziehen den größten Theil des Vermögens der Länder und Staaten an sich, und saugen dieselben dadurch aus. Hat ein Land und Staat keine sehr große Hauptstadt, so ist das Vermögen deßselben beßer vertheilt, und die Einwohner erleiden den großen Verlust an Zeit und Kosten nicht, den ihnen die Reisen nach der Hauptstadt verursachen, wenn sie in derselben ihre meisten natürlichen Produkte, und den vornehmsten Fleiß ihrer Hände, verkaufen müßen. (*Büsching 1775, S. 40 f.*)

[1822] Ich habe es längst gewußt, daß eine Stadt wie ein junges Mädchen ist, und ihr holdes Angesicht gern wiedersieht im Spiegel fremder Korrespondenz. Aber nie hätte ich gedacht, daß Berlin bei einem solchen Bespiegeln sich wie ein altes Weib, wie eine echte Klatschliese, gebärden würde. Ich machte bei dieser Gelegenheit die Bemerkung: Berlin ist ein großes Krähwinkel. (*Heine 1969, S. 22*)

[1844] Was mir am meisten gefällt, ja was ich bewundere, ist die Ruhe, mit welcher die Stadt im Allgemeinen alle Angriffe erduldet. In keiner Hauptstadt bilden sich unangefochten Kreise, die es unbefangen gestehen, daß es ein Unglück sei, in dieser kalten und von Gott und Menschen verlassenen Natur zu leben. Dichter verschmähen es nicht, sich alle Mittel eines bequemen Lebens von hier aus zu verschaffen, mit der Beute davon zu eilen, und in leichten Versen Menschen und Gegend zu schmähen. Was anderswo einen heftigen Zorn erzeugen würde, wird hier belächelt. Man vergleiche nur die leidenschaftliche Erbitterung gegen Berlin, die sich nicht selten in Süddeutschland auch öffentlich Luft macht, mit der stolzen Gleichgültigkeit der Berliner, die etwas Verletzendes hat, und die Erbitterung begreiflich machen würde, wenn nicht aus der Mitte der Einwohner selbst sich nicht selten eine Zustimmung hören ließe, so daß es als etwas geistig Vornehmes gilt, mit allen seinen Wünschen in südlichern Gegenden zu leben, und Klagen laut werden zu lassen, die den Ovidischen aus dem Lande der Geten nur zu ähnlich sind. (*Steffens 1844, S. 239 f.*)

[1878] Berlin ist ein Abzugskanal für die Provinzen. Alle ihre Auswüchse nach unten und oben, Alles, was sie *Bestes* und *Schlechtestes* haben [der Mittelmäßige bleibt in der Regel daheim und nährt sich redlich] ergießt sich nach hier. Hier also, wo Handel, Industrie, Intelligenz, kurz Alles was die Seele eines Volkes ausmacht, sich fortwährend anhäuft, entweder untergeht oder hoch kommt, – hier *müssen* zwar, nach den Gesetzen der Abstammung, immerhin bedeutende Menschen erzeugt werden, aber der Nachwuchs findet schwer die zur gesunden Entwicklung erforderliche Ruhe.

In einem ewig erregten Strudel wächst der junge Berliner auf; früh gelangt er zur Ausübung und Bildung aller seiner Geisteskräfte – und wenn er trotz der erwähnten vielfachen, seine körperliche Entwicklung beeinträchtigenden Einflüsse dennoch mit 12 Jahren in der Regel so groß und stramm, wenn auch schmächtiger, ist als ein Bauernkind von 15 Jahren, so beweist das nur den urgesunden Kern, der von Hause aus in ihm steckt.

(Ich möchte bei dieser Gelegenheit gleich den vielfach verbreiteten Irrthum berichtigen, Berlin liefere einen schlechten Militär-Ersatz. Berlin gewiß, aber nicht die geborenen Berliner. Diese stellen einen sehr günstigen Prozentsatz schön gewachsener, zur Garde geeigneter Leute! Die Legion der hier zur Gestellung gelangenden unbrauchbaren Schwächlinge liefert uns meist die Provinz, die vorzugsweise nur für kräftige, zur Feld- und Handarbeit geeignete Leute Verwendung hat. Was hierzu zu schwach, geht nach Berlin, um in den tausendfältigen, häufig leichteren Beschäftigungen, welche eine große Stadt bietet, ihren Unterhalt zu finden.) (*Langenscheidt 1878, S. 62*)

[1882] Ich war einst an einem schönen Novembertag – denn auch dieser Monat hat solche, die voll künftiger Frühlingsahnung sind – mit meinen beiden ältesten Kindern zum erstenmal hinausgegangen bis zum Kreuzberg, der damals noch nicht wie jetzt mit Anlagen, Wasserfällen, Teichen und Felsgruppen bedeckt war, sondern seinen geböschten sandigen Abhang kahl zur Schau trug und den beliebtesten Spielplatz der Kinder in der Umgegend darbot. Es ist sehr leicht, über den Kreuzberg zu spotten und zu lachen, aber bei Bergen und Menschen kommt es ganz darauf an, in welcher Umgebung sie sich befinden, wenn man sie nach ihrem Werte schätzen soll. Der Bürgermeister von Kuhschnappel ist bei sich zu Hause ein großer Mann, in Berlin aber ein ganz kleiner Provinziale, und einer von ungeheuer vielen. Ebenso sinkt der Brocken neben dem Gaurisankar zu einem Maulwurfshaufen zusammen, und vergleicht man den Brocken wieder mit dem Kreuzberg, so darf man diesen kaum einen Erdkrümel nennen. Aber der Gaurisankar liegt in Asien und der Brocken ist weit, und da nun in der unmittelbaren Nähe des großen Präsentiertellers, auf den Berlin gebaut ist, keine größere Erhebung sich vorfindet als der Kreuzberg, so muß er mit seinen sechsunddreißig Metern, die er über den niedrigsten Punkt dieser Stadt emporragt, für einen sehr vortrefflichen Berg gelten. Und ich glaube fast, daß weder der Gaurisankar noch der Brocken meinen Kindern ein solches Vergnügen bereitet haben würde, wie dieser behagliche Sandhaufen, auf dessen sanfter Böschung sie eilig in die Tiefe rennen konnten, um sie alsbald wieder mit glühendem Eifer emporzuklettern. (*Seidel 1957, S. 241*)

[Um 1890] Berlin war eine bescheidene preußische Residenz, die sich im Norden Deutschlands in eine große sandige Ebene zwischen melancholische Fichtenwälder verirrt hatte. Sie spielte eine Rolle in der europäischen Politik, und es herrschte hier schon immer ein reges, geistiges Leben. Da kamen die Kriege; mit ihnen die Siege; und plötzlich zog der Ruhm mit fliegenden Fahnen in die neue Hauptstadt des neuen Reiches ein, der sich nun ein Fieber ohne Gleichen bemächtigte. Sie wuchs mit einer tollen Geschwindigkeit, freilich ohne rechten Geschmack, aber doch nicht ohne einen großen praktischen Zug. Berlin stellt die Bequemlichkeit über die Dauerhaftigkeit; es profitirt von allen neuen Erfindungen und richtet sich in amerikanischer Weise behaglich ein. Indessen wächst es immer weiter: in der großen Ebene findet das Wachsthum keine natürlichen Grenzen. Die ursprünglichen Einrichtungen sind von den reißenden Fluthen davon getragen, der gesellschaftliche Rahmen kracht an allen Ecken und Enden. Von der kurzen Vergangenheit bleibt nicht viel übrig, Berlin muß sich auf die Zukunft einrichten. In dieser gewaltsamen Bewegung findet sich kein Platz mehr für die schwerfälligen, trägen Eigenschaften des deutschen Charakters; und so kommt es, daß die Hauptstadt aus Deutschland gewissermaßen hinausgedrängt wird.

Die Provinz vom Laufe der Dinge überrascht und verwundert, klatscht erst Beifall; dann aber fängt sie an, sich zu beunruhigen. Die kalten, schlauen, spottlustigen Berliner jagen dem träumerischen Deutschen Angst ein, und die letzteren fürchten mit Recht den austrocknenden, verköchernden Einfluß dieses neuen Mittelpunktes aller Art Geschäftsmänner und Kalauer-Fabrikanten.

Aber die Provinz ärgert sich und Berlin handelt. Es centralisiert mit der Zeit immer mehr und zieht von weither neue Elemente an, die es verschluckt. Abgesondert vom übrigen Deutschland, sucht die junge Hauptstadt sich alle lebendigen Kräfte dienstbar zu machen und bewirkt dadurch eine unerbittliche Aussaugung der Provinz. Diese sträubt sich wohl ein bißchen, aber es ist schon zu spät. (*Gersal 1892, S. 395 f.*)

[Um 1890] Die Provinz, der Kräfte beraubt, die ihr Ehre machen würden, ist nunmehr darauf angewiesen, sich von Berlin versorgen zu lassen; die Einwohner der andern deutschen Städte verlieren nach und nach das Gefühl der eigenen Würde, und gewöhnen sich daran, Alles, was aus der preußischen Hauptstadt kommt, für unübertrefflich schön zu halten. Diese Kleinstädter haben einen unbestimmten Respekt vor den schlauen Berlinern, deren Gebahren sie verblüfft. Diese Art Bewunderung verallgemeinert sich immer mehr, und so kommt es, daß die dümmsten Sachen, wenn sie Gnade vor den Geschmacksrichtern in Spree-Athen gefunden haben, unfehlbar ihren Weg durch ganz Deutschland machen. (*Gersal 1892, S. 402 f.*)

[Um 1890] Und gerade in Süddeutschland äußern sich die Gefühle für Berlin am lebhaftesten. Man verleumdet hier unaufhörlich die große Stadt an der Spree, und dennoch ist es der geheime Wunsch Aller, einige Zeit dort zuzubringen. Man freut sich im Voraus der prächtigen Bauwerke und Denkmäler, der riesigen Straßen, des lärmenden Treibens, der glänzenden Restaurants und wohl auch der liebenswürdigen Damen an den Straßenecken. Die Einbildungskraft dieser Naiven wird immer mehr angeregt, und wenn sie endlich die so sehnlich erwünschte Reise machen, so bildet dieselbe ein großes Ereigniß in ihrem Leben. Ihre Antipathie tritt in den Hintergrund; sie sehen sich die Stadt an, sie amüsieren sich und finden Alles bewundernswerth. Lange hält dieser Rausch freilich nicht an; sie fühlen sich bald vaterlandslos, wie in einem fremden Lande. Ein Marseiller, der nach Paris kommt, bleibt in Frankreich, aber ein Münchener, der sich nach Berlin begiebt, macht eine Reise in das Ausland. (*Gersal 1892, S. 394 f.*)

Weitere Bundesgenossen im Kampfe gegen die Vorherrschaft Berlins müssen die nationalen und dabei doch künstlerischen *Berliner selber* sein.

Es gehört bekanntlich zu den Eigentümlichkeiten manches rechtschaffenen Bayern, Schwaben, Elsässers, Hannoveraners oder Schleswig-Holsteiners, auf «die Preußen» im allgemeinen und auf «die Berliner» insbesondere zu schimpfen.

Der ätzende Berliner Volksgeist mit seiner kritisch-satirischen Veranlagung hat ja nun in der Tat seine zwei Seiten. Und andererseits ist die Vorherrschaft des rührigen, unheimlich rasch in die Breite gewachsenen neuen Berlin offenkundig; es sammeln sich hier, seit Berlin Weltstadt geworden, eine Menge Interessen und eine Menge minderwertigen Menschentums, das im Trüben zu fischen sucht. Aber ist mit dem Losungsruf: «Dezentralisation!» d.h. Entberlinerung des Zeitgeistes, der Inhalt unserer Sorgen erschöpft? Können die Stämme des Reiches Berlin jemals überflüssig machen oder auch nur Berlin überflügeln, Berlin aus dem Felde schlagen? – *Nein!* Es kann sich bei alledem nicht um Kampf handeln: es handelt sich um *Ergänzung*.

Ich habe in der letzten Plauderei kurz angedeutet, welches schließlich die beste Art wäre, Berlin zu bekämpfen: selber schaffen! Und ich möchte mich nun an eine weitere Gruppe deutscher Landsleute wenden, nicht schlechterer Art als die Stämme im Reiche, ebenso berufen wie die Landschaften, mitzuarbeiten am Geist der Zeit und an Erneuerung der Volksseele: an die warmherzigen, ungebrochenen Männer und Frauen, die *in Berlin selbst* ihren Wohnort nahmen oder nehmen mußten. (*Lienhardt, o.J., S. 168*)

Von Berlin hatte ich die schauderhaftesten Eindrücke, die ganze straffe Ideologie der Stadt (gleichviel wie nichtig ihre Zwecke waren), die einen bewundernswerten Arbeitsorganismus von ungeheurer Dynamik aus ihr gemacht hat, scheint zerfallen zu sein, da jeder Mensch «umgestellt» ist, d.h. etwas anderes tut, als sein eigentlicher Beruf ist. Ich hatte das Bild eines Körpers, der seine zusammenhaltende Einheit verloren hat und über dessen Glieder die unorganischen Kräfte Herr werden. Zum ersten Mal war ich froh, Berlin den Rücken zu wenden! Dabei ist die Sehnsucht nach Geistigkeit und nach (dem) der Gegenwart nicht durchweg ausgestorben: Ich hielt drei grosse Vorträge, und alle waren überfüllt ...

Es ist dringend notwendig alles möglich für den «Geisteskreis» in Berlin zu tun, da ihm eine ungeheure Über-Ökonomisierung und Über-Politisierung droht, während die Menschen, die in Deutschland den Geist suchen, sich mehr und mehr in München zu sammeln scheinen. Ich aber bleibe hierhergebannt. (*Simmel 1918*)

Berlin hat gewiß seine Nachteile, seine schweren Nachteile – aber in politischer Beziehung ist es ein Paradies gegen die kleinen deutschen Mittelstädte, in denen keine große Industrie liegt. Da schlägt die Uhr noch 1890 – und will nicht vorwärtsgehen. [...]

Berlin hat eine große Aufgabe. Die Provinz hat eine größere. Da sitzen letzten Endes die Massen. Da heißt es: aufklären. Da heißt es die Wahrheit über den Krieg sagen und über den Staat und über alle diese etwas heiklen Dinge, von denen ein anständiger Beamter nicht spricht.

Um Berlin ist mir nicht bange – so viel da auch noch zu tun bleibt. Aber unser Dank und unsere Hilfe gelte den Missionaren da draußen im schwarzen Erdteil – da draußen in der Provinz. [...]

Daher der ungeheure Abscheu von Berlin. Berlin – das heißt: in mancher Hinsicht sind alle gleich. Berlin – das heißt: das Einkommen entscheidet nicht über den Wert, die Geburt nicht über die Tüchtigkeit des Charakters. Berlin – das heißt: Vorgesetztendämmerung. Sie hassen Berlin. (*Tucholsky 1975, Bd. 2, S. 227–230*)

[1921] Alles, was im Reich so oft gegen Preußen und gegen dessen Hauptstadt Berlin eingewandt worden ist, wendet sich gegen Erscheinungen eines ungesunden Ehrgeizes wirtschaftlicher und kultureller Art, die notwendig in dem Augenblick hervortreten mußten, als das lebendige Preußen sich selber seinen Wachstumsdrang unterband, als es sich zu einer Saturiertheit zwang, die diesem Staat seinem ganzen Wesen nach fremd ist. [...]

Bisher zog Berlin das Leben an aus Ost- und Westpreußen, aus Pommern und Sachsen, aus Hannover und den Rheinprovinzen. Eine künstlich gewordene Hauptstadt hat ein künstlich gewordenes Staatsgebilde in einer sehr künstlichen Weise zusammenhalten geholfen. Fällt Preußen nun in Teilen auseinander, so sinkt auch die Bedeutung Berlins um ein beträchtliches. Denn ob die Stadt, indem sie aufhört, Preußen zu repräsentieren, zur wirklich lebendigen Hauptstadt eines Großdeutschlands werden kann, zu dem, was Paris für Frankreich, London für Großbritannien ist, muß sehr bezweifelt werden. Vielleicht kann Berlin, wenn ein deutscher Nationalstaat zustande kommt, das Zentrum des deutschen Geschäftslebens bleiben, politisch und kulturell aber wird es in diesem Fall wahrscheinlich nicht mehr lange Hauptstadt sein.

Solche Feststellungen können dem Großstadtoptimismus der Berliner nicht angenehm klingen; sie sind aber unabweisbar. Ein kleineres, ärmeres Preußen bedingt ein kleineres, ärmeres Berlin; und ein weltwirtschaftlich bankerottes Deutschland wirkt ebenfalls zuerst auf Berlin zurück. Die Berechnungen aus der Zeit vor dem Krieg, die von einem Groß-Berlin für zehn Millionen Bewohner sprachen und die noch heute von Verkehrstechnikern zuweilen aufgenommen werden, erweisen sich als ruchlose Phantastereien. Berlin wird nicht mehr wachsen. [...]

Berlin berauschte im Frieden durch das Fieber seiner Tätigkeit, durch seine Lichterfülle und den Rhythmus der sich vorwärtsbewegenden Volksmengen. Gesellt sich in Zukunft der konstitutionellen Häßlichkeit der Stadt nackte Armseligkeit oder ein kolonialer Talmiglanz, so wird es unerträglich werden. Diese Gefahr droht aber. Wieder einmal wird im entscheidenden Augenblick der Konsolidierungsprozeß gestört; es öffnet der Osten seine Pforten und läßt Horden aufstiegslüsterner Barbaren auf Berlin los. Zu den alten Kulturlosigkeiten werden neue hinzukommen. (*Scheffler 1921, S. 42f.*)

[1928] Der Kumpel [von der Ruhr] liebt Berlin nicht. Berlin ist für ihn Aufgeblasenheit, nutzloser Kolossalkonsument, unproduktiver Kopf des Landes. Berlin ist Lichtreklame, kaiserlich noch immer, Sauger und Zermürber. Weshalb rollen Kohle und Eisen nach Berlin?

Wie sonderbar, daß Hunderte von Kilometern entfernt die große Stadt liegt. Historisch bedingt, politisch geworden, gewiß, es mußte so sein in dieser unorganischen Welt. Aber wie sonderbar doch, daß von Hamm nach Berlin nur Feld und Heideweite ist, unterbrochen von einigen Steinansammlungen. Herz und Kopf Deutschlands auseinander, Kohle und Eisen nur verschickt, nur transportiert und nicht fließend wie das Blut in einem Körper.

Berlin ist die große Unproduktive Deutschlands. Berlin hat Tausende Fabriken, gewaltige Elektrizitätswerke, Maschinenhallen, kleine, mittlere und große Produktionen, aber es sind Verwendungsstätten. Sie brauchen, sie holen heran, sie lassen rings für sich arbeiten, Wolle und Baumwolle, Eisen und Kohle, Rohstoffe und Halbfabrikate. In Schlesien, Westfalen, Sachsen, in Bayern, in Nord, Süd, Ost und West und in der Mitte arbeiten die Menschen für Berlin. Berlin verwendet und frißt. Berlin ist die unproduktive Verfeinerung, der unproduktive Magen. Billionen Kalorien frißt Berlin. (*Goldschmidt 1928, S. 26*)

[1929] Ich halte den Drang, um allen Preis ‹hier heraus› und nach Berlin zu gehen, für Fahnenflucht und für einen Fehler obendrein. Die berliner Zeitungen, die einen merkwürdigen Lokalpatriotismus treiben, der der Stadt ihr Bestes nimmt und fremde Zutaten aufplustert, merken voller Solz an: «Auch Herr Mann hat jetzt in Berlin seinen Wohnsitz genommen.» Sehr bedauerlich – denn dies ist eine Flucht. Eine Flucht aus München, natürlich, eine Flucht aus Stuttgart, eine aus Königsberg – und so verödet die Provinz. Das ist durchaus kein Sieg unsrer Gedanken – in Berlin sind die Fliehenden recht ungefährlich, man läßt sie machen, sperrt sie bestenfalls nicht ein... In Köln aber könnten drei solcher Kerle dem Stadtrat ordentlich zusetzen, sie könnten da eine Macht sein, wo heute die andern unumschränkt herrschen, und sie herrschen! (*Tucholsky 1975, Bd. 7, S. 73 f.*)

[1929] Berlin hat eine Schuld an die Provinz – wir sollten ans Werk gehen.

Es gibt so viel guten Willen in der Provinz, so viel junge Leute, die suchen, so viele, die dem ersten besten Rattenfänger auf den Leim gehen, weil kein andrer da ist. Laß einmal die fragenden Augen auf dich gerichtet sein, sei ehrlich genug, ihnen zu antworten: «Auch ich suche. Auch ich bin weder ein Prophet, der die fix und fertige Lösung der Lebensrätsel in der Tasche hat – unter der Bedingung, daß die Herren seine Terminologie benutzen und die Damen mit ihm schlafen – noch bin ich der Patent-Organisator, Zahlung des Mitgliedsbeitrages genügt, komme sofort, Angehörige unsrer Organisation leiden an keinerlei metaphysischen Beschwerden...» Hab Mut und sag das. Und hilf. Wie –?

Die jungen Leute der deutschen Linken, die in Berlin wohnen, sollten viel mehr in die Provinz fahren, als sie es heute tun. Es gibt Hunderte von Gruppen, Kreisen, Bünden und Vereinen, die gern für die Reisekosten aufkommen – am Geld kann das nicht scheitern. Sie sollten fahren: als Lernende, nicht etwa als Belehrende; als Nehmende und als Gebende, ohne Großstadt-Hochmut, als gute Kameraden. Sie werden, wenn es die richtigen Kerle sind, überall willkommen sein. Wo seid ihr –? Warum laßt ihr die Freunde im Lande allein? Warum läuft sich vieles tot, was ihr in Berlin macht, in Berlin, wo ihr immer dasselbe Publikum habt, eines, das viel, viel kleiner und ganz bedeutend einflußloser ist als ihr denkt? Wo bleibt ihr –? Wo seid ihr –?

Ihr könnt Einfluß haben; ihr könnt wirklich gefährlich sein – aber nicht in W 50. Ihr seid es im Augenblick, wenn ihr das, was unter euch schon selbstverständlich ist, in Bitterfeld aber eine Kühnheit, in die mittleren und kleinen Städte tragt – da ist eine Kampfbahn, deren Zuschauer auf euch warten, im guten wie im bösen. Die guten stehen zum Teil mutig auf verlorenem Posten; die bösen lassen euch das billige Vergnügen, in Berlin radikal zu sein («Bei uns in Greifswald gibts so etwas nicht!») – zeigt ihnen, daß es das auch in Greifswald, grade in Greifswald gibt. Dazu gehören Takt, Bescheidenheit den Freunden, Mut den Feinden gegenüber. Geht in die Provinz – stärkt die Freunde und seht etwa, was die Richter an den kleinen Amtsgerichten treiben, anonym, niemand kontrolliert sie, kaum einer widerspricht. Ihr, die ihr von den Provinzmächten nicht abhängt, könnt aussprechen, was denen verwehrt ist, weil sie finanziell abhängig sind; weil die Rücksicht auf die Eltern es erfordert; weil eine Stellung gewünscht wird, weil «man nicht immer so kann»... Ihr könnt immer so. Fahrt in die Provinz – kommt, seht und siegt. Ihr werdet Hunderte finden, die aufatmen, wenn ihr Wahrheiten sagt, die für uns simpel sind – Tausende denken so wie wir, können es aber nicht aussprechen. Sprecht es für sie aus! Und wenn ihr auch mitunter enttäuscht werdet – laßt euch nicht enttäuschen. Euer vierzehntägiges Wirken in einer mittlern Stadt klingt länger nach als alles, was ihr während eines halben Jahres in Berlin treibt. (*Tucholsky 1975, Bd. 7, S. 75 f.*)

[1930] Es gibt heute schon fast nur mehr einen Unterschied: den zwischen Berliner und Provinzler. Alle anderen Unterschiede wie die der Rasse, des Standes, des Glaubens verblassen ihm gegenüber. Auch der Münchner, der Kölner, der Leipziger ist für den Neuberliner ein Provinzler, auf den er mit unverhohlener Geringschätzung herabsieht. Provinz ist für ihn alles, was außerhalb Berlins liegt, das Land, die Kleinstädte, die Großstädte. Das flache Land ist ihm nur tiefster Verachtung würdig. Nichts kennzeichnet diese Einstellung besser als der Ausspruch eines Mitglieds des Berliner Magistrats, der vor dem Sklarekausschuß in die Worte ausbrach: «Wir sind doch kein Provinzmagistrat!»

Rücksichtslos geht Berlin über das deutsche Land hinweg. Die Provinz ist ihm nur Kolonie, Nutzungsobjekt. Sie hat zu tun, was die Weltstadt will. Das Land ist nur für den Weltstädter da. Was Hasfeld über die «sterbende Landschaft» Amerikas geschrieben hat, gilt auch schon fast für Deutschland. Das Land stirbt unter den Händen des

Weltstädters. Der Bauer draußen ist gerade noch gut genug, um für ihn das Brot zu schaffen. Aber selbst als Ernährer lehnt ihn der Berliner allmählich ab. Der Bauer muß vom Ertrag seiner Arbeit leben können. Die weltstädtische Masse aber will billiges Brot. Es ist ihr gleichgültig, daß der deutsche Bauer zugrundegeht. Aus aller Welt holt Berlin sein Gefrierfleisch, sein Getreide, sein Gemüse, seine Butter, seine Eier, während draußen im deutschen Lande Bauernhof um Bauernhof verfällt.

Der Ausdruck ist in gewissem Rahmen willkürlich. Man könnte ebenso sagen «Barmatstadt» oder «Parasitenstadt». «Weltstadt» genügt auch schon, denn das heißt, diese Stadt ist die Welt, und wenn es nur die deutsche Welt wäre; alles andere ringsum – bald auch noch die letzten Kultur-, Wirtschafts- und Geldzentren – ist in Zinsknechtschaft dieser Stadt. Die Lehre vom Mehrwert, die Karl Marx als sozialistische Theorie entwickelte, läßt sich auf Berlin und Provinz anwenden. Berlin ist der Unternehmer, die Provinz die Arbeiterschaft. [...]

Während sich Berlin immer unförmiger aufbläßt, verarmen die abseits gelegenen Gebiete des Reichs und sterben die Grenzländer besonders im Osten und Süden mit ihrer Kultur, ihrer Bodenständigkeit und ihrem Kinderreichtum immer mehr ab. Je mehr sich alles wirtschaftliche Leben in dem einen Punkte Berlin ansammelt, desto trostloser wird die Lage draußen im Lande. Und Berlin will immer mehr zusammenraffen.

Berlin ist der Parasit am deutschen Wirtschaftskörper. (*Korherr 1930, S. 402 f.*)

[1931] Im Berlin der Vorkriegszeit ist eine Politik gemacht worden, die Deutschland an den Rand des Untergangs gebracht hat; dasselbe Berlin aber, das sich den aus nächster Nähe sichtbaren Wahnwitz eines unseligen Fürsten willig gefallen ließ, ja das ihm applaudierte, hat auch die schärfste Kritik gegen alle Verkehrtheiten hervorgebracht. Berlin hat die suggestive Kraft gehabt, ganz Deutschland, im Schlechten und Guten, zu beeinflussen, so daß man von einer Berlinisierung aller größeren deutschen Städte vor dem Krieg sprechen darf. Unbedingt geliebt worden ist Berlin nie, nicht einmal von seinen Bewohnern. Nach seiner Erhebung zur Reichshauptstadt ist Berlin sogar vom Haß verfolgt worden. Darum aber hat sich der Geist der Stadt nie gekümmert. Denn dieser Geist ist unsentimental; er hat sich, ewig gefährdet, behauptet und an Einfluß nur immer zugenommen. Und das deutet auf eine nicht leicht zerstörbare, sehr ausdauernde Lebenskraft.

Diese siegreiche, wenn auch nicht liebenswürdige Vitalität ist entstanden und hat sich gefestigt in den schweren Kämpfen vielhundertjähriger Entwicklungsschicksale. Die Umwelt erklärt den Charakter. Am Ende aber bleibt noch etwas Unerklärbares und darum Geheimnisvolles. Nur die Göttin der Geschichte, die geflügelte, weiß, warum es Berlins Schicksal gewesen ist, immerfort zu werden und niemals zu sein. (*Scheffler 1931, S. 56f.*)

[1930] Was einst Babel für die babylonische Kultur und Rom für die Antike, nämlich der Sammelpunkt der sterbenden Kultur, von wo aus die «Errungenschaften der Zivilisation» in alle Welt getragen wurden (und mit ihnen ein Fünkchen der alten Kulturwerte), wo sich aber auch der Untergang jeder Kultur vollzog, das ist heute Berlin, die Zentrale Deutschlands, ja schon fast Europas, für unsere Kultur:

Halb barbarisch, seelenlos, international – Weltstadt in größtem Format.

Mit ihren Menschenmassen, Kunstmassen, Geistesmassen, mit ihrem Gift ein letztes Aufleuchten vor dem Erlöschen!

Ein einziger Punkt, der alles Leben anzieht und verzehrt, wie einst Rom. (*Korherr 1930, S. 371*)

[1931] Die Wortbegriffe *Provinz, provinziell, Provinzler* werden geprägt und haben ihre Gültigkeit in Berlin nebst Vororten.

Die Provinz fängt geographisch ohne Übergang sofort an der Peripherie von Groß-Berlin an. Wenn man 20 km von Berlin wohnhaft ist, so lebt man ebenso in der tiefsten Provinz wie 800 km davon entfernt.

Das Wort *Provinz* in seiner Berliner Anwendung drückt etwas Zweitrangiges, Minderwertiges aus, ungefähr so, wie das Wort Berlin in der Provinz seine Geltung hat.

Berlin bedeutet in der Provinz Benzinluft, Morphium, Überfall, Begaunern, Asphaltkultur, Sittenlos, Die Natur ist Kitsch, Nur Oberfläche, Hysterie.

Provinz bedeutet für Berlin Mottenpulverluft, Maiglöckchen, Flanellunterröcke, Cäsar Flaischlen, Bildungsphilister, Brett vor dem Kopf, Im Gehen schlafen, Wenig arbeiten, Schwerfällig wie ein Nilpferd sein.

Diese Art der Anschauung von Berlin und der Provinz, so oft man sie auch hören und lesen mag, ist ohne Kraft und Wirkung, weil sie nicht die elementare Gegensätzlichkeit aufzeigt [...] Der objektive Beobachterter findet das, was man gemeinhin als Provinz bezeichnet, ebenso in Berlin, wie er auch das Berlinische in der Provinz findet. [...]

Von dieser Ebene aus betrachtet ist Berlin des Deutschen Reiches Hauptprovinzstadt. [...]

Berlin leidet an der Unterschätzung der Provinz und fühlt sich in der Rolle des Exporteurs; aber es führt die Rolle ungefähr so aus, wie wenn beispielshalber ein Pelzhändler die absurde Idee hätte, seine Pelzwaren am Äquator abzusetzen. Der Berliner beschränkt sein Studium der Provinz darauf, daß er den Provinzler studiert, wenn er sich in Berlin aufhält, der sich dann ganz anders zeigt. Er gewinnt dann hierbei einen vollkommen falschen Begriff. Dadurch, daß das fremde Milieu den Provinzler in Berlin einengt, schüchtern und einsilbig macht, wird der Berliner zu seiner berüchtigten Redseligkeit verleitet. Er führt ein Zwiegespräch mit sich selbst. Aber unser Provinzler macht sich seinen Vers darauf. [...]

Es ist bezeichnend, daß das Wort *Provinz* für das Wirtschaftsleben und seine Politik nicht angewandt werden kann. Diese beiden Lebensfaktoren sind in der Isolierung nicht möglich, und je mehr man über das Problem Berlin und die Provinz nachdenkt, um so mehr erhält die Überzeugung ihr Recht, daß die Gegensätze trotz allem doch sehr an der Oberfläche liegen und sich nur in jener Schicht bemerkbar machen, die man schlechthin als die intellektuelle bezeichnet. Die Wirtschaftskreise sind sich handelseinig und wissen sehr genau, wo die Grenzen der Verständigung aufhören und anfangen. Dem Oberkellner bei Kempinski ist es auch vollkommen gleichgültig, ob der Gast aus der Provinz statt *Kartoffelpuffer* einfach *Reibekuchen* sagt; die Hauptsache ist, daß er etwas bestellt und bezahlt. (*Küpper 1931, S. 307–309*)

[1931] Man hat sich in Deutschland geeinigt, der deutschen Reichshauptstadt den moralischen Lebensraum abzuerkennen. Berlin als Begriff und als Problem ist seit langem in der Defensive. Niemals ist eine Stadt plumper und ungerechter angegriffen worden. Niemals haben die Bewohner einer Stadt solchen Angriffen gegenüber einen ebenso rührenden Mangel an Lokalpatriotismus gezeigt, wie die Berliner. [...]

Selbstverständlich kann es einen weltanschaulichen Streit zwischen Stadt und Land geben: er ist historisch und vielleicht ewig. Aber der Kampf um Berlin ist längst nicht mehr ein Streit der Weltanschauungen; er ist ein politischer Streit und als solcher – wie leider fast jeder politische Streit in Deutschland – der Ebene geistiger Auseinandersetzungen längst entrückt. Die Angriffe gegen Berlin sind heute der Ausdruck einer Gesinnung, die es sich bequem macht. Man meint die Zeit, die Verhältnisse, mit denen man nicht einverstanden ist, und man schlägt Berlin, weil Berlin es ist, in dem jede neue, unausweichliche Entwicklung, im Guten wie im Bösen sich zuerst weithin deutbar manifestiert. (*Kantorowicz 1931, nach: Meyer, S. 38*)

[1929] Aber ganz abgesehen von der Politik wäre zu fragen, inwieweit Berlin die Provinz beeinflußt und wie sie denn mit oder ohne Berlin eigentlich aussieht.

Soweit das ein einzelner sagen kann, möchte ich behaupten, daß Berlin in vielen mindern und einigen guten Gebieten der äußern Zivilisation die deutsche Provinz sehr stark beeinflußt; zum mindesten geht die Entwicklung der Hauptstadt und der Provinzstädte hier parallel. Die Bar, das dumme Revue-Theater, der Amüsier-Betrieb; die ‹Aufmachung› – das alles findet sich in den größern Provinzstädten fast überall wieder, und sie sind auch noch sehr stolz darauf. [...]

Berlin aber überschätzt sich maßlos, wenn es glaubt, es sei Kern und Herz des Landes. Der berliner Leitartikler täte gut, inkognito einmal auf ein großes schlesisches Gut zu gehen, auf ein ostpreußisches, in eine pommersche Landstadt – und er wird etwas erleben. Was der Hindenburg-Tag seinerzeit nach Berlin an Schwankfiguren, an Kaiser-Wilhelm-Gedächtnis-Zylindern, an hundertjährigen Bratenröcken und Oberförsterbärten ausgespien hat, war nur eine kleine bemusterte Offerte: die Warenlager liegen in den kleinen Städten wohl assortiert und können jederzeit – nicht immer ohne Gefahr – besichtigt werden. Ohne Gefahr dann nicht, wenn etwa der ‹Berliner› versuchen wollte, Terror, Diktatur und Frechheit der dort herrschenden Bourgeoisie tatkräftig abzudrehen. Kein Gericht stützt ihn da, keine Verwaltungsbehörde, keine Zeitung. Er ist verloren und muß das Feld räumen. [...]

Berlin ist nur eine große Stadt – und in einer großen Stadt verschwindet der einzelne, kann die Gruppe ungestörter arbeiten, weil der Kreis derer, der in Köln nur achtzig oder hundert Menschen stark ist, hier in die Zehntausende geht; es ist eben alles mit hundert multipliziert. Aber mehr auch nicht. Denn so groß die negative Freiheit in Berlin ist («Hier kann man tun und lassen, was man will») – so klein ist die positive. Man gehe einmal dahin, wo wirklich eine Macht ausgeübt wird: in die Baupolizei, aufs Gericht, in die Schule – und man wird, von zahlreichen freiheitlichen Enklaven abgesehen, auf einen Provinzsumpf stoßen, auf Vorurteile gradezu diluvialer Art, auf unwahrscheinliche Typen, die der

Beamtenkörper durch Kooptation aufgenommen hat und die in ihm herrlich gedeihen. Ihr habt alle in der Klasse einen sauren, etwas humorlosen, nicht so wunderschön gewaschenen Mitschüler gehabt, der meist unter den ersten zehn zu finden war – ihr könnt darauf schwören, daß er heute dasitzt und euch regiert. Er ist die unleserliche Unterschrift unter den amtlichen Verfügungen; er begeht die gradezu unverständlichen Schikanen der Verwaltung; er und kein anderer. Auch in Berlin.

Der Vorwurf der Provinz, das berliner Getöse sei nicht Deutschland, ist insofern berechtigt, als tatsächlich der Ruf der großen demokratischen Presse, der Künstler, der freiheitlichen Verbände in keinem Verhältnis zu ihrer wirklichen Macht steht: auf der andern Seite wirkt fast lautlos, immer vorhanden, bedeutend geschickter und vor allem bedeutend rücksichtsloser arbeitend, die Macht der Reaktion, unterstützt von den frommen Wünschen der Börse und der Kaufmannschaft, die in den berliner Premieren Beifall zu ungefährlichen Demonstrationen klatschen. (*Tucholsky 1975, Bd. 7, S. 70–72*)

[1930] Noch liegen rings um Berlin herum weite Strecken barbarischen deutschen Landes mit Bauern und Bürgern, mit Dörfern und alten Residenzen. Da gibt es eigenwüchsige Städte mit immer noch sogenanntem «Kunstleben» und große, von uralten Stammesgeistern beherrschte Kulturkreise. Soll das so bleiben? Mit diesem Trödel muß endlich aufgeräumt werden. Welche Ziele der Ironie!

Nachdem man sich in Berlin eingerichtet hat, geht man daran, sich überall in deutschen Landen ebenso einzurichten. Alles muß verrungiberlinert sein [abgeleitet von umgangssprachlichem «verrunginiert», d. h. ver-ruiniert]. Erst dann hat man die Sûreté, daß nicht irgendwo in der deutschen Landschaft ein gefährlich gesundes und selbstbewußtes Leben heranwächst, so daß das deutsche Volk eines Tages dem Berliner Betrieb – selbstverständlich nicht «geistig» überlegen, aber wirklich überlegen ist. Man muß also die geistigen Kloaken Berlins über das Land hinleiten, damit die alles edle und gesunde Leben versäuernde Sentina reipublicae sich ausbreitet. [...]

In den Städten ringsumher leben Leute, denen nach Berlin hungert und dürstet. Sie möchten, daß jede Ratzeburg in deutschen Landen nicht nur eine Großstadt, sondern ein Berliner Mikrokosmus werde. [...] Die deutsche Landschaft schreitet sich selbst zum Trotz fort in der Provinzialisierung. Man fühlt sich gehoben, wenn es auf der Hauptstraße ein wenig nach Kurfürstendamm riecht und wenn im sonst getreuen Wochenblatt ein ixter Nachdruck aus Heinrich Mann oder ein Reklame-Vorabdruck aus Stefan Zweigs demnächst erscheinenden neuesten Buche mit Gewicht dargeboten wird.

Im Zeichen des Liberalismus wirken viele Kräfte für die Provinzialisierung der deutschen Stammeskulturkreise und der deutschen Städte. Das Volk zwar, das noch echtes Volk ist, leistet überall Widerstand, aber die *Vermittler* sind von Berlin geblendet. Sie sehen nicht, was das Volk will, sie sehen nur, was Berlin vormacht, und glauben, es nachmachen zu müssen. (*Stapel 1930, S. 5f.*)

[1929] Während die Stadt auf der einen Seite etwas komisch anmutende Versuche macht, einen «Fremdenverkehr» zu organisieren, dabei außer acht lassend, daß sich kein Mensch auf dieser Welt für Geld gern unhöflich behandeln läßt («vorbestraft» und «Ausländer» sind für viele Polizeibüros Synonyme) – während Messeamt und Oberbürgermeister miteinander wetteifern, besudelt auf der andern Seite der tüchtige Hugenberg die eigne Stadt und das eigne Eiernest.

Die Provinz hat andre Motive.

Da erscheint vor allem der Gedanke unerträglich, daß «die Leute in Berlin» alles besser wissen wollen, und Lokaldünkel, Unfähigkeit, weiter als bis zum nächsten Kirchturm zu denken, und Ämterehrgeiz werden gern als «kulturbedingte Interessen des Föderalismus» plakatiert. Berlin, Berlin!

Nun hats Preußen den Leuten in der Provinz nicht leicht gemacht. Dieser berliner Überlegenheitston, der die andern wie verständlich so maßlos reizt, diese törichte Attitüde, die sich aus Herrschergelüste, Überlegenheitsfimmel und Postenjägerei zusammensetzt, hat unendlich geschadet. Die Vormachtstellung Preußens muß fallen. [...]

Im übrigen kopiert *das* Berlin, wo es nur kann. Nicht etwa, weil Berlin gar so schön und nachahmenswert sei. Aber es muß doch dem deutschen Volkscharakter sehr weit entgegenkommen... Die Diele und die Bar, die illustrierte Zeitung und die Verkehrsampel, Mode und Theater, Klamauk und Kunst: es gibt kaum eine Sache, mag sie noch so verdienstvoll oder noch so dämlich sein, die in der Provinz nicht ihren Nachahmer fände. Was die Herrschaften nicht hindert, voll heimlichen Gruselns und auf das Dümmste gegen Berlin, den verruchten Herd des Umsturzes, zu wettern. (*Tucholsky 1975, Bd. 5, S. 185f.*)

[1930] Aber nichts kann den Menschen abhalten, nach der Weltstadt zu ziehen. Man weiß von der entsetzlichen Arbeitslosigkeit in Berlin und geht doch hin! Die Gegend um den Schlesischen Bahnhof ist das Staubecken, wo ein beträchtlicher Teil hängen bleibt, in irgend einer trostlosen Mietskaserne. Wirtschaftliche Gründe können diesen Zug zur Weltstadt nicht mehr erklären. Das ist nur mehr psychologisch zu erklären.

Die Weltstadt übt immer mehr ihre dämonische Anziehungskraft auf alles blutvolle Menschentum aus: Der Landarbeiter läßt den Pflug stehen, der Bauer trennt sich vom Boden, vom angestammten Gut, der Kleinstädter vom behaglichen Provinzlerleben, und alle strömen, geblendet vom Glanz der Weltstadt, ihr entgegen. Die meisten verkommen in grauenvollem Elend – aber als Weltstädter. (*Korherr 1930, S. 411 f.*)

[1932] Den Platz um die Gedächtniskirche passieren täglich 70000 Autos. Alfred Schütte aus Alfeld steht da, und seine Blicke schwimmen steuerlos mit dem schäumenden Strom, der sich Leben nennt. Er trägt Herrn Tölle's Musterkoffer. Herr Tölle weiht ihn stolz ins Tempo der Großstadt ein. Dies ist Berlin. Der Provinzler steht fassungslos, erschüttert ohne Balance. Der Lärm um sein Ohr spielt eine tolle Symphonie, die Orgie der Technik vor seinen Augen beschämt und verwirrt ihn. Man glaubt, jede Minute unter die Räder zu kommen oder zumindest Augenzeuge eines katastrophalen Unglücksfalles zu werden. Nichts dergleichen. Die doppelgeschossigen Autobusse brausen heran. Bitte, schnell einsteigen, die Herrschaften! Herr Tölle schwingt sich hinauf. Alfred Schütte stolpert mit den Musterkoffern hinterdrein. Die Häuserreihen rutschen zu beiden Seiten fort. Ein andrer Stadtteil. Ein neues Bild.

«Jetzt zeig ich dir das neueste Warenhaus von Berlin.» Karstadt, am Hermannplatz. Neukölln. Alfred Schütte wird ganz klein und stumm. Da liegt eine Burg im Häusermeer. Oder ist es ein Palast? Die Pfeiler streben nach oben. Alles drängt gen Himmel, 1, 2, 3, 4, 5, 6, 7 Stockwerke, die Flankentürme ungerechnet. Die Fahrstühle sausen aufwärts. Teesalon, bitte. Restaurant, bitte. Zum Dachgarten, bitte. Der Regen hat nachgelassen. Aber die Steinplatten sind noch feucht. Die großen Glasterrassen. Links spielt eine Kapelle, rechts spielt eine Kapelle. Die Leute sitzen und schwatzen, essen Windbeutel, Halbgefrorenes. Kellner, mir einmal Kirschtorte mit Schlagsahne. Kaffee, der Herr?

Tee? Schokolade? Ein Münchner. Eine Orangeade. Draußen auf dem flachen Dach schaust du bis zum Horizont. Häuser, Häuser, Häuser. Der Rathausturm, die Reichstagskuppel, der Dom, die Gasanstalten. Das Trumpf-Luftschiff manövriert über den Straßenzügen. Silbergrau im Regendunst. Ganz unten in den Straßenschluchten die Elektrischen, die Autobusse, Fuhrwerke, Fußgänger. Das summt herauf, dröhnt, bewegt sich, schiebt sich durcheinander, ein Ameisenhaufen, der regellos scheint, in dem aber alles bis ins Kleinste sich regelt. Der blonde Alfred Schütte ist wie vor den Kopf geschlagen. Bißchen viel für einen Tag, wenn man aus dem Hannoverschen kommt und nur an Landstraßen gewöhnt ist, an Dörfer, Bauern und Gendarmen. (*Berstl 1964, S. 87f.*)

Berlin, zugleich sensitiv und abgebrüht, blasiert und doch stets erpicht auf neue Sensationen, hat das geistig-moralische Klima Deutschlands niemals zu bestimmen und zu beherrschen vermocht, wie etwa Paris dies in Frankreich tut. Im Gegensatz zur französischen Kapitale ist die deutsche nicht schöpferisch begabt, sondern nur organisatorisch. Es ist ihr Genie und ihre historische Funktion, die Stimmungen und Tendenzen, die in der deutschen Luft liegen, aufzufangen und zu absorbieren, sie dramatisch auf die Spitze zu treiben. Berlin ist das Hirn, in dem die Emotionen und Intuitionen, die Sehnsüchte und Ressentiments des deutschen Volkes mit wissenschaftlicher Exaktheit und journalistischem Schmiß formuliert werden. Die Metropole kreiert nicht: sie repräsentiert. Wenn das Berlin der Kaiserzeit die aggressive Dynamik des jungen deutschen Nationalismus säbelrasselnd zur Schau gestellt hatte, so spiegelte das Berlin der ersten Nachkriegsjahre mit demselben Eklat die apokalyptische Gemütsverfassung der besiegten Nation. (*Klaus Mann 1942, S. 144*)

[1965] Berlin und Preußen – das ist kein so einfaches Kapitel, wie es sich manche ungenau informierte Politiker vorstellen. In Wahrheit war das «größere Berlin» für Alt-Preußen, das, wie das alte Sparta, kleinstaatlich, militärisch durchorganisiert und zusammengefaßt sein wollte, ein Hemmschuh und ein Nagel zu seinem Sarge. Das alte, militaristische Preußen konnte keine Weltstadt in seiner Mitte brauchen. Es wurde von seiner Weltstadt verschlungen. Je größer Berlin wurde, desto kleiner wurde das militaristische Alt-Preußen. Der richtige Hurrapatriot, der «Untertan», kam nicht aus Berlin, viel eher aus Dresden oder Magdeburg. Berlin war für Fanatismus überhaupt schwer zu haben, selbst 1933. Fanatismus lag dieser Stadt gar nicht. Sie wuchs langsam in den typischen toleranten Charakter einer Weltstadt ersten Ranges hinein. (*Italiaander/Haas 1965, S. 12*)

Westdeutschland geht kulturell daran zugrunde, daß es Berlin nicht mehr gibt. Ich spreche als einer, der seit fünfzig Jahren hier wohnt und der in den Jahren 1918 bis 1933 Berlin zu einem geistigen Zentrum heranwachsen sah, das sich neben Paris stellen konnte – Talente, Werke, Ausstellungen, Premieren wie nur in wenigen Städten der Welt. Der Föderalismus mag politisch notwendig sein, kulturell hat er seine Schattenseiten.

Wenn man ganz offen sein darf: Wir sehen jetzt drüben Provinzmetropolen mit Lokalgrößen, Theater- und Rundfunk-Konglomerate mit Cliquenkonkurrenzen, Akademien, die sich Aufgaben suchen, die aber nicht da sind – es fehlt der Blick auf ein Regulativ, und das war Berlin. Es fehlt der Blick auf etwas, an dem man Maß nehmen konnte, aus dem man sich Impulse holte, vor allem etwas, vor dem man sich genieren konnte. Jetzt zelebriert jeder seine Messe, Hamburg weiß nichts von München, Düsseldorf nichts von Stuttgart, sie brodeln vor sich hin. Berlin liegt wie Angkor im Urwald, und die Fahrten zu ihm sind Expeditionen, unternommen halb aus Neugier und halb aus Wehmut.

Sie können sagen, das war schon einmal so, als wir die vielen Fürstentümer hatten, aber ich muß sagen, die Fürsten dieser Fürstentümer hatten mehr Tradition und Weltblick, allerdings auch mehr Geld als die aus der Armut sich mühsam hervorarbeitenden, politisch vielfach gespaltenen Stadtverwaltungen. Und wenn ich von der Vergangenheit spreche, meine ich nicht bloß München und Dresden, auch Meiningen, Karlsruhe, Kassel, Darmstadt hielten sich hoch und strömten etwas aus. Denn über ihnen und vor ihnen lag das kalte, kritische, nüchterne, ich wage das Wort, das preußische Berlin. Wie manches Talent hat man hier gesehen, namentlich des Theaters, das mit enormem Aplomb und großer Reklame aus einer Provinzstadt hier auftauchte, und nach einem Jahr war es wieder verschwunden und kam nie wieder. Es hatte Berlin nicht bestanden. Jetzt bleibt alles zu Hause und sucht sich eine Unterkunft und sonnt sich im Glanze der lokalen Kolumnen. Wir sollen alle nett sein, und die Netten bekommen ja auch die Preise. Aber die, die das so oft berufene Abendland nicht nur traditionell weiterführen und restaurieren möchten, sondern durch Vorstöße und Impulse eines produktiv gebliebenen, vielleicht allerdings manchmal auch gequälten und aggressiven Gehirns weiterführen und mit neuen Farben imprägnieren möchten, was geschieht mit diesen? Vor denen sieht man weite Kreise des alten Europas sich zusammenschließen und rufen: «Halt, junger Mann, keine Extreme! Im Namen des Abendlandes: gieß deine Sorgen in ein Gläschen Wein.» Das würde Berlin nie mitgemacht haben, und das macht es auch heute nicht mit. (*Benn nach: Ästhetik und Kommunikation, 61/62 1986, S. 21*)

Was ist es denn überhaupt, das uns danach drängt, den Begriff der Metropole im Zusammenhang von Berlin zu bemühen? Wenn Berlin nichts sonst mit einer Metropole gemein haben sollte, dann doch das eine, daß die Stadt, wie mehr oder weniger alle großen Metropolen der westlichen Welt, in ökonomischer Hinsicht ein «parasitäres» Gebilde ist. Die ökonomischen Werte, die hier verzehrt werden, werden nicht hier produziert. Berlin ist eine ausgehaltene Stadt, finanziert von der Gesellschaft der Bundesrepublik Deutschland. (*Schwarz 1986, S. 87*)

Jedenfalls: Was immer Berlin in den vergangenen Jahrzehnten an Metropolen-Substanz verloren hat und was immer in Konsequenz dieses Verlustes anderen Städten der Bundesrepublik an insbesondere ökonomischer Potenz zugewachsen ist – keine der anderen deutschen Städte ist Metropole geworden, keine von ihnen ist zu einem Ort geworden, mit dem sich aufgrund geschichtlicher Ereignisse – und seien es solche der jüngsten Vergangenheit – die politischen, die nationalen Zukunfthoffnungen und -vorstellungen in besonderer Weise verbinden. Dies gilt nach innen, mehr noch nach außen. Für den Ausländer veranschaulicht sich das, was Deutschland als geschichtsrelevante Größe ist, politisch und kulturell nach wie vor in Berlin und nirgendwo sonst. Keine dieser Städte ist der Bundesrepublik zur Stadt der Städte geworden, zum Ort, an dem sich soziale Vielfalt und zeitliche Tiefe in gleichermaßen Faszination wie Ablehnung auslösender Weise verdichten zu einem Gleichnis der geschichtlichen Situation. Keine dieser Städte ist im eigentlichen Sinne «international» geworden. (*Schwarz 1986, S. 89*)

Landschaft

Berlin, die Hauptstadt der Mark Brandenburg und die Residenz der Könige von Preußen, liegt in einer größtentheils sandigten Ebene, an beiden Ufern der Spree, eines schönen und fischreichen Flusses. Ihre geographische Lage fällt nach Kirch's Berechnung in 52°, 30' nördlicher Breite, und 31°, 10' Länge. Nach der genaueren Bestimmung des Herrn Prof. Bernoulli aber kann man die Polhöhe zu Berlin zu 52°, 31', 30", und die Länge zu 31°, 2', 30" annehmen. (*Formey 1796*)

Berlin, Hauptstadt des Deutschen Reiches und des Freistaates Preußen, 52° 30' nördlicher Breite, 13° 24' östlicher Länge, 32 m über dem Meeresspiegel, Grenzscheide und Brücke zwischen dem westlichen und östlichen Deutschland, größter Eisenbahnknotenpunkt Europas, Zentrum des Luftverkehrs, Schmelztiegel zahlreicher Rassen und Völker germanischen, slawischen, romanischen, wendischen und semitischen Blutes. (*Rein 1932*)

Bis über die Elbe hin war das Land so gut angebaut, als das übrige Sachsen und schien durchaus den nämlichen Boden zu haben; allein kaum hat man von Wittenberg eine Station zurückgelegt, so bemerkt man eine auffallende Veränderung des Erdreichs. Anstatt der grauen und fetten Erde in Sachsen erblickt man nichts mehr als Sand. Das Land sticht mit Sachsen durch eine fast ermüdende Eintönigkeit ab. An den Flüssen erblickt man weite Moräste, und das viele und dicke Schwarzholz giebt der Landschaft eben kein munteres Aussehn. Unter allen deutschen Provinzen, die ich noch sah, scheint Brandenburg von der Natur aufs stiefmütterlichste behandelt worden zu sein. (*Riesbeck 1784, S. 80f.*)

Berlin ist eigentlich kein so schlechter Aufenthaltsort. Es ist wahr, Berlin liegt nicht unmittelbar an der See, in einem Sommer aber, wie der diesjährige ist, kann ich das für keinen Nachteil erachten. Das von Stürmen aufgeregte Meer bietet einen Anblick dar, der eher schrecklich als erfreulich zu nennen ist. Mir wenigstens, ich gestehe es gleich offen, wird angst und bange, wenn ich die Rosse des Poseidon, wie Walter Crane sie gemalt hat, auf mich herantoben sehe. Nun gar in einem gebrechlichen Fahrzeug sich auf die empörte See oder zum Zwecke eines Bades sich in sie hinein zu begeben, dazu gehört meiner Ansicht nach eine mit dreifachem Erz gepanzerte Brust. Was aber Seefische betrifft, die ich den Süßwasserfischen vorziehe, so habe ich die Beobachtung gemacht, daß man sie sich in Berlin leichter und zu billigerem Preise beschaffen kann als in den am Seestrande belegenen Fischerdörfern. Berlin, ich gebe es zu, liegt nicht unmittelbar am Walde, wenn man den Ziergarten nicht zu den Wäldern rechnen will. Aber erstens ist der richtige Wald von Berlin aus mit Hilfe der Stadtbahn, der Dampfstraßenbahn und der Vorortzüge verschiederer Eisenbahnlinien sehr leicht und bequem zu erreichen, zweitens hat der Wald, wenn es ohne Aufhören regnet, durchaus nichts Verlockendes an sich. Wer im Walde nichts zu suchen hat – und ich habe, da ich kein Freund von Besingen, Pilzen und Schlangen bin, nichts darin zu suchen – der bleibt bei schlechtem Wetter lieber zu Hause, es sei denn, daß er ohne nasse Füße sich nicht zufrieden und glücklich fühlt. Man wird mir sagen: das ist alles schön, aber eine Kuhherde bekommt man doch so leicht in Berlin nicht zu sehen. Das ist allerdings richtig, indessen sind uns allen die Kühe doch aus Abbildungen schon bekannt. Außerdem muß ich sagen, wenn ich auf einem nicht sehr breiten Wege die Kuhherde auf mich zukommen sehe und bemerke, daß sie im Zweifel ist, nach welcher Seite hin sie mir ausweichen soll, so bemächtigt sich meiner ein gewisses peinliches Gefühl, und ich bin jedesmal froh, wenn ich Herde, Hirten und Hund hinter mir habe. Wenn ich endlich auf die Berliner Häuser zu sprechen komme, so werde ich wohl keinem Widerspruche begegnen mit der Behauptung, daß sie fast durchgängig solide gebaut sind und einen guten Schutz vor dem Regen gewähren. (*Trojan 1903, S. 150 f.*)

Berlin ist auf einer weiten, einförmigen Sandebene inmitten der Provinz Brandenburg aufgebaut, von Norden, von Westen und von Osten allen Winden preisgegeben, die ihren kalten Odem ungehindert über diese karge Erde wehen lassen können. Der Horizont ist durch die steinerne Masse der Häuser gesperrt. Kein Ausblick wie der unserer Place de la Concorde beim Stern, keine Fernsicht, wie man sie von den Hügeln genießt, die sich um Paris, um Montmartre oder Sainte-Genevieve erheben, kein Ufergelände, gleich den Kais an der Seine oder der Themse. Die Spree – so wie sie sich auf ihrer Wanderung durch Berlin zeigt, denn draußen weitet sie sich zu einem stattlichen Fluß – ist ein schmaler, schwärzlicher, träge fließender Wasserarm, dessen Ufer, nüchtern wie die eines Kanals, nichts an sich haben, woran das Auge sich laben könnte.

Diejenigen Berliner, die Künstler sind – und es gibt solche – wissen wohl, was ihrer Stadt fehlt:

Berlin – sagen sie – hat sich an den Füßen und an den Armen entwikkelt, seine Extremitäten haben sich ausgedehnt, der Rumpf hingegen – sein Zentrum also – ist geblieben, wie es von jeher war. Man müßte ihm Luft schaffen, große Promenaden, breite Straßen geben, die von der Mitte nach allen Richtungen hin ausstrahlen. (*Huret 1909, S. 7*)

[...] und das Land der Mark um Berlin herum: ganz gewiss nicht arm an Schönheit, aber von einer harten, bitteren, grossartig herben Schönheit. Kiefernwälder auf der sandigen Fläche in endlos schwarzer Reihe wechselnd mit breiten, kalten, weissblauen Seen. Selten ein paar arme Dörfer mit mageren Aeckern dazwischen, ganz selten in grossen Abständen ein märkischer Herrensitz von sparsamem Prunk, oder ein hohenzollernsches Jagdhaus. Man hat nicht ohne Grund gesagt, die Schönheit der Mark sei wie die einer Urlandschaft, durch deren unerschlossene Härte die Eisenbahn fremdartig saust, wie durch amerikanische Wälder. (*Bab/Handl 1918, S. 16f.*)

Um jedem Irrtum vorzubeugen: Nicht symbolisch ist das Wort vom Berliner Sumpf gemeint, sondern tatsächlich. Nicht für Moralisten ist dieses Kapitel bestimmt, sondern für Baumeister, Geographen und Geopolitiker.

Wie einst die Stadt Rom, so ist auch Berlin in einer unwirklichen sumpfigen Gegend erbaut. Die campanischen Sümpfe haben ihr getreues Gegenstück in den brandenburgischen Sümpfen. Die Siebenhügelstadt Rom entstand an der Stelle, wo der Tiber die natürliche Grenzwehr Latiums gegen den barbarischen Norden bildete, wie Berlin gegen die Slawen; sie entstand an der Stelle, wo die einzige Insel im Unterlauf des Tiber das Überschreiten dieser Schutzwehr erleichterte. Berlin entstand dort, wo die Sandhügel zu beiden Seiten des großen Spree-Havelsumpfes sich am nächsten kommen. Hier hatten sich einst wendische Fischer angesiedelt. Aber die neuen deutschen Kolonisten fanden die Stelle nicht nur für den Fischfang günstig. Es war auch der einzige Punkt auf weite Strecken, wo der große von Osten nach Westen ziehende Sumpf so schmal war, daß man eine Brücke darüber geschlagen hatte, welche die Handelswege von der Ostsee kommend (Bernstein, Fische!) mit denen von Mitteldeutschland herauf verband. (*Korherr 1930, S. 371*)

Denn in der Tat ist auch hier sehr Boden, nur ein eigener, sonderbarer, der sich in die Stadt durchaus hineinschickt, den sie nicht so überwindet, wie man denkt. Einer aus Sumpf, worin Berlin schwimmt, aus Sand, worauf es gebaut ist. [...] Daß sein Grund noch nicht lange gesetzt ist, liegt deutlich zutage [...]. Überall dringt das jungalte Gesicht offen hervor [...]. Dem Boden mußte deshalb, wegen dieser in sich selber noch ungesetzten, humusarmen Beschaffenheit oder Streusandbüchse, besonders preußisch begegnet werden, die Kolonialen, welche hierher zogen, hatte in der prähistorischen Umgebung noch eine Art kultureller Eiszeit durchzumachen, mit dem Ergebnis besonders protestantischer Härtung und Überflußlosigkeit... Die nichtentwickelte Landschaft trägt dazu bei, daß auch die kulturellen Gründungen darin locker bleiben... ewige Kolonialstadt... ein Gebilde, das sozusagen immer nur wird und nie ist. (*Bloch, nach: Gillen 1984, S. 66*)

Von Berlin sprechen, heißt demnach eigentlich: von der Landschaft, den Landschaften der Stadt sprechen. Wer Berlin in seinem Wesentlichen fassen will, muß die Stadt mitsamt ihrer Umwelt, im Zusammenhang ihres Draußen sehen, den sie sich viel stärker als irgendeine andere der großen Städte der Welt bewahrt hat. In Paris, in Newyork führen die großen Straßen von draußen ins Innere, ins Herz der Stadt: in Berlin führen sie von drinnen nach draußen. Noch diese gewaltsamste und verbauteste Stadt des Reiches hat die alte deutsche Beziehung zur Natur behalten und gestaltet: nur Wien, die zweite große deutsche Siedlung, hat einen ähnlichen Zug. Aber Wien hat es leichter, weil die Landschaft mit Bergen und Höhen überall über die Häuser in die Straßen hineinblickt und somit direkt in die Welt der Stadt hineinkommt. Berlin ist die Stadt der indirekten Landschaft – und gerade darum doppelt stark der Einwirkung des Draußen unterstellt. Denn dieses Draußen wirkt hier nicht nur auf das Auge, auf das Gesicht: es wird nicht wahrgenommen und in der Wahrnehmung bereits aufgehoben. Es wird empfunden, geht in das Gefühl ein, ist nicht bloß Besitz, sondern Sehnsucht und darum für die Menschen viel bindender. Man hat oft von seiten der neueren Städtebauer auf die langen, langweiligen, geraden Straßen des Berliner Stadtplans aus dem 19. Jahrhundert gescholten: man übersah, daß mit diesem preußischen Schematismus immer wieder der Raum und die Sehnsucht ins Weite in die Enge der Stadt einbrach. Der Mann, der in der Müllerstraße oder der Chausseestraße oben auf seinem Balkon stand und die endlose lange Straßenzeile entlang blickte, ferne, wo die Perspektive die Häuserzeilen fast auf einen Punkt zusammenführte, verdämmerte die Welt in Dunst und Raum – und öffnete auf einmal die Welt der Mauern in die Freiheit! Der Mann wußte wohl, es ging dort drüben genau so mit Häusern, Mauern, Straßen weiter wie hier bei ihm: diese Welt der Mauern, Häuser, Straßen aber war so angelegt, daß über ihr da, wo sie sich im Raum zu lösen begann, etwas wie Landschaft, Ferne, ein Duell der Sehnsucht erwuchs und den Menschen, die dies erlebten, die immer neue Beziehung zum Draußen gab. Berlin ist, richtig gesehen, noch da Landschaft, wo von wirklicher Landschaft nichts mehr zu sehen ist, wo das Landschaftsraumbild ohne Hilfe von Grün und Bäumen und fernen Höfen rein aus dem Städtischen wächst. Der Blick etwa vom Singerbuilding in Newyork über das Häusermeer um den Hudson und die Meeresarme wirkt zehnmal städtischer, landschaftsloser, viel mehr dépaysé als Berlin. (*Fechter 1941, S. 12f.*)

Panorama

Berlin ist ein geistiger Begriff, ehe es eine architektonische Greifbarkeit wird. (*Langner*)

Das Panorama Berlins umfaßt auch das mögliche Berlin, die Stadt, die Berlin *nicht* geworden ist, das verhinderte Berlin, nicht nur die abgestreifte Vergangenheit, das abgebrochene, untergegangene, vergessene Berlin, sondern Zukünfte, die nicht eingetroffen sind, und Vergangenheiten, die nachwirken, obwohl sie ihre materielle Gestalt eingebüßt haben. Manche Plätze sind durch Hochstraßen zerteilt worden und ihre Bedeutung ist nunmehr Erinnerung; manche Straßen mußten ihre Trassen wechseln. Zuweilen steht unbeachtet ein Stück historische Realität im Abseits, das den Schlüssel gibt für uneingelöste Utopien, zuweilen ist eine Anlage unvollendet geblieben, und dadurch wurde ein Stück älterer Identität gewahrt. Ein Panoramablick verbindet historische Wirklichkeiten miteinander, die getrennt voneinander entstanden sind und die doch zusammen eine Landschaft bilden, auch eine geistige Landschaft, nicht nur vergesellschaftete Natur.

Es kommt nur darauf an, die romantische Kruste zu durchstoßen, die sich über den Resten des einstigen Berlin bildet, und nämlich gerade weil es Reste sind. Alle geschichtlichen Rudimente überziehen sich sehr rasch mit den Mycelium des Sentimentalen und erwecken Anschein, Sehnsucht statt Anteilnahme, Bedauern statt Mitleid. Man muß einiges von dem Bewuchs abkratzen, damit der wahre Kern dieses plebejischen Berlins zutage tritt, der so wenig süß und der so sehr bitter ist. Es ist dies die Bitternis der Vereitelung.

Vor uns liegt ja das innere Panorama einer vereitelten Stadt, vereitelt durch Weltgeschichte, vereitelt auch durch eigene Schuld, falls man angesichts einer solchen Ortschaft überhaupt von Schuld sprechen kann; diese war nicht Rom, ihr Hinterland nicht das Imperium, ihr Untergang nicht der von Kultur und Zivilisation für Jahrhunderte – beim besten Willen zur Analogie nicht.

Unsere Stadt hat bloß ihre Versprechen und Ansprüche nicht völlig erfüllen können wie andere Metropolen, welche erst nach längerem, glanzvollem Aufenthalt im Mittelpunkt der Geschichte langsam in die Bedeutungslosigkeit zurücktraten. Dieses Vereitelte und Unerfüllte, verdüstert durch die soziale Biographie ebendieses plebejischen Berlins, ist von der Psyche ihrer Bewohner aufgenommen worden und zeigt sich (unter anderem) in einem Hang zum Aufheben, Aufbewahren, Hegen und Pflegen wichtiger wie unwichtiger Dinge, ohne rechtes Unterscheidungsvermögen, ein leicht manisches Sammlertum, im Extremfall eine Vorliebe für Nichtiges, soziologisch übrigens ungebunden. Wo man noch auf den Abtritt im Treppenhaus geht, wo der Sturm des Weltgeschehens gerade noch als der Hauch einer Brise wahrgenommen wird, ist dieses Aufheben und Bewahren weit überschätzter Altertümer aus dem vorigen Jahrhundert heimisch geworden. Dort trifft man Menschen, die statt eines neuen Mantels sich lieber eine signierte Gallé-Vase zulegen; in deren Wohnung zwar kein Fernseher, wohl aber eine Biedermeier-Garnitur steht. Auch wir selber, Bekannte und weniger Bekannte, wallfahrten, sobald die frühjährliche Gerümpelaktion ausgerufen wird, zu dem schnell ansteigenden Hügel von «Sperrmüll» an der nächsten Ecke, begierig, etwas zu finden, von dem uns jede feste Vorstellung fehlt. Wir wissen nur: irgendetwas soll es sein. Wir versuchen einfach unser Glück, und an dieser sprachlichen Wendung für das Unternehmen ist etwas ganz Wahres. (*Kunert 1979, S. 199f.*)

[1892] Auf dem rothen Backsteinthurm des Rathhauses bei klarem Himmel. Zu meinen Füßen eine große Stadt; ein Gewimmel von Dächern, die einen schräg, die andern flach, dazwischen trocknende Wäsche. Im Süden sieht man einen schmalen Lauf der Spree zwischen den Häusern; dann verliert sie sich, und man vermag ihren Weg nach Nordwesten nur noch zu errathen. Ein grüner Streifen mit schwarzen Punkten: das sind die Linden; zu breit, zu kahl! Noch weiter südwärts ein weites, vollständig freies Feld: Tempelhof, der Exercirplatz. Hie und da ragen einzelne Kirchthürme wie Zahnstocher aus der flachen, ebenen Stadt empor. In der Ferne sieht man die gewaltige Masse des Reichstagsgebäudes mit einem Walde von Baugerüsten, die sie noch riesenhafter erscheinen lassen. Der äußere Horizont scheint mit sandigen Hügeln umsäumt zu sein, aber das ist weit, weit; man unterscheidet nichts mehr.

Das ganze übrige Gebiet dieser großen Stadt, die Vorstädte, die unmittelbare Umgebung, alles ist flach, zum Verzweifeln flach. Wohin der Blick sich wendet, überall die gleichen, farblos grauen Massen, die sich bis zu den verschwimmenden Grenzen des Horizontes ausdehnen. O, welche trostlose Stadt!

Das ist der Gesammteindruck. Ein Spaziergang durch die Straßen wird uns ohne Zweifel ein genaueres Bild geben. Von da oben erscheint uns Berlin in der That wie eine große, graue Masse, inmitten eines flachen Landes, die sich wie ein Oelfleck allmählich immer weiter ausdehnt. Der Anblick der Straßen ist ein ganz andersartiger. Dort oben genossen wir die Eintönigkeit der Oberfläche – hier haben wir die Eintönigkeit in die Länge gezogen – auch die Langweiligkeit hat ihre Variationen.

Mag man sich von den Linden aus nach Süden, Norden oder Osten wenden, überall erblickt man lange Reihen gleichförmiger Häuser, in einer mit Balkonen und Erkern überladenen Architektur. Alle sind in Ziegelsteinen ausgeführt und von außen geweißt oder mit Mörtel in schreienden Farben verputzt. Aber da der Architekt selten den Muth hat, die rothen Ziegel durchblicken zu lassen, so machen sämmtliche Gebäude äußerlich den Eindruck von Steinbauten. Alles an ihnen ist unecht: die granitnen Säulen und Pilaster sind aus Backstein. Die Karyatiden wurden fertig aus der Fabrik bezogen, Skulpturen, von denen man glaubt, sie seien direkt aus dem Stein gehauen, sind in Gyps modellirt. Alles was die moderne Industrie auf dem fruchtbaren Gebiet der Augentäuschung erfunden hat, wird hier ausgenutzt. Natürlich beginnen diese Façaden sehr bald abzubröckeln. Der Gyps nimmt eine schmutzige Färbung an, und es werden fortwährende Nachbesserungen nothwendig, deren Farbe von dem Ganzen um so mehr absticht, als den Wänden die heitere Mannigfaltigkeit der vielfarbigen Plakate fehlt, welche in unserm Paris selbst den schmutzigsten Ecken noch ein freundliches Aussehen verleihen.

Diese Häuser bilden lange Straßen, lang, gerade und breit. Der Eindruck, welchen sie machen, ist noch genau derselbe, den Frau von Staël vor nunmehr achtzig Jahren von ihnen empfing. Man fühlt, daß man sich in einer auf Commando entstandenen und gleichzeitig in einer mit Rücksicht auf den Nützlichkeitsstandpunkt gebauten Stadt befindet.

Es ist die moderne Stadt, wie sie im Buche steht; keine andere Hauptstadt Europas ist so jung wie sie. Aber sie hat sich nicht aus freien Stücken dazu verstanden, modern, praktisch und amerikanisch zu sein. Anstatt der Natur zu folgen, will sie sich ein elegantes Aussehen geben, das sie schlecht kleidet. So kommt es, daß die durch den monumentalen Anblick der Straßen anfangs geblendeten Augen bald die Täuschung bemerken und durch die unaufhörliche Wiederholung des Simili oder Talmi, wie die Deutschen sagen, verstimmt werden. Der Tourist, welcher acht oder vierzehn Tage in Berlin zubringt, findet, daß es eine schöne Stadt ist. Nach Verlauf eines Monates ist er der falschen Eleganz, die ihm überall entgegentritt, bereits müde. Nach einem Jahre hat sie ihn nervös gemacht. (*Gersal 1892, S. 1–4*)

[Zwanziger Jahre] Auf der Spitze des Turmes, einer schmalen Plattform, die um die Spitze des schwarzeisernen Gerüstes führt, trafen wir uns wieder. Ein dicker Dunst lag über Berlin, verhüllte die Enden der Stadt und verkleinerte den gewaltigen Umfang der gewaltigen Siedlung, daß fast nur der Westen und die westlichen Vororte sichtbar blieben. Aber man ahnte die Größe. In der Ferne blitzte, und zwar zum ersten Male erfreulich, ein goldener Funken vom Dach des Domes. Der Tiergarten lag breit und grün, wie eine Wiese, zwischen den Häusern. Man sah Häuser, Bauten, Häuser. Endlos, verwirrend, diese Milliarden von Backsteinen übereinandergetürmt, gefügt, und wieder geordnet. Die Straßen dazwischen wie die Risse im fertig gelegten Puzzlespiel. Uns zu Füßen die kleinen Seen, der Halensee und der Lietzensee, wie Teiche gegen das fernher glänzende Wasser der Havelseen. Die Avus, noch belastet in der Erinnerung von dem Unglück bei dem großen Autorennen, sah sich von oben an wie ein Spielzeug für Kinder. In einem Stadion nebenan liefen sehr kleine, weißbehoste Männchen Dauerlauf. Sehr langsam nur sahen wir die Autos ihr Ziel erreichen, und nicht viel rascher kamen, graue Schlangen, die Eisenbahnzüge von allen Seiten in das Herz der Stadt hineingefahren. Der Abend bereitete schon die Nacht, und wie die Streichhölzer eines Rauchers blitzten die ersten Lichter auf.

Bei der Abfahrt hielt der Aufzug am Restaurant. In Kirchturmshöhe hat man hier eines der elegantesten Etablissements von Berlin errichtet. Der Ausblick aus den schrägliegenden Glasflächen der Fenster erinnert an einen Speisewagen, die Einrichtung an einen Luxuszug. Die Wände aus dunklem Holz zeigen, in Holz eingelegt, hübsche, moderne Bilder, die den Gast hungrig machen. Die Stühle sind bequem. Wir wünschten uns, hier sitzen bleiben zu können und über Berlin zu schauen. Zu beobachten, wie die Stadt langsam im Spiel der Natur verschwindet, ausgelöscht wird aus der Welt durch die aufziehende Nacht und ihr zum Trotz in sich selber erwacht. Ihre Lichter ansteckt, ihre Straßen verdoppelt anfüllt mit Menschen, Autos, Wagen, Geschrei, Bewegung und Musik, um sich dann erst zu beruhigen, wenn der Wächter auf diesem Turm längst schon den blauen Morgen aufziehen sieht. (*Brentano 1981, S. 126f.*)

An klaren Sommerabenden, wenn das absterbende Leben Berlins sich bereits bemerkbar machte, der letzte Dunst der heißen Strahlen verschwunden war und eine allgemeine Ermattung in der Luft lag, durch welche das zweite Erwachen der Riesenstadt zum Vergnügen nach der Last des Tages nur in gedämpften Lauten herübergeführt wurde, saß es sich oben in den Zweigen am schönsten.

Über die Dächer der niedrigen Häuser hinweg konnte der Meister seinen Blick in die Ferne schweifen lassen. Wandte er den Rücken, so schaute er in das Treiben der Holzmarktstraße hinein, die sich längs der Spree hinzog. Rechts, am diesseitigen Ufer, tauchte das langgestreckte, schwarze Gebäude einer Eisengießerei auf; links davon, in einiger Entfernung, die Riesengasometer einer Gasanstalt, die sich wie Festungsbollwerke ausnahmen; und hinter ausgedehnten Holzplätzen eine Zementfabrik, deren ewig aufwirbelnde weiße Staubwolken die Luft durchzogen und einen scharfen Kontrast zu den sich auftürmenden Kohlenbergen der Gasanstalt bildeten.

Und geradeüber, jenseits des Wassers, zeigte sich ein großes Mörtelwerk, im Hintergrunde begrenzt von den Rückseiten hoher Mietskasernen, die, aus der Entfernung betrachtet, den Eindruck riesiger Bauklötze machten, an denen schwarzgemalte Fenster prangen.

Das ganze Bett der Spree aufwärts lag zwischen einem bunten Panorama aneinandergeketteter Bilder. Lange Reihen Wohnhäuser, deren Gärten bis zur Spree hinunterliefen und kleine Oasen bildeten, wechselten mit Zimmer- und Holzplätzen, Abladestellen der Flußkähne und Färbereien ab, deren Waschkasten wie schwimmende Holzhäuser im Wasser lagen. Hin und wieder zeigte sich eine Schiffswerft, eine langgestreckte Halle einer Badeanstalt und eine auf Pfählen gebaute, in den Fluß ragende Landungsbrücke. Dann die Stätteplätze der Ziegeleibesitzer mit ihrem rotgefärbten Boden, der wie blutgetränkt erschien, die

Trockenplätze mit ihren frischgefallenem Schnee gleichenden Bleichen und die alles überragenden Schornsteine der Fabriken, die den Rauch immer schwächer und schwächer entsteigen ließen, bis sie gleich «Obelisken der Arbeit» dunkel und schweigsam zum Himmel starrten.

Herrschte an den Ufern Ruhe, so begann das Leben sich auf dem Wasser zu regen. Unzählige Lustfahrboote schwebten gleich Nußschalen auf dem mattblauen Spiegel, ließen sich gemächlich vom Strome treiben oder schossen pfeilschnell über die Fläche, um in das Fahrwasser eines Dampfers zu geraten, der, dichtbesetzt mit einer buntschillernden Menge, dahergebraust kam und mit seinen Wellenschlägen den Strand erzittern machte…

War die Luft besonders rein, so erlangte Timpes Blick eine unbegrenzte Weite. Über die Schillingsbrücke hinweg, auf welcher in der Feierabendstunde, begleitet von vorüberrollenden Pferdebahnwagen und hundert anderen Gefährten, Ameisen gleich, ein Strom von Menschen sich bewegte, da, wo das Wasser der Spree wie in silbernen Windungen sich dahinzog, erreichte sein Auge die Oberbaumbrücke und hinter ihr die ersten Pappeln der Chaussee, die nach Stralau führte. Und über diese weltstädtische Szenerie, die in Zickzacklinien ins Unendlich sich zu verlängern schien, breitete sich das letzte matte Rot der herniedergesunkenen Sonne aus und hüllte Natur und Menschen in einen warmen, zarten Purpurflimmer […]. (*Kretzer 1927, S. 57f.*)

[Um 1910] Aber Berlin ist groß, und jeder hat eine andere Meinung von Berlin. Der Osten liegt fern vom Westen und der Süden weit vom Norden. Es sind Städte für sich. Jede Straße, jeder Komplex ist eine Insel für sich. Hier ist es die neue Stadt des Reichtums und dort die harte Stadt der Arbeit. Hier ist es das Thule der Gelehrten oder dort die Veste der Macht. Hier ist seine Schönheit gepriesen und dort seine Häßlichkeit verachtet. Hier in diesem Winkel berühren sich alle Gegensätze, reiben sich Anmut und Laster, Reichtum und Elend. Hier jagen die Eisenbahnen schlafscheuchend an rauchgeschwärzten Hinterhäusern vorüber, und dort gleiten und huschen die hellen Hochbahnzüge, wie leuchtende Glasschlangen in ihre schwarzen Löcher hinab und steigen mühelos aus ihnen empor. Dort liegen Nebenstraßen, ganze Viertel, lang, einsam, unheimlich und finster; und hier schiebt sich die Menschenwoge im bunten Narrenkleid der tausend Stände, Tag und Nacht, ohne Unterbrechung, stockend, langsam, schrittweis, ruckweis … schiebt sich, – immer wieder sich bindend und immer wieder sich lösend – über die Plätze hin, die, von ganz hoch oben herab, von den mattblauen Monden der Bogenlampen bestrahlt werden.

Oh, Berlin ist groß, und sein Gewand schillert in tausend Farben. Hier ist es grau und abgewetzt und lumpenhaft jämmerlich, und dort ist es wie alter Brokat. Hier ist es wie schwerer, roter Sammet und dort nur wie gezwirnte, billige Krefelder Seide. Und jedes Berlin ist weltfern und verschieden dem anderen. Und wenn ich hier von Berlin spreche, so meine ich *nicht* das Berlin der Arbeit, *nicht* das des Elends und des Lasters, *nicht* das des Reichtums und des Überflusses, ja ich muß gestehen, das Berlin, von dem ich hier spreche, *ist* ja gar nicht recht und eigentlich mehr Berlin, es ist Schöneberg, es ist Wilmersdorf, es ist Charlottenburg, es ist weit draußen, es ist das Berlin der reichen Leute, die kein Geld haben. Es ist das Berlin der billigen gezwirnten Krefelder Seide, die auf den ersten Blick recht gut aussieht, aber verflucht schlecht hält. Wie alt ist es denn? Kaum fünf, zehn, zwanzig Jahre, da waren da nur Gräben und Feldraine, Weidenalleen und Buschketten, Wiesen, Kartoffeläcker und Mohrrübenfelder; und der Sonnenbruder kletterte zur Nacht an eingeschlagenen, rostigen Nägeln auf den Weidenbaum. Und wo jetzt die Straßenbahnen bis nachts um drei entlang brausen, dort lag der schöne alte Feldweg mit seinen tiefen Gleisen, ganz einsam, – und rechts und links standen mit den kurzen, dicken, gewundenen Stämmen die Bäume, morsch, rissig, gekröpft, mit großen, runden Büscheln grüner Gerten. (*Hermann 1963, S. 5–7*)

[1934] Das Gesicht der Stadt hatte sich in dieser halben Stunde auf das Seltsamste verändert. Das jäh verdunkelte Tuch schien sich herabgesenkt zu haben, an den vier Gegenden aufgefangen und gespießt durch Türme mit dem Riesenschornstein eines Gaswerks. An den zerrissenen Rändern troff ein fahles Schwefelgelb herab wie vergiftetes, zersetztes Blut. Die entlaufende Winddogge sprang in gewaltigen Sätzen zu den Straßenecken, drehte sich dort, heulte und stieß den Sturm aus dem Maul. Die Zähne des Frostes waren mürbe geworden. Die Luft biß nicht mehr. Die verdunkelten Straßen in ihrer Überfülle von Menschen und Gefährten glichen berstenden Adern. Elektrisches Licht begann aufzuflammen, einzelnes, so daß die schwüle Finsternis nur deutlicher und drohender erschien. In diesem Augenblick hörte Eckenpenn ein metallisches Surren und Sausen in der Luft. Er blieb stehen und starrte in den Himmel. Zwei Doppeldecker rannten oben entlang, in einem seltsamen gelben Licht aufschimmernd. Menschen liefen zusammen, blieben auf dem Straßendamm stehen. Da kam es wie ausgesäte Hagelkörner herab, ein Wurf zuerst, dann ausgefächert, größer und schwankender, gleich breiten Schneeflocken, – endlich ein unübersehbarer Schwarm von Flugblättern ... Wählt! Wählt! – –

Im Augenblick war die Straße mit wühlenden Kindern und aufgeregten Passanten bedeckt. Die Zettel wurden zerfetzt, im Schnee zerstampft, aus den Händen gerissen, gierig durchflogen – und achtlos oder mit höhnischen Gebärden in den Rinnstein geworfen ... Wählt!

Nun aber löste sich, als der Buchhändler an der stilleren Spreeseite hinabging, einer Bahn der Ruhe in der Hast entgegen, die schwerhängende, dunkle Wolke in weich und zärtlich schwebende Flocken auf.

Der Buchhändler griff befreit in die Luft und haschte. Er wählte den Schnee, der über alles hinsank und jede häßliche Kontur weißleuchtend und schön machte ...

Auf der anderen Seite, wenig entfernt im Winkel der Spreebeugung, lag ein enger, vom Verkehr vergewaltigter Platz. Von ihm aus ging die Jagd der Autos über den Wolken Benzindampfes hinter sich; hierher aber, über den schmalen Fluß hinweg, den der warme, fettige Ölauslauf von Färbereien und Fabriken trübte, hierher kam nur selten der Dunst schlecht vergasten Schweröls.

Eckenpenn blieb einen Augenblick am Geländer stehen und blickte in den Fluß. Die fluoreszierenden Ölfäden im Wasser zogen schillernde Bänder wie Tänzerinnenschleier. Gezackte Lilaölkerne schuppten sich in irisierenden Flossen aus, Farbenfabelfische, Raumdichtungen, wie sie die jüngste Kunst ersehnte und nicht finden konnte, weil sie Literatur und Philosophie malen wollte, nicht aber die zwecklose Schönheit, die für Sonntagsaugen als Abfall aus dem Zweck blüht! –

Dann wandte sich der Buchtrödler um und ging an den stillen Häusern entlang.

Älteste Stadt war hier, eingesunkene Häuser mit winzigen Fenstern und großen Ziegeldächern gleich großen Großmutterhauben, mit flachen Steintreppen, die über kurzatmige Kellerhälse hinwegführten. Nur eine Katze schlich geschmeidig und bedachtsam an den Kellern entlang, über eine ausgetretene Treppe huschte eine alte Frau mit einer blauen Zuckertüte in der Hand. In den spiegelnden Fensterscheiben, die jeden Sonnenstrahl auffingen und damit spielten, standen Myrtentöpfe, Balsaminen, Amaryllis, Fuchsien, sorgsam eingetütete Hyazinthenzwiebeln, Tulpen und in zweien eine Kakteenzucht. Ein kleines

Mädchen saß hinter einem Fenster und zog ernsthaft bunte Wollfäden über einen Pappstern.

Eckenpenn atmete den wirklichen Frieden ein. Hier, drei Minuten nur von den Kesseln der Hölle entfernt, stand er in einem offenen Haustor und sah in einen Hof: Zäune, Gartenschuppen, Gießkannen, den riesenhaften Lindenbaum, der sommers betörend duftete, den Efeu, der über die Mauer hing, die Tauben und Hühner, die unter dem Baum das auf den Schnee gestreute Futter suchten.

Dann wandte er sich zurück und schritt hastig seiner Straße wieder zu. –

Autos, mit Parteifarben ausgezeichnet, jagten um die Ecken. Redner wurden befördert. Sturmtruppler der Partei sahen rot, besorgt und wichtig aus. Andere strahlten Glauben, Lastwagen mit Schellenpferden fuhren Propagandarunden um besondere Stimmbezirke. Posaunenchöre bliesen die Nationalhymne der oder jener Partei, feierlich von Männern, Frauen und Kindern gesungen, je nach der Art des Wagens oder zu lösenden Problems ... (*Gurk 1980, S. 48–51*)

Derweil er schweigend dahingeht, schweigt die verschlossene Stadt. Niemals gegründet, einstmals aus zwei Dörfern zusammengezogen, später aus mehreren, zuletzt in unseren Tagen aus vielen großen Städten vereinigt, heute, da diese Zeilen geschrieben werden, zehn Jahre, oder wenn man will, vierzehn Jahre alt, denn geboren im Krieg 1914, getauft im roten Blut 1918, ein Findelkind, Waise, Aschenbrödel, Metropole, von wenigen gehegt, von Niemand geliebt, außer von den Winden der Ostsee, ist dieses Gebirge von Häusern für sich selber gewachsen. Nach keinem Plan aneinandergereiht, machte kein Haus dem andern Platz; doch der Mächtigere verdrängte den Schwächeren, riß ihn weg, nahm seinen Platz, füllte ihn aus, mit seinem Gesicht, seiner Zeit, seiner Persönlichkeit. Aus vollen Jahrhunderten ist nichts übriggeblieben. Die halbe Welt und ihre ganze Geschichte findest du in den Kanälen der Museen; nichts von Berlin. Alles ist Gegenwart. In verschollenen Gräbern beerdigt, schweigt die Vergangenheit; noch nicht einmal Steine gibt es, die reden könnten. Und die Gegenwart hat noch keinen Ausdruck. Jedoch, derweil man schweigend dahingeht, brüllt die verborgene Stadt. Wer achtet darauf? Wer versucht, ihre neue Sprache zu verstehen? Gibt es doch alte, unbekannte Sprachen genug. Der durch mangelnde Kenntnisse unterernährte Fußgänger durch endlose, gleichförmige Straßen müßte ein Mönch sein, um jenen selbstverständlichen Heroismus aufzubringen. Niemand hat ihm dazu geraten.

Derweil er schweigend dahingeht, brüllt die arbeitende Stadt. Menschen begegnen ihm; Männer, Frauen, Mädchen. Männer in Autos, auf Wagen, zu Fuß. Frauen in Autos, auf Wagen, zu Fuß. Mädchen in Autos, auf Wagen, zu Fuß. Männer, mit denen er sich unterhalten könnte über den Krieg, der noch unbesprochen daliegt, ein Buch, zu dick für die Zeitungen; über Gott, der unsichtbar geworden ist; über die Welt, die anfängt, sichtbar zu werden; Männer, mit denen er ein Glas Bier trinken und Geschäfte machen könnte, nebenan in der Kneipe, die ausgezeichnetes Bier ausschenkt. Frauen begegnen ihm, von denen er etwas lernen könnte; alte, schöne, müde, junge Frauen, Tausende, Tausende kommen, gehen vorüber, und man ist niemand. Mädchen begegnen, die kleinen, verschiedenartig gewachsenen Menschlein, von denen nur zu sehen ist, daß sie elegant sind. Sie tragen kleine Hüte, die ihre Haare verdecken, kleine, kurze, pelzbesetzte Mäntel und helle seidene Strümpfe, kleine Blumenstengelchen, die sich im Wind ihrer Laune blitzschnell bewegen. Aller Bewegung zusammen ergibt die Bewegung der Stadt. Alles ist beschäftigt, alles läuft einem Ziel zu, das in einem fort überall und nirgendwo ist. In gleicher Richtung strömen die ungeheuren Kolonnen der großen Fahrzeuge, die schön in der Masse und durch ihre Bewegung sind. Alles flimmert und glitzert, die großen und die kleinen farbigen Schaufenster, die Lichter der Lichtreklame, nichts ist beständig, wechselnd wie die Gedanken der Menschen, die alles beleben, wird immer ein Ding wieder vom andern belebt.

Beachten Sie die Einzelheiten: die täglich neuen Formen der kleinen Automobile und der großen Autos. Irgend etwas ist praktischer und einfacher an ihnen geworden; von gestern zu heute. Betrachten Sie die milde Aufdringlichkeit der Schaufenster; irgend etwas ist gefälliger geworden oder hat plötzlich den Sprung ins Ordinäre gemacht, frech und plump, ohne Rücksicht auf Verluste. Der Verluste wegen. Das Unvergängliche scheint keine Zeit zu haben zu entstehen. (*Brentano 1981, S. 11–13*)

Eine Stadt ist wie eine Frau. Man muß sie erobern, um sie besitzen zu können. Glücklich besitzen wird sie jedoch nur, wer ihre Seele erobert hat. Wir, die in Berlin leben und arbeiten und es lieben, wir möchten Sie, den Gast, ermuntern, ebenfalls ein Liebhaber dieser Stadt zu werden. Wir möchten es nicht nur, weil gemeinsame Liebe verbindet, sondern auch, weil wir wissen, daß man sich in unserer Stadt nicht wohlfühlen kann, wenn man ihr Herz nicht begriffen hat, wenn man sie nicht liebt.

Anders als New York, Paris und London kann Berlin zunächst nicht mit den überraschenden äußeren Reizen aufwarten, die den Fremden so sehr zu fesseln vermögen, daß er gar nicht zum Herzen und zum Geist der Stadt vorzudringen braucht. Berlin kann nicht mit Wolkenkratzern aufwarten, nicht mit Berg und Tal und gehügelten Straßen. Unsere Stadt ist rechtwinklig gebaut, und das Spazierengehen in ihren geraden Straßen ist darum so schwer, weil es unsere Baumeister nur selten für richtig gefunden haben, die Kirchen und Türme in die Kreuzungen der Straße zu stellen. Fast nie kommt dem Wanderer ein Bauwerk schon von weitem und besonders einladend entgegen, und so wird er uns verwundert fragen, wie wir es fertigbringen, diesen gigantischen und dennoch flachen Steinhaufen zu lieben.

Das Geheimnis unserer Liebe liegt nicht offen zu Tage. Weil wir jedoch verstanden werden wollen, bleibt uns nichts übrig als eine Erklärung, die wir nur zögernd vorbringen.

Wilhelm Raabe, einer der wenigen von unseren deutschen Dichtern, die einen Berliner Roman geschrieben haben, sagt in der Chronik der Sperlingsgasse zum Lobe einer Berlinerin: «Sie ist das klarste Frauenzimmer von Deutschland.»

So, wie dieses Fräulein, ist auch unsere Stadt. Sie ist klar, und darum lieben wir sie. Wen es verwundert, daß man die Klarheit hinreißend finden kann, den müssen wir auf das Beispiel der Griechen hinweisen, die Pallas Athene, das Sinnbild der Vernunft, sogar angebetet haben. Wir beten die Klarheit nicht an, aber unsere Stadt erscheint uns wie eine Frau, mit der man eine Vernunftehe eingeht und die man dann liebt, weil sich zeigt, daß sie nicht nur vernünftig, sondern auch reizvoll ist und die überhaupt alles hat, was ein Mann braucht.

Berlin ist sauber, groß und übersichtlich, aber das ist nur das Grundelement. Der Reiz unserer Stadt ist der Niederschlag, den ihre Geschichte auf Straßen, Plätzen, Mauern und Bäumen gefunden hat.

Am Gesicht unserer Stadt vermögen wir Berliner jeden Tag aufs neue das heiter-grimmige Schicksal abzulesen, das unsere deutsche Vergangenheit war und unsere Zukunft sein wird. Wenn wir Berliner mit schicksalswachen Augen, was wir bei Leibe nicht immer tun, denn auch uns drängt es zu träumen wie jedermann, wenn wir Berliner mit wachen Augen durch unsere Stadt gehen, dann überkommt uns zuweilen eine tiefe Rührung vor der Würde dieses Gemeinwesens. Die Würde

Berlins ist in dem Umstand beschlossen, daß diese Stadt, die weder durch ihre Lage noch durch den Anfang der deutschen Geschichte dazu bestimmt schien, zur Hauptstadt des Reiches werden mußte, und daß sie es dann verstanden hat, weiter verstehen wird, die Not zu einer Tugend zu machen. (*Kiaulehn 1980, S. 319 f.*)

[1941] Jedermann ist hier zu Hause, da niemand durch die Macht architektonischer Überlegenheit bezwungen wird. Zukunft kündend streift der Atem eines Erdteils durch die Straßenalleen, über die weiten Plätze, schenkt jedem unverkümmerten Geist Heimat und Freiheit zugleich. Mangel wird zur Tugend, Stillosigkeit zum Stil der Möglichkeiten, und aus tausend Wunschträumen verwirklicht sich in langsamen Reisen das äußere Ebenbild der innerlich geschauten Stadt: Berlin ist ein geistiger Begriff, ehe es eine architektonische Greifbarkeit wird. (*Langner 1941, S. 282*)

Straßen und Häuser

Die Straßen werden auf öffentliche Kosten zwar, so viel als möglich, gereinigt und im guten Stande erhalten, bei anhaltendem Regen nimmt jedoch der Koth so überhand, daß man in manchen Gegenden der Stadt nicht zu Fuß durchkommen kann. (*Formey*)

Der steinerne Gesamteindruck der Stadt ist [...] gleichförmig, scharf gekantet, zweckmäßig, farbenschwach. (*Bab / Handl*)

Will man wissen, wie diese neue Stadt nun aussieht, so braucht man nur durch eine einzige östliche, nördliche oder südliche Straße zu gehen [...]. (*Döblin*)

Wenn die breiten Straßen Berlins beschrieben werden, ist von denen der repräsentativen Stadtviertel die Rede. Auf ihnen spielt sich das offizielle Leben der Stadt, das politische, gutbürgerliche oder auch das militärische, ab. Die Schriftsteller aus dem Kreis des Naturalismus jedoch kennen ein ganz anderes Straßenbild, das Bild der Enge und des Elends, der Krankheit und des Hungers:

«Wie dort der Häuserwall, der Vorstadt-Rumpf
Aus fünfgezeilten Fenstern stumpf
Hinüberstarrt – zum braunen Ackergrund,
Wo – schmutzigrot die Mauern –
Zwei qualmende Fabriken kauern.»

Diese Verse aus Bruno Willes Gedicht «Entzauberung» zeigt die Straße der Arbeiterviertel, einen steinernen Wall, dessen Fenster nur mehr den Blick auf die Fabriken freigeben. Hier bewegt sich das Leben in monotoner Mauerenge, abgeschnitten von der ländlichen Heimat. An sie erinnert allein der Ackergrund, den die Fabriken besetzt haben. In diesen Wohnvierteln verengt sich die Straße zum steinernen Kanal, durch den das Leben nur hindurchgeschleust wird und dessen Wände eine unmittelbare Bedrohung ausstrahlen. So sieht es auch noch der Expressionismus:

«Nah wie Löcher eines Siebes stehn
Fenster beieinander, drängend fassen
Häuser sich so dicht an, daß die Straßen
Grau geschwollen wie Gewürgte sehn.»
(*Alfred Wolfenstein*)

[Um 1740] Fast Alles freundlicher, ländlicher als heute. Noch keine Spur von den hohen Miethskasernen der Jetztzeit, vielmehr freundliche, nur ein bis zwei Stockwerke hohe Häuser, ab und zu mit dem Giebel nach vorn, grünende Bäume vor den Thüren, Bänke, worauf sich die Einwohner des Abends gemüthlich unterhalten, an der Stirnseite der Häuser fast durchweg rankende Weinreben. (Diese Weinstöcke waren – so sagt die Überlieferung – durch ein hartes Gesetz gegen Plünderung geschützt: Wer eine Weintraube stahl, verlor die rechte Hand.)

Zuweilen sah man auch in den entlegeneren Stadttheilen noch ein Stroh- oder Schindeldach mit Lehmschornsteinen.

Was nun aber die *Erleuchtung* und *Reinigung* betrifft, so sind wir jetzt allerdings etwas besser daran. Man erleuchtete damals nach einer außerordentlich einfachen Methode: Immer das dritte Haus, der Reihe nach abwechselnd, mußte eine Laterne heraushängen; jeder Eigenthümer mußte ferner wöchentlich zweimal vor seinem Hause kehren lassen. Zuwiderhandelnden wurde vom «Gassenmeister» der Unrath in die Häuser geworfen.

Indessen: Jedes Ding hat zwei Seiten, und auch dem eben entworfenen friedlichen Bild fehlt die Schattenseite nicht: wir finden noch viel ungepflasterte Straßen. 1740, so erzählt die Chronik als eine besondere Errungenschaft, seien die *Haupt*straßen mit Pflaster versehen worden! (*Langenscheidt 1878, S. 18f.*)

[1740] Jeden zweiten Tag mußte der Bürger vor seinem Hause kehren, «bis auf die Mitte des Stein-Dammes zu»; hatte «bey trockener Zeit», im Sommer, «vorhero mit Wasser zu sprengen» und mußte «das Gekehrte über den Rönnstein nach den Häusern hin zusammen bringen lassen, weil sonst der Kehricht, wann er auf dem Damm verbleibet, wieder von einander gefahren» würde. Durch die Quartiere wurde es jedesmal angesagt, daß die Straßen zu fegen wären, und daß die achtundzwanzig Pferdekarren, welche für die ganze Stadt reichten, den

«Koth» abholen würden. Kam dann der Gassenmeister mit seinen Karrenknechten und den Aufladern, so sollte «erlaubet seyn, das Müll und Kehricht aus den Häusern auch auf die Karren zu werfen, keinesweges aber wird hierunter Unflath oder Schutt verstanden». Den Unflat, den «Nacht-Stühle und Töpffe» bargen, mußten «die Eigenthümer selbst wegschaffen». Noch nicht bei allen Häusern war «Gelegenheit verhanden», eigene «Secreter» anzulegen. Und weil man gemerkt, daß sich's die Bürger «durch Ausgiessung der Nacht-Stühle» auf den offenen Straßen, den Märkten und Plätzen sehr bequem machen wollten, weil mancher nicht daran dachte, ob ein «heßlicher Gestanck» danach die Stadt durchzöge, so mußte der Magistrat «gewisse Weiber halten, so ihren Lohn wöchentlich bekommen, und solche Unreinigkeiten wegtragen».

Auf jeden Fall sollten die Gassen sauber bleiben. «Zu Ausgiessung der Nacht-Stühle» waren bestimmte «Oerter angewiesen, nemlich in Berlin bey dem Bau-Hof vorbey durch den Bogen nach der Spree; In Cölln, durch die Fischer-, Roß-, Grün- und Lapp-Straßen, und soll sonst bey Vermeidung schwerer Bestrafung sich niemand unterstehen, dergleichen in der Gegend des Königlichen Schlosses, wie auch in den Canal der Schleuse, oder von den Brücken ins Wasser zu tragen und auszugießen, bey Straffe von 6. Gr.» Es verstand sich von selbst: nur zur «Nacht-Zeit» durfte dies Geschäft verrichtet werden, und «nicht am Ufer oder Rande des Spree-Strohms» sollten die Nachttöpfe, «besondern gantz tieff ins Wasser gebracht, und ausgegossen werden», «damit der Unflat nicht beliegen bleibe, besondern vom Strohm sogleich mit fortgeführet werde». Solche Ordnung brachte Berlin bei den Fremden das Lob einer sauberen und reinlichen Stadt.

Das Leben war nach jeder Richtung hin geregelt. Wenn der Tag früh sein Ende nahm, dann war kaum jemand auf den Gassen. Dennoch mußten auch «in denen abgelegenen und kleinen Strassen» die Laternen «gut und allemal brennen». Die Öllampen sollten «angezündet werden, jedesmahl so bald es des Abends finster wird, und der Mond nicht mehr scheinet», und durften «dieselben eher nicht ausgelöschet werden, bis der Mond würcklich aufgegangen». Die Kosten für die nächtliche Beleuchtung der Stadt zahlte der König, oder überließ vielmehr das Laternenwesen dem Pächter, der am wenigsten forderte, und ernannte, um auf den Pächter aufzupassen, einen «Laternen-Inspector», der ein Gehalt von monatlich sieben Talern bezog, der «fleißig und öfters selbst persönlich visitiren» sollte, ob die Laternen zu ihrer Zeit richtig brannten, «und deshalb ordentliche Rondes zu Pferde anstellen» mußte. (*Consentius 1907, S. 4 f.*)

Bock
Restauration
Zur Bockquelle
Alfred Fechner
Frühstücksstube

VIM
LUISEN
Walzertrau

Stück 5
Riesen Sauer Gurken
Berliner

Mauerstraße

83

[1788] So breit und schön die Straßen auch dem ersten Anblicke nach sind, so weiß doch der Fußgänger zuweilen nicht, wie er sich für schnellfahrenden Wagen, für Koth und Gossen hüten soll. Der eigentliche Gang für Fußgänger, sollte, so wie in allen übrigen polizirten Städten, längs den Häusern hingehen, allein dieses hat man durch die hohen Auffahrten vor den Häusern fast unmöglich gemacht. Der Fußgänger wird alle Augenblik aufgehalten, und ist gezwungen, über die Gossen weg, auf den sogenannten Damm zu schreiten. Nirgends ist diese Unbequemlichkeit sichtbarer, als in der Leipziger Straße, einer der schönsten von ganz Berlin. Außerdem sind vor den Häusern auch hohe steinerne Treppen angebracht. In der Mitten der Straßen oder auf dem Damme, ist es, bei schlechter Witterung, außerordentlich kothig und in dem Steinpflaster selbst giebt es unzählige Löcher, welches theils von dem sandigten Boden, theils von der unverantwortlichen Nachläßigkeit der Steinsetzer und ihrer Aufpasser herrührt. Die übermäßig großen Steine, die zwischen einer Menge kleiner und spitzer Kieselsteine gelegt sind, verursachen, daß man alle Augenblikke Gefahr läuft anzustoßen und zu Boden zu stürzen. Die Gossen sind zwar, wie es sich gehört, an beiden Seiten des Dammes angelegt, jedoch so, daß sie dem Fußgänger eine neue und gefährliche Fallbrükke werden. Ein Theil dieser tiefen Gossen, ist nur eben vor den Hausthüren mit Brettern überlegt. Sobald man also des Abends längs der Häuser weggehet, stößt man alle zehn bis funfzehn Schritte an eine steinerne Treppe oder Auffarth, die noch wohl, zu größerer Gefahr mit einer kleinen Rinne umgeben ist; gehet man auf den Brettern, wo die Gossen bedekt sind, herzhaft fort, so stürzt man, ehe man es sich versiehet, mit einem male, drei bis vier Fuß tief in die Gosse hinunter; gehet man aber in der Mitte des Damms, so weiß man bei der geschwinden Annäherung eines oder gar mehrerer Wagen nicht, wo man sich hinwenden soll; denn an den Gossen liegen hohe und schlammigte Drekhaufen; über sie hinüber zu springen ist gefährlich, weil sie abschüßig und tief sind; dennoch muß man auf das Gerathewohl einen Entschluß fassen, um nicht von den Wagen überfahren zu werden. Die eingebohrnen Berliner sind an diese Unbequemlichkeiten gewöhnt, kennen auch die Seitenwege besser, als der Fremde, der dergleichen Fallbrükken gar nicht vermuthet. Es stekt selbst etwas menschenfeindliches in einer solchen Anlage der Straßen, weil man dabei blos auf die Reichen, die in Kutschen fahren, gedacht zu haben scheint. Man spreche ja nicht von der nächtlichen Erleuchtung, denn die ist bis hieher herzlich elend gewesen, ohnerachtet Laternen genug brennen. Letztere sind so beschaffen und gesetzt, daß sie nur eine Art von hellen Schatten verbreiten, der zu nichts hilft.

Eine andere Art von Unbequemlichkeit für die Fußgänger, ist die, daß die Bürger oft Schutt, Lehmhaufen, Bohlen und so gut Misthaufen vor ihren Häusern liegen lassen. Das sollte entweder gar nicht geduldet oder wenigstens bei Strafe anbefohlen werden, eine Laterne dabei zu setzen. Dergleichen mag in kleinen Städten und Flecken hingehen, aber in einer großen Residenzstadt ist es unverzeihlich. (*Schattenriß 1788, Bd. 1, S. 40f.*)

[1788] In der ganzen Welt wird man unter dem gemeinen Volke keine so ungezogene Jugend finden, als zu Berlin. Dies kömmt hauptsächlich von den vielen Soldatenkindern her, die oft nicht die geringste Erziehung erhalten und wie das wilde Kraut in die Höhe wachsen. Sobald einer von ihnen ruft oder pfeift, versammeln sie sich bei Hunderten, sie treiben allerlei Unfug auf den Straßen und besonders auf öffentlichen Plätzen. Dennoch hat man noch nicht mit Ernst daran gedacht, diesem Unwesen zu steuern. Nichts wäre indessen leichter, wenn nur die Stadtdiener ihr Amt besser verrichteten und von der nächsten Wache unterstützt, jedesmal nur etliche von diesen Jungen haschten und auf acht oder vierzehn Tage zum Arbeitshause ablieferten. Nach und nach würden sich ihre Tumulte schon geben, die zuweilen ganze Straßen beunruhigen. Eine hierunter abzufassende Verordnung der Polizei müßte selbst diejenigen Knaben von der Straße nicht ausschließen, die durch ihr Gefolge und ihr Geschrei den Lerm und den Aufstand vermehren. (*Schattenriß 1788, Bd. 2, S. 19*)

[1796] Die Strassen in Berlin sind breit, gerade und geräumig, und gewähren nicht allein dem Auge einen schönen Anblick, sondern tragen zur Gesundheit der Einwohner viel bei, indem der Wind allerwärts streichen, die Luft erneuern, und von den Ausdünstungen und Unreinigkeiten befreien kann. Viele derselben sind von einer beträchtlichen Länge, und unter diesen verdient vorzüglich die Friedrichsstrasse bemerkt zu werden, welche in einer geraden Linie von dem Hallischen bis zum Oranienburger-Thore sich erstreckt, und deren Länge 890 rheinl. Ruthen, folglich beinahe eine halbe deutsche Meile beträgt. Auch sind mehrere Strassen mit Bäumen bepflanzt, wovon die vorzüglichste und vielleicht einzige in ihrer Art die prächtige Strasse auf der Dorotheenstadt ist, welche man mit dem Namen, unter den Linden, bezeichnet.

Sie nimmt die ganze Länge der Dorotheenstadt ein, und ist 224 rheinl. Ruthen lang und 14 rheinl. Ruthen 2 Fuss breit. Sie ist mit einer sechsfachen Allee mehrentheils von Linden bepflanzt, zwischen welchen auf jeder Seite eine breite gepflasterte Strasse, und in der Mitte ein breiter, nicht gepflasterter, aber fest gestampfter Spaziergang ist, der mit einer hölzernen Einfassung und mit Bänken versehn ist.

Auf beiden Seiten der Strassen sind Rinnen angebracht, welche das Wasser und die Unreinigkeiten aus den Häusern aufnehmen, und sie nach dem Flusse, oder einem der mit diesem in Verbindung stehenden Graben hinführen, und wodurch zugleich der Steig für die Fussgänger oder der sogenannte Bürgersteig von dem zum Fahren bestimmten Theile der Strasse abgesondert wird. Diese Einrichtung hat den Nuzzen, dass die Strassen leichter rein gehalten werden können, und zugleich die Fussgänger vor den Wagen gesichert sind, welches bei dem schlechten Strassenpflaster und sehr kothigen oder schlüpfrigem Wege, und bei der Unvorsichtigkeit der Kutscher sehr nöthig ist. Allein durch die vor vielen Häusern angebrachte Auffahrten und steinerne Treppen ist zum grössten Nachtheil der Fussgänger dieser Bürgersteig an vielen Orten unbrauchbar gemacht, und selbst gefährlich geworden.

Die Strassen werden auf öffentliche Kosten zwar, so viel als möglich, gereiniget und im guten Stande erhalten, bei anhaltendem Regen nimmt jedoch der Koth so überhand, dass man in manchen Gegenden der Stadt nicht zu Fuss durchkommen kann. Bei anhaltender warmer und trockner Witterung wird hingegen der Sand zum feinsten Staub zerrieben; man schwebt wie in einer Wolke, und athmet den Staub unaufhörlich ein.

Des Abends werden die Strassen durch Laternen, welche vermittelst eiserner Stangen an den Häusern oder auch noch auf Pfählen vor den Häusern angebracht sind, mittelmässig erleuchtet.

Eine beträchtliche Anzahlt regelmässiger und schöner, zum Theil mit Bäumen bepflanzten Plätze dient zur Verschönerung der Stadt, zur Erhaltung der reinen Luft und zum Spaziergange für die Einwohner. Verschiedene derselben werden zu Marktplätzen benuzt. (*Formey 1796, S. 9–11*)

[1796] Die Stadt hat 15 geschmackvolle und prächtige, grösstentheils neu erbaute Thore, 268 Strassen und Plätze, 30 Kirchen und 36 Brükken. [...]

Bei dem grossen Umfange von Berlin lässt sich nicht erwarten, dass alle Theile der Stadt gleich schön gebaut und geräumig seyn können; indessen giebt es vielleicht keine Stadt in Europa, welche so schöne Gebäude in so grosser Anzahl aufzuweisen hätte als Berlin. Was die Bauart im Allgemeinen betrift, so ist zu bemerken, dass die Häuser meistentheils ganz massiv, von drei, vier und selbst fünf Stockwerken hoch, und sehr regelmässig gebaut sind. Vorzüglich zeichnen sich in dieser Hinsicht die Dorotheen- und Friedrichsstadt aus, wo man ganze und sehr lange Strassen ununterbrochen mit den geschmackvollsten Gebäuden geziert, antrift. Von alten gothischen Häusern mit Erkern und Thürmen findet man noch einige in Cöln und in Berlin, als den ältesten Städten: ihre Anzahl nimmt aber immer mehr ab; so wie die der schönen Gebäude in allen Gegenden der Stadt und in den Vorstädten zunimmt, und man erstaunt nicht selten, wenn man einige Zeit hindurch eine Gegend nicht gesehen hat, eine Menge der prachtvollsten Gebäude, wie durch einen Zauberstab aus der Erde hervorgewachsen, zu finden. (*Formey 1796, S. 7f.*)

[Um 1820] Innerhalb der Stadt war das Straßenpflaster teilweise erbärmlich. Trottoirs zu legen begann man erst sehr allmählich. Die Beleuchtung bei Nacht blieb weit hinter dem zurück, was jetzt die kleinsten Städte leisten. In weiten Zwischenräumen wiegten sich vereinzelte Öllampen in der Mitte von eisernen Ketten, die über die Straßen weg gespannt waren, und im Winde ein melancholisches Gequieke hören ließen und so spärliches Licht verbreiteten, daß die meisten Leute abends mit Laternen in der Hand gingen oder sich solche vorantragen ließen. Während der Sommermonate gab es gar keine Straßenbeleuchtung – die lange Abenddämmerung und der Mond wurden als genügende Stellvertreter für dieselbe angesehen. – Männer, deren Kleidung so von Fett getränkt war, daß sie spiegelblank erschien, reinigten die Straßenlampen. Es war ein Lieblingswitz der Jungen, diesen geplagten Leuten zuzurufen: «Mal Schliddern vor'n Sechser!», wodurch angedeutet wurde, daß, wenn sie sich hinlegten, man auf ihnen, wie auf einer kleinen Eisbahn dahingleiten konnte. Fluren und Treppen im Innern der Häuser zu beleuchten, daran dachte kaum jemand, obgleich die Treppen vielfach so unzweckmäßig angelegt waren, daß man sich schon bei Tage kaum ohne Licht hinauffinden konnte. Erst 1826 wurden in Berlin die ersten Gasflammen angezündet. (*Eberty 1925, S. 28f.*)

[1846] Das erste ist die Äußerlichkeit einer Stadt, welche uns gewöhnlich auch eine Vorstellung von dem inneren Leben und Treiben zu geben pflegt. Die hohen Giebelhäuser, die abendlichen Versammlungen der Familien auf den Bänken vor der Haustür, die rauschenden Brunnen auf dem Markt, und was alles die süddeutschen Städte charakterisiert, sagt uns sogleich, daß wir es hier mit dem patriarchalischen Wesen des Katholizismus zu tun haben; in Berlin beim Anblick der großen, geraden Straßen, der abgeteilten Viertel, die wie Soldaten aufmarschiert stehen, der hellen Häuser, wissen wir, in welchem modernen Geist wir uns befinden.

Die Physiognomie ist der Spiegel der Seele. Betrachtet nur zuerst den allgemeinen äußeren Ausdruck, seht auf diese geraden, regelmäßigen Straßen der Hauptviertel: sie werden euch sagen, daß in ihnen eine Revolution nicht möglich ist, daß zwei Kanonen sie beherrschen können. Man muß hinzufügen, daß der Sinn der Berliner im allgemeinen sehr monarchisch ist, daß sie trotz ihren kleinen Anekdoten- und Witzhaschereien sehr loyal für das «angestammte Herrscherhaus» gestimmt sind? Die einzelnen Züge dieser äußeren Physiognomie geben weiteren Aufschluß. In den Gegenden, wo die kleine Bourgeoisie wohnt, sind die Häuser wohlansehnlich und fast denen des aristokratischen Stammlagers gleich, aber sie stehen hier auf schlechtem Grund; der Boden ist sumpfig, und nicht selten senken sich die Wände der Gebäude, stürzen wohl gar ein, oder müssen nach einigen Jahren abgerissen werden. Diesem Ausdruck gemäß zeigt sich auch das Leben des sogenannten Mittelstandes in Berlin. Äußerlich glänzend jagen sie Vergnügungen nach, prunken nach außen hin, an allen öffentlichen Orten mit Üppigkeit und Pracht, während ihr häusliches Leben zugrunde gerichtet ist. Man kann nie sicher sein, ob die Familien, welche bei Konzerten, öffentlichen Vergnügungen usw. in Samt und Seide einherrauschen, nicht eben zu diesem Vergnügen ihr Mittagbrot aufgeben oder die notwendigsten Bedürfnisse, Betten und Möbel opfern mußten. – Draußen vor dem Hamburger Tor ist es düster und unheimlich, hier sind die Hütten des Elends und der Verzweiflung – und doch richten sich hierher manche Augen aus dem rauschenden, vergnügungssüchtigen Treiben der inneren Stadt, man hat größere, bessere Wohnungen dort eingerichtet, und fast scheint es, als ob eine neue Stadt aus diesem ausgestoßenen Teil entstehen wolle. Die Zukunft wird lehren (wie es zum Teil, wenn auch nur selten und leise die Vergangenheit angedeutet), welcher Geist von hier über die Stadt ersteigen wird.

In dem bewegten öffentlichen Leben zeigt sich das Wesen der großen Stadt, und das großstädtische Element ist vielleicht der einzige, aber auch der schätzbarste Vorzug, welchen der Aufenthalt in Berlin gewährt. Die verschiedenen Parteien stellen Berlin je nach ihrer Parteiansicht dar, und es ist oft lächerlich, solche Urteile von Leuten zu hören, welche die Stadt nie gesehen. (*Dronke 1974, S. 13 f.*)

[1846] Wer fremd durch diese schnurgeraden Straßen wandelt, die alle wie Regimenter und eine wie die andere aussehen, den wird gewiß das Gefühl der unbehaglichen Eintönigkeit beschleichen, und er wird es nicht glauben wollen, daß hinter diesen ausdruckslosen Häusermasken sich eine Mannigfaltigkeit des Lebens von der glänzendsten Höhe bis zum fürchterlichsten Abgrunde entwickelt, wie sie gewiß keine zweite deutsche Stadt aufzuweisen vermag. (*Saß 1983, S. 17*)

[Um 1850] Uebrigens zerfällt Berlin's Physiognomie in zwei Seiten, in eine vornehme und sorgliche; nur die Friedrichsstadt ist vollkommen aristokratisch, die anderen Stadttheile sind weniger durch breite Straßen und prachtvolle Häuser geschmückt, sondern sind lebendiger durch Handel und Wandel und tragen im Ganzen mehr den Ausdruck des Bürgerlichen. Aber characteristische Eigenthümlichkeiten stoßen dem Fremden in jeder Straße auf, überall sieht man die hervorstechende geistige Richtung der Bewohner, und wer nicht an allen Ecken und Enden nur die Schildwachen, Gensd'armen, Theaterzettel und polizeilichen Bekanntmachungen bemerkt, sondern tiefer in das Leben und Treiben der Spreebewohner blickt, der wird trotz Staub und Sand einen Saamen für weltgeschichtlich-große und schöne Thaten erkennen. (*Glaßbrenner 1981, Bd. 1, S. 164*)

Man sagt, daß das Berliner Pflaster ein teures Pflaster sei. Das ist wahr und nicht wahr. Denn nirgends macht das, was man Pflastertreten nennt, so viel Vergnügen und nirgends ist dieses Vergnügen so billig, wie hier in Berlin. Wenn ich meine paar Groschen und meine Zigarren in der Tasche, meinen Stock oder Regenschirm in der Hand habe, dann bin ich der glücklichste Mensch von der Welt, mit einem Gefühl in der Brust, als ob ganz Berlin zu meiner Verfügung wäre. Das ist es denn auch in Wirklichkeit; ich kann mich wenden, wohin ich will – in zehn

Minuten durch das schönste Thor, das irgend eine Stadt besitzt, meinen Einzug halten, in abermals zehn Minuten vor des Kaisers Schloß stehen, unterwegs die ganzen Linden mit in den Kauf nehmen und das alles kostet noch nicht einmal einen Pfennig. Und ich kann noch viel mehr für diesen Preis haben. Hunderte von Menschen begegnen mir, tausende von Menschen – ich kann sie gar nicht zählen – immer und immer, an jeder Ecke, jeder Biegung der Straße, neue – die meisten sehr eilig, sie drängen sich, sie stoßen sich – und das ist es gerade, was mein Plaisir erhöht. Denn ich habe Zeit, mir kommt es nicht darauf an, ich kann warten und stehen bleiben und sie mir ansehen – diesen langen Zug, der kein Ende nimmt, in dem Jeder dieselbe Straße geht und Jeder ein andres Ziel verfolgt, jeder dieselbe Richtung hält und jeder an etwas andres denkt – freudige Gesichter, traurige Gesichter, Gesichter, die mir nichts sagen, und solche, die mir den Anfang oder Schluß eines Romans erzählen, – hübsche junge Mädchen in flatternden Kleidern, lustig wie die Vöglein, und forsche junge Männer, die noch im dichten Gewühl Platz finden, den Arm nach der neuesten Mode zu halten – Bruder Studio mit einer wunderbaren Mütze, deren kleiner Schirm kaum den Rand seiner gedankenvollen Stirn verbirgt, schmucke Leutnants mit keinem Stäubchen auf dem Rocke und alte Graubärte, die Brust bedeckt mit Orden – ernste Männer, die still vor sich hin rechnen, indem sie des Weges gehen, fidele Schusterjungen, die mit einem Paar Stiefeln schlendern und dabei pfeifen, daß es Einem durch Mark und Bein gellt, dicke Matronen, die hinter dem Omnibuskutscher herschreien – und diese unaufhörliche Folge von Szenen begleitet vom unaufhörlichen Lärm der Straße, dem Rollen der Räder, dem Stampfen der Pferde, dem Geklingel der Wagen – jede einzelne Stimme mißtönig und das Ganze doch eine gewaltige, brausende Polyphonie – und Beides, das Schauspiel und die Musik, hab' ich umsonst. Es wär' auch kein König reich genug, um das zu bezahlen. (*Rodenberg 1894, S. 91f.*)

Für Berlin ist nur eines charakteristisch: die senkrechten, graden und breiten Straßennetze, die freilich in ihrer unorganischen Aneinanderreihung kein ästhetisch einprägsames Bild geben, aber bedeutendere Verkehrsmassen ziemlich glatt und sicher durchflössen. Dieser ganze Komplex, der nur in den Linden mit ihren repräsentativen Bauten eine kurze, keineswegs das Ganze tragende Mittelachse hat, steht auf verhältnismässig neuem Grund. Was vom alten Berlin, dem Berlin vor 1700, noch steht, ist vom Weltverkehr in gleichgültige, dunkle Ecken abgeschoben, oder die neue Stadtgeometrie hat mitten hindurch ihre harten nüchternen Linien geschlagen, die nur, wo sie den alten Boden schneiden, ein bißchen schmäler, aber kaum gebogener werden, als sonst. Einen architektonischen Mittelpunkt wie den Stefansdom besitzt Berlin nicht; keine seiner Kirchen kann mehr als ein bescheidenes Lokalinteresse beanspruchen; auch das Schloss wird für das Gefühl der meisten Berliner und auswärtigen Besucher kaum das sein, was die Burg in Wien ist. Der steinerne Gesamteindruck der Stadt ist hier bunt, reich, winklig, alt, mannigfach, stark accentuiert, – dort gleichförmig, scharf gekantet, zweckmässig, farbenschwach. Wien und Berlin. (*Bab / Handl 1918, S. 17f.*)

[1928] Will man nun wissen, wie diese neue Stadt nun aussieht, so braucht man nur durch eine einzige östliche, nördliche oder südliche Straße zu gehen, man braucht auch nur eine einzige Straße zu photographieren, Berlin hat es den Photographen bequem gemacht: 95 Prozent aller andern Straßen sehen ebenso aus. Es ist ein Haus wie das andere, die riesigen Straßenzüge entlang ein Nutzbau, eine Mietskaserne ohne Gesicht neben der andern ohne Gesicht. Aber dennoch! Das Ganze hat ein Gesicht [...].

So wird man vielleicht verzweifeln, wenn man die endlosen Straßenzüge Berlins durchwandert und leere Fassade nach leerer Fassade passiert. Denn ich spreche hier von den Häusern der Lebenden, die Gebäude der Toten sind charakteristisch, sind sozusagen kunstvoll und sogenannte Sehenswürdigkeiten. Aber man fahre einmal von Süden oder Westen mit einem Schnellzug in dieses Steinmeer hinein, etwa spät abends, und man erlebe mit offenem Herzen den erschütternden Blick dieser Stadt. Man wird erfahren: es ist wahrhaftig eine moderne Stadt, eine großartige Stadt, eine Siedlung heutiger Menschen. Die Straßen mäßig beleuchtet, man fliegt von Bahnhof zu Bahnhof, man ist schon längst im Stadtbereich Berlin, aber noch immer gliedert sich nichts, nur neue Straßen, Hauptstraßen. Nebenstraßen, da ein helles Licht, das muß ein Kino sein, plötzliche Lichtwirbel, aber wie belanglos in diesem Dunkel, auf den Bahnhöfen nüchterne eilige Menschen und wieder Straßenzüge, Mietskasernen, Schornsteine, Brücken. Das hat die Monotonie der wahrhaft großen Wesen [...]

Nur das Ganze hat ein Gesicht und einen Sinn: den einer starken nüchternen modernen Stadt, einer produzierenden Massensiedlung. (*Döblin 1928, Vorwort zu: v. Bucovich, S. IXf.*)

[Um 1930] Unter meinem Fenster die düstere Straße, eine massive Pracht. Kellerläden, in denen tagsüber Licht brennt, im Schatten gewaltiger, balkongeschmückter Fassaden, schmutziger Stuckfronten mit hervorquellenden Schnörkeln und heraldischen Symbolen. Das ganze Viertel ist so: straßauf, straßab Reihen von Häusern, gleich schäbigen Riesengeldschränken, die vollgestopft sind mit den verblichenen Kostbarkeiten und mit den zweitklassigen Möbeln einer brankrotten Mittelschicht.

Ich bin eine Kamera mit offenem Verschluß, nehme nur auf, registriere nur, denke nichts. Registriere den Mann, der sich am Fenster drüben rasiert, und die Frau im Kimono, die ihr Haar wäscht. Eines Tages werde ich alle diese Bilder entwickelt, sorgfältig kopiert und fixiert haben.

Um acht Uhr abends werden die Haustüren zugemacht, die Kinder bekommen ihr Abendbrot. Die Geschäfte sind geschlossen. Über der Nachtglocke des kleinen Hotels an der Ecke, wo man Zimmer stundenweise mieten kann, wird das Leuchtschild eingeschaltet. Und bald hebt das Pfeifen an. Junge Männer rufen ihre Mädchen. Sie stehen unten in der Kälte und pfeifen hinauf zu den hellen Fenstern warmer Zimmer, in denen die Betten für die Nacht schon gerichtet sind. Sie möchten eingelassen werden. Ihre Pfiffe hallen wider im dunklen Schacht der Straße, lüstern, einsam und traurig. Des Pfeifens wegen bin ich abends nicht gern zu Hause. Es erinnert mich daran, daß ich allein, in einer fremden Stadt bin, weit weg von daheim. Manchmal will ich gar nicht hinhören, nehme ein Buch vor und versuche zu lesen. Dann aber wird totsicher bald ein derart kräftiger und durchdringender Pfiff laut, so ausdauernd und so verzweifelt menschlich, daß ich am Ende doch aufstehen und einen Blick durch das Gitter der Jalousie werfen muß, nur um mir zu bestätigen, was ich ohnehin genau weiß: daß er nicht mir gilt. (*Isherwood 1986 b, S. 5.*)

[1929] Durch die Ackerstraße nach dem Wedding zu. Selbst diese traurige Gegend bekommt etwas vom Weihnachtswald und bunten Markt ab. Aus dem Hof der riesigen Mietskaserne, dem ersten Hof – sie hat wohl fünf oder sechs, eine ganze Stadt von Menschen wohnt darin. Alle Arten Berufe lassen sich erraten aus den Anschlägen: Apostelamt, Pumpernickelfabrik, Damen- und Burschenkonfektion, Schlosserei, Lederstanzerei, Badeanstalt, Drehrolle, Fleischerei... Und noch soundso viel Schneiderinnen, Näherinnen, Kohlenmänner, die in den endlosen, grau-rissigen Quer- und Seitengebäuden hausen – aus dem ersten Hof dieses Musterbeispiels der Wohnverliese von gestern kommen durch den runden Torweg drei Burschen, einer mit der Gitarre, die beiden anderen mit Kerzen, die sie im Gang auspusten. Die spielen und singen hier von Hof zu Hof Weihnachtslieder und halten dabei ihre brennenden Kerzen in den Händen.

Die Wölbungen dieser Torgänge geben dem Großstadtelend wenigstens noch ein Gesicht. Sonst ist hier im Norden wie auch in den proletarischen Teilen von Schöneberg oder Neukölln den Häusern von außen meist nicht anzusehen, wieviel Armut sie bergen. Wie die Menschen keine bunten Lumpen tragen – leiser Trost des Bettlers in Mittelmeerländern, daß sein Elend ein Gewand hat –, sondern abgeschabtes Bürgerkleid und verwetzten Soldatenrock aus dem unerschöpflichen Tuch des Krieges, so haben auch die Gebäude eine heruntergekommene Bürgerlichkeit. Sie stehen in endloser Reihe, Fenster an Fenster, kleine Balkone sind vorgeklebt, auf welchen Topfblumen ein kümmerliches Dasein fristen. Um eine Vorstellung vom Leben der Bewohner zu bekommen, muß man in die Höfe vordringen, den traurigen ersten und den traurigeren zweiten, man muß die blassen Kinder beobachten, die da herumlungern und auf den Stufen zu den drei, vier und mehr Eingängen der lichtlosen Quergebäude hocken, rührende und groteske Geschöpfe, wie Zille sie gemalt und gezeichnet hat. Manchmal scharen sie sich um einen Leiermann, der hier noch eher auf Almosen hofft als in bürgerlichen Quartieren, oder um die Sängerinnen der Heilsarmee mit ihren rotbebänderten Hüten und militärischen Mänteln, die den Armen dieser Welt die Reichtümer des Jenseits versprechen. Wer Gelegenheit hat, die dumpfen Stiegen hinaufzutasten bis zu den armseligen Wohnküchen mit ihrem Kohldunst und den Schlafkammern mit dem säuerlichen Säuglingsgeruch, kann ‹lernen›. (*Hessel 1929, S. 219f.*)

Berliner Zimmer

Im vierten Stockwerke sind noch zwischen den Säulen drei Balkone eingequetscht, die ganz und gar Kanzeln gleichen. Ein Mensch und ein Rosenstock, mehr hat auf ihm nicht Platz. Wenn man sich so ein Haus längere Zeit betrachtet, bekommt man einen Fieberanfall und redet irre; die Tollheit steckt eben an. (*v. Leixner*)

Aus meiner «möblierten Zeit» ist mir das feine Vorderhaus noch schwer in Erinnerung. Ich sehne mich durchaus nicht zurück nach protzigrotem Plüsch und falschem «echten Marmor», nach imitierter Griechenlandwandelhalle und grauen Gipsdamen hinter staubiger Palme. (*Kaléko*)

Unsere Wohnung im Hinterhaus bestand aus Stube, Kammer und Küche. Die Kammer wurde «natürlich» vermietet. Wir begnügten uns mit der einen Stube. Sie konnte unsere Betten nicht fassen. (*Damaschke*)

Das «Berliner Zimmer» ist ein großer Durchgangsraum, der den Teil der Wohnung, der dem «vornehmen» Vorderhaus angehört, mit den Arbeits- und Dienstpersonalräumen des Seitenflügels verbindet. Es ist also nicht nur Durchgangsraum, sondern auch Grenze im System der Berliner Mietswohnung, bauliche und soziale Scheidelinie. In mancher Wohnung nur ein düsterer Saal, Rumpelkammer, Hohlraum, leere Pracht, in anderen Wohnungen das eigentliche Zentrum, Gemeinschafts- und Eßraum. Das Fenster führt auf den Hof hinaus und gibt den Blick auf das Hinterhaus frei, das oft mit beschönigender Ignoranz für die Realitäten «Gartenhaus» genannt wird.

Die Berliner Mietskaserne, die schon im Namen ihre Herkunft nicht verleugnen kann, ist bzw. war Ausdruck eines Dreiklassensystems mit vielen Schattierungen und Modifikationen, je nach dem, in welchem Bezirk der Wohnblock lag, wie groß und licht der Hof war, ob er Platz für etwas Grünes bot oder nur ein Betonrechteck war, gerade groß genug, damit die Feuerspritze im Notfall wenden konnte.

Es liegen Welten zwischen den Grunewaldvillen und den Souterrainwohnungen des Wedding, mit anderen Worten, es gibt eine Vielzahl der unterschiedlichsten Berliner Zimmer. Und trotzdem, es gibt – zumindest im äußeren Bild – ein paar Elemente, die auch die unterschiedlichsten Wohnbereiche gemeinsam haben: die wilhelminische Stuckverliebtheit, Balkons an allen Ecken und Enden, Straßenbäume, Pumpen, Eckkneipen...

Berliner Zimmer sind der großartige bis klägliche Versuch, Mauerenge in Stadtnatur zu verwandeln.

[Um 1840] Einfach wie die Bewirtung war auch die Zimmereinrichtung bei den meisten Bürgerfamilien. Flügeltüren hatten nur sehr reiche und vornehme Leute, parkettierte Fußböden sah man fast nur in Schlössern und Palästen. Flügelfortepianos fanden in den beschränkten Räumen nicht Platz, man bediente sich allgemein der jetzt mit Unrecht aus der Mode gekommenen tafelförmigen Klaviere, die durch die sogenannten Pianinos keineswegs ersetzt werden.

Wer es irgend möglich machen konnte, besaß in seiner Wohnung eine Putzstube (der Schlesier nennt es die gute Stube), in welcher die besten Möbel und Geräte aufgestellt waren, für gewöhnlich gegen Rauch und Staub sorgfältig eingehüllt, bis bei festlicher Gelegenheit den erstaunten Gästen die Schätze gezeigt wurden. Zu einem unerläßlichen Zierat der Putzstube gehörte die Servante, das heißt ein Gestell in beliebiger Form, oder auch ein Glasschrank, wo sich verschiedene Bretter übereinander befanden, auf welchen Silbergeschirr, besonders aber schön gemalte Porzellantassen aufgestellt wurden, mit denen man Luxus trieb, und um deren Anzahl die Frauen einander beneideten. Das war für Freunde und Bekannte des Hauses in manchen Fällen sehr bequem; man wußte, was man zu Geburtstagen und bei ähnlichen Gelegenheiten zu schenken hatte.

Möbel von Mahagoniholz fingen erst allmählich an, in Berlin gebräuchlich zu werden, während man in England und auch in Hamburg sich derselben schon lange bediente. Knaben erzählten einander prahlend, wenn der Vater einen Tisch von diesem kostbaren Material angeschafft hatte. Wandspiegel aus einem Stücke sah man nur in königlichen Schlössern, und die großen Fensterscheiben, ohne die jetzt fast kein Neubau mehr ausgeführt wird, waren damals noch so unbekannt, daß ich mich sehr wohl der Zeit erinnere, wo in ganz Berlin eine einzige solche Scheibe existierte, und zwar im Besitz der Prinzessin Karl von Preußen, nach deren Palais man wanderte, um das Wunder von der Straße aus zu betrachten. (*Eberty 1925, S. 37f.*)

[Um 1840] Auch die Heizungsvorrichtung in den Zimmern war noch sehr unvollkommen. Man hatte häufig Öfen mit etwas rauher Oberfläche von Gips, die dann bunt bemalt wurden. Die Kachelöfen waren nur in den besseren Zimmern weiß, in den übrigen braun oder grün. Der Töpfermeister Feilner in der Hasenhegergasse führte zuerst die sogenannten Porzellanöfen ein. Viele Öfen wurden von außen geheizt, wodurch nicht nur unendliches Feuerungsmaterial draufging, sondern auch die heilsame Luftreinigung durch Ventilation gehindert war. Dafür räucherte man viel mit duftigen Essenzen, unter denen besonders das jetzt noch vorkommende Königsräucherpulver beliebt war. Bei den Vornehmeren fand man fast überall Vasen mit Potpourri, aus gesalzenen Rosen- und anderen wohlriechenden Blättern bestehend, welche die Hausfrauen sammelten und zurichteten. (*Eberty 1925, S. 43f.*)

Es war die Woche darnach, und die Kastanien hatten bereits abgeblüht; auch in der Bellevuestraße. Hier hatte Baron Botho von Rienäcker eine zwischen einem Front- und einem Gartenbalkon gelegene Parterrewohnung inne: Arbeitszimmer, Eßzimmer, Schlafzimmer, die sich sämtlich durch eine geschmackvolle, seine Mittel erheblich übersteigende Einrichtung auszeichneten. In dem Eßzimmer befanden sich zwei Hertelsche Stilleben und dazwischen eine Bärenhatz, wertvolle Kopie nach Rubens, während in dem Arbeitszimmer ein Andreas Achenbachscher Seesturm, umgeben von einigen kleineren Bildern desselben Meisters, paradierte. Der Seesturm war ihm bei der Gelegenheit einer Verlosung zugefallen, und an diesem schönen und wertvollen Besitze hatte er sich zum Kunstkenner und speziell zum Achenbach-Enthusiasten herangebildet. Er scherzte gern darüber und pflegte zu versichern, «daß ihm sein Lotterieglück, weil es ihn zu beständig neuen Ankäufen verführt habe, teuer zu stehn gekommen sei», hinzusetzend, «daß es vielleicht mit jedem Glücke dasselbe sei».

Vor dem Sofa, dessen Plüsch mit einem persischen Teppich überdeckt war, stand auf einem Malachittischchen das Kaffeegeschirr, während auf dem Sofa selbst allerlei politische Zeitungen umherlagen, unter ihnen auch solche, deren Vorkommen an dieser Stelle ziemlich verwunderlich war und nur aus dem Baron Bothoschen Lieblingssatze, «Schnack gehe vor Politik», erklärt werden konnte. Geschichten, die den Stempel der Erfindung an der Stirn trugen, sogenannte «Perlen», amüsierten ihn am meisten. Ein Kanarienvogel, dessen Bauer während der Frühstückszeit allemal offen stand, flog auch heute wieder auf Hand und Schulter seines ihn nur zu sehr verwöhnenden Herrn, der, anstatt ungeduldig zu werden, das Blatt jedesmal beiseite tat, um den kleinen Liebling zu streicheln. Unterließ er es aber, so drängte sich das Tierchen an Hals und Bart des Lesenden und piepte so lang und eigensinnig, bis ihm der Wille getan war. «Alle Lieblinge sind gleich», sagte Baron Rienäcker, «und fordern Gehorsam und Unterwerfung». (*Fontane: Irrungen und Wirrungen, 1976, S. 34 f.*)

Möhrings wohnten Georgenstraße 19 dicht an der Friedrichsstraße. Wirt war Rechnungsrat Schultze, der in der Gründerzeit mit dreihundert Talern spekuliert und in zwei Jahren ein Vermögen erworben hatte. Wenn er jetzt an seinem Ministerium vorüberging, sah er immer lächelnd hinauf und sagte: «Gu'n Morgen, Exzellenz.» Gott, Exzellenz. Wenn Exzellenz fiel, und alle Welt wunderte sich, daß er noch nicht gefallen sei, so stand er, wie Schultze gern sagte, vis-à-vis de rien, höchstens Oberpräsident in Danzig. Da war er besser dran, er hatte fünf Häuser, und das in der Georgenstraße war beinah schon ein Palais, vorn kleine Balkone von Eisen mit Vergoldung. Was anscheinend fehlte, waren Keller und natürlich auch Kellerwohnungen, statt dessen lagen kleine Läden, ein Vorkostladen, ein Barbier-, ein Optikus- und ein Schirmladen in gleicher Höhe mit dem Straßenzug, wodurch die darüber gelegene Wirtswohnung jenen à-deux-mains-Charakter so vieler neuer Berliner Häuser erhielt. War es Hochparterre oder war es eine Treppe hoch. Auf Schultzes Karte stand: Georgenstraße 19 I, was jeder gelten ließ mit Ausnahme Möhrings, die, je nachdem diese Frage entschieden wurde, drei oder vier Treppen hoch wohnten, was neben der gesellschaftlichen auch eine gewisse praktische Bedeutung für sie hatte. (*Fontane: Mathilde Möhring, 1976, S. 7*)

Die Sachen kamen, ein Koffer und eine große Kiste, und als Mutter und Tochter die Kiste bis dicht ans Fenster geschoben, den Koffer aber auf einen Kofferständer gestellt hatten, zogen sie sich in ihr an der linken

Seite des Entrees gelegenes Wohnzimmer zurück. Es sah sehr ordentlich darin aus und auch nicht ärmlich. Vor dem hochlehnigen Kissensofa lag ein Teppich, Rosenmuster, und neben dem Stehspiegel mit dem Riß in der Mitte standen zwei Ständer, in die Blumentöpfe, ein roter und ein weißer Geranium, gesetzt waren. Auf einem Mahagonischrank stand ein Makart-Bouquet, neben dem Schrank eine Hänge-Etagere mit einer geschweiften Perlenstickerei. Der weiße Ofen war blank, die Messingtür noch blanker, und zwischen Ofen und Tür an einer Längswand, dem invaliden Sofa gegenüber, stand eine Chaiselongue, die vor kurzem erst auf der Auktion eines kleinen Gesandten erstanden war und nun das Schmuckstück der Wohnung bildete. Daneben ein ganz kleiner Tisch mit einer Pendeluhr darauf, die einen merkwürdig lauten Schlag hatte.

Mathilde stellte sich vor den Spiegel, um sich den Scheitel etwas glattzustreichen, denn ihr Haar war sehr dünn und hatte eine Neigung, sich in Streifen zu teilen, Mutter Möhring aber setzte sich auf das Sofa, grad aufrecht, und sah nach der Wand gegenüber, wo ein Pifferaro auf einem Felsen saß und, seinen Dudelsack blasend, einfältig und glücklich in die Welt sah. Mathilde sah im Spiegel, wie die Mutter so steif und aufrecht dasaß, und sagte, ohne sich umzudrehn: «Warum sitzt du nu wieder auf dem harten Sofa und kannst dich nicht anlehnen. Wozu haben wir denn die Chaiselongue?» (*Fontane: Mathilde Möhring, 1976, S. 14f.*)

Und nun trat Frau Möhring in ein einfenstriges Mittelzimmer zurück, das als Entree für rechts und links diente und drin nichts stand als ein einreihig besetzter Bücherschrank mit einem Vogelbauer darauf. Der im Sommer gestorbne Zeisig war noch nicht wieder ersetzt worden. Sonst nur noch zwei Stühle und ein weißer Leinwandstreifen als Läufer und am Fenster eine Aralia mit einer kleinen Gießkanne daneben. Alles dürftig, aber sehr sauber. Und nun öffnete Frau Möhring die Tür, die rechts nach dem zu vermietenden Zimmer führte. Hierher hatten sich alle Anstrengungen konzentriert: ein etwas eingesessenes Sofa mit rotem Plüschüberzug und ohne Antimakassar, Visitenkartenschale, der Große Kurfürst bei Fehrbellin und das Bett von schwarz gebeiztem Holz mit einer aus Seidenstückchen zusammengenähten Steppdecke. Die Wasserkaraffe auf einem großen Glasteller, so daß es immer klapperte. (*Fontane: Mathilde Möhring, 1976, S. 11*)

Das van der Straatensche Stadthaus – wodurch es sich, neben anderem, von der mit allem Komfort ausgestatteten Tiergartenvilla unterschied – hatte keinen eigentlichen Speisesaal, und die zwei großen und vier kleinen Diners, die sich über den Winter hin verteilten, mußten in dem ersten, als Entree dienenden Zimmer der großen Gemäldegalerie gegeben werden. Es griff dieser Teil der Galerie noch aus dem rechten Seitenflügel in das Vorderhaus über und lag unmittelbar hinter Melanies Zimmer, aus dem denn auch bald, sobald die breiten Flügeltüren sich öffneten, der Eintritt stattfand. [...]

Jeder der Eintretenden war an dieser Stelle zu Haus und hatte keine Veranlassung mehr zum Staunen und Bewundern. Wer aber zum ersten Male hier eintrat, der wurde sicherlich durch eine Schönheit überrascht, die gerade darin ihren Grund hatte, daß der als Speisesaal dienende Raum kein eigentlicher Speisesaal war. Ein reichgegliederter Kronleuchter von französischer Bronze warf seine Lichter auf eine von guter italienischer Hand herrührende prächtig eingerahmte Kopie der Veronesischen «Hochzeit zu Cana», die von Uneingeweihten auch wohl ohne weiteres für das Original genommen wurde, während daneben zwei Stilleben in fast noch größeren und reicheren Barockrahmen hingen. Es waren, von einiger vegetabilischer Zutat abgesehen, Hummer, Lachs und blaue Makrelen, über deren absolute Naturwahrheit sich van der Straaten in der ein für allemal gemünzten Bewunderungsformel ausließ, «es werd' ihm, als ob er taschentuchlos über den Cöllnischen Fischmarkt gehe». (*Fontane: L'Adultera, 1976, S. 25f.*)

Man sagt immer, die Berliner wären so kritisch. Das stimmt schon. Sie sind schlagfertig, sie lassen sich nicht leicht etwas vormachen, sie sind helle. Aber was die Häuser und was die Wohnungen angeht, in denen sie leben, da muß man schon sagen, daß sie jahrhundertelang auf jeden Leim gekrochen sind. Und wenn sie anfangs sich auf die Obrigkeit, auf den absoluten König herausreden konnten, der befahl, so und so muß gebaut werden, so ist es später, als sie die Selbstverwaltung ihrer Stadt hatten, kein bißchen besser sondern schlimmer geworden. Und vielleicht haben sie manchmal nur darum so viel Spielraum für ihren kritischen Witz und Verstand gehabt, weil sie allzuselten daran gedacht haben, in der Praxis ihn anzuwenden. Und was das Schlimmste ist, während man sonst die Berliner im Reich doch ziemlich kritisch betrachtet und längst nicht alles für mustergültig hält, was es da gibt –

ihre Mietskasernen, die haben sie den Berlinern in ganz Deutschland nachgebaut.

Mietskaserne – das klingt so militärisch. Und das Wort ist nicht etwa nur aus dem Militärwesen übertragen, sondern die Entstehung der Mietskaserne hängt wirklich mit dem Militärwesen eng zusammen. Berlin ist seit den Hohenzollern immer eine Militärstadt gewesen, und es hat Zeiten gegeben, in denen das Militär, d. h. die Soldaten mit ihren Familien, bis zu einem Drittel der ganzen Stadtbevölkerung ausmachten. Solange das preußische Heer noch nicht so groß war, brachte man die Soldaten mit ihren Familien bei den Bürgern unter. Als ich euch vor 14 Tagen etwas aus der Baugeschichte Berlins unter Friedrich Wilhelm I. erzählt habe, da habt ihr ja gehört, wie jeder Bürger verpflichtet war, so und soviel Soldaten je nach der Größe seines Hauses oder seiner Wohnung sich in Quartier legen zu lassen. Das ging unter Friedrich Wilhelm I. noch an. Es war zwar für die Bürger sehr drückend, aber das Heer war noch klein, und es wurde soviel gebaut, daß von einer Wohnungsnot keine Rede sein konnte. Als Friedrich Wilhelm I. starb, hatte Berlin eine Besatzung von ungefähr 19000 Mann. Als aber Friedrich der Große 1786 starb, da gab es in Berlin schon 36000 Mann Besatzung. Diese Truppenmasse war auf die alte Art und Weise nicht mehr unterzubringen, und deshalb baute Friedrich der Große eine ganze Anzahl Kasernen, allein acht Stück in den letzten vier Jahren seiner Regierungszeit. In diesen Kasernen wohnten aber nicht nur etwa die Soldaten, sondern auch deren Familien. Uns kommt das sehr komisch vor, daß Soldaten mit Frauen und Kindern in Kasernen untergebracht werden sollen. Die Gründe dafür sind aber gar nicht komisch gewesen. Sie bestanden ganz einfach in der furchtbaren Grausamkeit der preußischen Heereszucht, die machte, daß viele bei der ersten besten Gelegenheit desertierten. Wenn man sie nun alle Abende oder auch nur ein paar mal die Woche zu ihren Familien hätte nach Hause gehen lassen, so hätte dann möglicherweise am anderen Morgen die Hälfte gefehlt. Darum hielt man sie mit ihren Familien in den Kasernen, die sie nur selten mit einem Erlaubnisschein verlassen durften. Diese Abhilfe der Wohnungsnot durch Kasernierung führte Friedrich der Große dann auch für die Berliner Zivilbevölkerung ein. Statt nämlich, wie sein Vater, die Hauptstadt in waagerechter Richtung zu vergrößern, erweiterte er sie senkrecht nach oben in die Luft statt in die Ebene. Er nahm sich dabei Paris zum Vorbild. Das war aber unberechtigt. Paris war eine Festung, die Stadt konnte sich über die Zone der Forts und Bastione nicht ausdehnen, und da sie als größte Europas damals schon 150000

Einwohner hatte, konnten sich die Pariser nicht anders helfen als durch den Bau vielstöckiger Gebäude. Berlin war aber unter Friedrich dem Großen ebensowenig eine Festung wie jetzt. Man hätte also ruhig weiter die Stadt in der Ebene sich ausdehnen lassen können. Als damals dem Kaiser von China zum ersten Mal Bilder mit Häusern in so ungewöhnlicher Höhe gezeigt wurden, sagte er ganz verächtlich: «Europa muß ein sehr kleines Land sein, daß die Menschen dort nicht genug Platz haben, auf der Erde zu wohnen, sondern in der Luft wohnen müssen.» Für die Gesundheit der Berliner wäre es natürlich viel besser gewesen, bei der alten Bauweise zu bleiben, anstatt, wie es damals geschah, möglichst viel Menschen in möglichst hohe Häuser zu pferchen. Noch viel folgenschwerer als der gesundheitliche Schaden war aber bei dieser Bauart der wirtschaftliche. Man kümmerte sich seit Friedrich dem Großen nicht mehr darum, an den damaligen Stadtgrenzen neues billiges Bauland zu erschließen, sondern begann wieder, auf dem alten bebauten Terrain hohe Häuser, Mietskasernen, statt der früheren ein- oder zweistöckigen Einfamilienhäuser zu bauen. Weil nun diese Mietskasernen durch die vielen Parteien, die darin wohnten, dem Besitzer viel mehr einbrachten als die früheren kleinen Häuser, wurde der Grund und Boden, auf dem sie standen, immer teurer. Das beeinflußte sehr bald natürlich auch die Preise für unbebaute Terrains, die es ja noch massenhaft in der Stadt gab. Wenn so ein Bauplatz verkauft wurde, so verlangten die Besitzer Preise dafür, die der Käufer nur dann zahlen konnte, wenn er nach dem Muster der Mietskasernen viele übereinandergeschichtete Wohnungen baute, damit durch die Mieten die hohen Bodenpreise verzinst würden. (*Benjamin 1985, S. 59–61*)

Die Bürgersteige Berlins sind gefährlich für die Betrunkenen: sie können sich nicht an den Mauern entlang tasten, denn von Zeit zu Zeit öffnen sich gähnende Löcher, vor denen man sich selbst im nüchternen Zustande in Acht nehmen muß. Treppen von zehn bis zwanzig Stufen führen zu diesen halb unterirdischen Wohnungen hinab. Licht und Luft erhalten die Keller nur durch die Thür und durch in der Höhe des Erdbodens gelegene winzige Oeffnungen, halb Fenster, halb Kellerloch – d. h. also, sie erhalten sehr wenig von Beidem. Und in diesen dunklen Souterrains lebt ungefähr ein Zwölftel der reichshauptstädtischen Bevölkerung. Man kann es mir glauben, daß diese Wohnungen außerordentlich ungesund sind: die Lüftung ist ungenügend und die üblen Dünste setzen sich darin fest. Dagegen sind sie im Winter nicht allzu eisig, und im Sommer haben sie eine fast frische Temperatur. Die kleinen Leute haben diese dunklen Winkel gern: einmal bilden sie für eine große Zahl von ihnen das einzige Mittel, einen nach der Straße gelegenen Laden zu eröffnen, und ist es nicht schließlich immer noch besser, zwischen den Grundmauern eines großen Gebäudes, als in einem Holzschuppen zu wohnen? Sodann haben die Keller den Vortheil, daß die Bewohner nicht so viele Treppen zu erklimmen brauchen, wenn sie nach Hause zurückkehren, und endlich sind sie trotz ihrer zweifelhaften Dünste unendlich gemüthlicher und behaglicher als die kalten Zimmer einer Berliner Miethskaserne; man fühlt sich mehr zu Hause in ihnen.

Die Keller zählen 28023 Wohnungen mit 47152 Zimmern, von denen 8124 nicht geheizt werden können. Betrachtet man die Profession der verschiedenen Bewohner, so findet man fast jeden Beruf vertreten, ja, es befinden sich sogar 619 Rentierfamilien darunter! Ohne Zweifel sind es ehemalige Budiker, die, nachdem sie sich durch Bewirthung der Kutscher und Arbeiter der Nachbarschaft ein kleines Vermögen erworben haben, bescheiden in ihrem heimischen Souterrain leben. Jedenfalls sind es echte Berliner; denn man muß eine Stadt gewiß sehr gern haben, um seine Tage daselbst in einem Keller zu beschließen.

Es giebt auch 9 Professoren, 47 Künstler und 3 Literaten und Journalisten, die in Kellern hausen. Aber vor allen Dingen wohnen in denselben 5127 Schneider, 5542 Handelsleute, 2033 Bierverkäufer und Restaurateure und 5021 Arbeiter ohne besonderes Gewerbe. (*Gersal 1892, S. 198f.*)

Nun begann ein Leben, wie es nur die Großstadt kennt. Wir zählten gewiß zu den «ordentlichen Leuten». Niemals sind wir auch nur mit einem Pfennig Miete im Rückstande geblieben. Und doch, welch ein wurzelloses Nomadenleben! In den folgenden zwanzig Jahren haben wir, soweit ich mich noch entsinnen kann, gewohnt in der Neuen Königstraße, in Neu-Weißensee, in der Neuen Jakobstraße, in der Metzer Straße, wieder in Neu-Weißensee, in der Zionskirchstraße, in der Friedrichstraße, in der Tempelherrenstraße Nr. 17 und in derselben Straße Nr. 3. Das war und ist das Schicksal der modernen Mietkasernenbewohner!

Die Engländer haben ein Sprichwort: «Man kann einen Menschen durch eine schlechte Wohnung töten wie mit einer Axt.»

Das Sprichwort ist gewissermaßen ungerecht gegen die Axt. Sie ist eine ritterliche Waffe. Gegen wen sie sich erhebt, den ruft sie zum Widerstand auf, und wen sie niederschlägt, den tötet sie schnell und leicht. Eine schlechte Wohnung aber tötet wie Opium oder ein anderes langsam wirkendes Gift, das zuerst Geist und Willen lähmt, so daß der Kampf gegen diese furchtbare Gefahr nicht einmal von denen geführt werden kann, die in ihr stehen, sondern wesentlich durchgefochten werden muß von denen, die noch frei von ihr sind. Das macht die an sich schwere Aufgabe noch schwerer; denn bloße Erkenntnis von der Gefahr, in der andere sich befinden und unter der man selbst nicht leidet und vor der man sich und die Seinen dauernd zu bewahren hofft, das setzt ein Maß von staatsbürgerlicher und sittlicher Verantwortung voraus, das nur selten lebendig gemacht werden kann.

Wie auch bei tapferer Gegenwehr in einem solchen Leben unwillkürlich alle Kulturansprüche sinken, zeigte mir ein Wort Mutters in der Zionskirchstraße, einer engen Mietkasernenstraße im Norden Berlins. Wir bewohnten «natürlich» nur Stube und Küche. Auf demselben Flur mit uns lebte noch eine alleinstehende Frau in einem kleinen Zimmer, und da hatte Mutter nur einen Wunsch: «Hätten wir doch auch noch diese Kammer, so daß wir allein auf unserem Korridor wohnen könnten – dann hätte ich wegen der Wohnung wohl keinen Wunsch mehr.» (*Damaschke 1928, S. 32f.*)

Unsere Wohnung im Hinterhaus bestand aus Stube, Kammer und Küche. Die Kammer wurde «natürlich» vermietet. Wir begnügten uns mit der einen Stube. Sie konnte unsere Betten nicht fassen. So habe ich denn in den ersten zehn Jahren meines Lebens nie ein Bett gehabt. Ich schlief in einem «Bettkasten», der auf Rollen lief, abends unter dem Bett hervorgezogen und mit den Kissen, die am Tage auf dem Bett lagen, zurechtgemacht wurde. Kinder haben eben kein Bett! Nun war es in diesem Falle nicht gar so schlimm, weil man morgens und abends doch die geräumige Werkstatt zur Verfügung hatte. Als aber bei der letzten Friedenszählung am 2. Dezember 1910 in Berlin 41968 Wohnungen festgestellt wurden, die nur *ein* einziges heizbares Zimmer aufwiesen, aber von fünf bis dreizehn Menschen verschiedenen Alters und Geschlechts dauernd bewohnt waren – da mußte jedem Denkenden ein Gefühl quälender Angst um die Zukunft unseres Volkes aufsteigen! (*Damaschke 1928, S. 23f.*)

[1912] Als mein Vater starb, zog meine Mutter mit uns nach Berlin. Wir wohnten dort in der Wöhlertstraße nahe dem Wedding, einem Kohlenplatz gegenüber; das übliche Schild mit den schwarzen, gekreuzten Hämmern erscheint mir noch manchmal wie ein pessimistisches Denkzeichen. Hinter der geteerten Brandmauer war der übliche Durchblick auf den Hinterhof, die graue Großstadtkulisse aus Asphalt und Stein, und ich sehnte mich nach Stolp, nach Wald, Wiese, Fluß und heudeuftenden Sommertagen. Meine Mutter und meine Tante nähten für einen Großunternehmer Blusen – eine damals häufig ausgeübte Beschäftigung, die bei viel Arbeit nicht gerade viel Geld einbrachte. Die Zeiten waren zwar billig, aber Geldsorgen gab es jetzt immer, wenn es auch zum Notwendigsten reichte.

Ab und zu besuchte uns meine große Schwester und nahm mich in eine Konditorei mit oder zu Aschinger. Die damalige Bierquelle am Oranienburger Tor, mit dem kristallenen, spiegelnden Würstchenpavillon in der Mitte und der blau-weiß karierten Würstchenausgeberin, kam mir wie ein Feenpalast vor. Nicht weit von uns, in der Chausseestraße, lag auch die sogenannte Maikäferkaserne, und gelegentlich sah man dieses berühmte volkstümliche Infanterieregiment mit klingendem Spiel vorbeimarschieren. Da ich aus Stolp fast nur Husaren kannte, gefielen mir diese anders uniformierten Soldaten sehr. Wir wohnten in einem richtigen Proletarierviertel, aber das wurde mir damals nicht recht bewußt. Die Straße war voller Kinder und wimmelte von Leben, bei Goldacker gab es herrlich duftendes Brot, und ein Laden mit Kolportageliteratur in der Auslage ließ mich wollüstig erschauern – über einen eigentümlichen Schauer vor solch dramatischen Mord- und Titelbildern bin ich nie ganz hinweggekommen. (*Grosz 1974, S. 11f.*)

Für uns Kinder war der Hinterhof oder irgendeine Nachbargasse der Spielplatz. Ständig mußte die Familie die Wohnung wechseln, entweder, weil die Miete unerschwinglich war oder der Hauswirt auf unsere Mutter wegen ihrer vielen Kinder zornig wurde und uns an die Luft setzte. Eine alleinstehende Frau mit fünf Kindern, die schrien, polterten und sich rauften, das war unsittlich, anstoßerregend für die Leute. Noch heute sehe ich einen unserer Hauswirte vor mir. Wenn wir Kinder vorüberstürmten, machte er ein Gesicht, als hätte er gerade Gift geschluckt. Nun ja, da war wieder einmal eine Fensterscheibe entzweigegangen, vielleicht mutwillig mit einem Stein zertrümmert worden, oder wir hatten in unserer Ausgelassenheit bei fremden Leuten an der Haustür geschellt, um dann schleunigst das Weite zu suchen. Fluchend wetterte der Hauswirt hinter uns her. Ich kann mich nicht daran erinnern, daß er nur einmal ein freundliches Gesicht gemacht hätte.

So waren wir Kinder bald manche Stürme gewöhnt, doch es sollten noch schwerere kommen. In jedem Fall waren sich die lieben Hausbewohner darüber einig, daß eine Familie wie wir für eine Hausgemeinschaft untragbar sei.

Durch die vielen Umzüge lernten wir die verschiedensten Ecken der Berliner Armenviertel kennen. Überall dort, wo wir gerade das nächste Quartier bezogen, war für uns Kinder Abenteuerspielplatz und neue Heimat. Am liebsten tollten wir in den Straßen oder tummelten uns auf der Pferdebahn und zwischen den Omnibussen herum. Das Nebeneinander von Alt und Neu, von Kutschen und Autos, störte uns wenig, zumal die Autos aussahen wie sich selbst bewegende Droschken ohne Pferde, wie wir lästernd feststellten. Winzige Karossen, die fauchend, hupend, stinkend und knatternd mit 40 Stundenkilometern ihre Kollegen, die Pferdedroschken, zu überholen suchten. Welch ein Wunder an Energie und Schnelligkeit! Wir ließen uns in unserem Kinderspiel nicht stören und trieben johlend und kreischend unsere Reifen den Fahrdamm hinunter, weder auf Pferdefüße noch auf Autoreifen achtend. Wir wußten, daß all die Autos und Pferdeomnibusse zu halten hatten, wenn wir ihnen im Wege waren. (*Altmann 1977, S. 12f.*)

[Um 1890] In den Häusern hat die Baukunst nicht grade Siege gefeiert, wenigstens nicht was die Ausbildung der Stirnseite betrifft. Man freut sich, wenn der Baumeister sich begnügt hat, seinen vier- oder fünf Stock hohen Kasten einfach hinzustellen und auf jeden weitern Schmuck, als auf schlichte, vorgeschobene Erker und einfache Balkone zu verzichten. Dort aber, wo er seiner Einbildungskraft die Zügel hat schießen lassen, sind schauerliche Kunstwerke entstanden. Erstes und zweites Stockwerk bis auf schwächliche Pilaster ganz flach; im dritten springt plötzlich ein wuchtiger Balkon hervor, der für zwei Mieter bestimmt ist und von kühn geschwungenen Voluten, die aus dem Bewurf, weiß Gott wie, herauswachsen, getragen wird. Auf dem Balkon entwickeln sich vier Pfeiler mit allerlei Schnörkeln überladen und gehen in schmalbrüstige Atlanten über, die nun dicke Säulen tragen müssen. Auf diesen stehen vier von den dutzendweise hergestellten Kanephoren und strecken die Hände hilfeflehend gegen das auf ihnen lastende Dach. Im vierten Stockwerke sind noch zwischen den Säulen drei Balkone eingequetscht, die ganz und gar Kanzeln gleichen. Ein Mensch und ein Rosenstock, mehr hat auf ihnen nicht Platz. Wenn man sich so ein Haus längere Zeit betrachtet, bekommt man einen Fieberanfall und redet irre; die Tollheit steckt eben an.

Eine Art billiger Luxus ist in den Wohnungen der untern Stockwerke der Vorderhäuser fast überall zu finden. Es wird ja alles im Großen und aus schlechterm Stoff hergestellt und ahmt wirklichen Reichtum nach. Die Thüren tragen Supraporten, aus Holzstoff gepreßt, die Blattranken und Eierstäbe vergoldet. Die Decken zeigen Stuck, der meterweise gekauft und mit Schrauben befestigt wird. Verzeichnete Engel und Fabeltiere, erstere mit knallroten Backen und großen Vergißmeinnichtaugen, schweben oben in den verzwicktesten Stellungen herum. Es verschlägt nichts, wenn dann ein langer Zapfen, in den das Gasrohr für einen Kronleuchter mündet, aus dem Bauche irgend eines Himmelbewohners heraushängt. Die meisten Stockwerke enthalten zwei Wohnungen von 3 bis 4 Zimmern, Küche, und jetzt auch meistens Badestube. Das Wort «Stube» ist allerdings mit Vorsicht aufzunehmen, denn neben der Wanne hat nichts anderes Platz; zuweilen in ihr auch nur sehr schlank gebaute Menschenkinder. Aber immerhin ist das schon ein großer Fortschritt, den man der neuesten Zeit verdankt.

Die Preise dieser Wohnungen schwanken zwischen 600 bis 850 Mark. (*v. Leixner 1894, S. 77f.*)

Mietskasernen beherrschen das Berliner Straßenbild seit der Gründerzeit. Sie sind Wahrzeichen der fieberhaften Bauspekulation jener frühen Wirtschaftswunderperiode und noch mehr des modernen Industriezeitalters und der beginnenden Massengesellschaft. Daß diese riesigen, häßlichen Wohnkästen nach damals geltenden Begriffen durchaus modern waren, könnte uns heute unglaubhaft und undenkbar vorkommen, wenn wir nicht aus eigenster Anschauung wüßten, daß moderne Zweckarchitektur im Zeichen der Fülle (und Überfüllung) oft sehr häßlich ist. Auf ihre Weise waren die Mietskasernen zu ihrer Entstehungszeit tatsächlich «zeitgemäß». Sie drängten die größtmögliche Bewohnerzahl auf dem kleinstmöglichen Raum zusammen (es geht allerdings noch viel kleiner, wie wir inzwischen erfahren haben). Manche hatten sogar bereits Einzelwohnungsaborte statt der gemeinschaftlichen Flurklosette (die das Gruppenzusammengehörigkeitsgefühl so ungemein fördern, indem sie den Kampf um den Abtritt genauso erbittert gestalten wie den um das tägliche Brot). In einigen Wohnungen gab es auch schon Badevorrichtungen: enge Zinkwannen und kleine Holzfeuerungsöfen. Sie waren gewiß etwas primitiv, taten jedoch gelegentlich ihren ohnehin seltenen Dienst, obwohl man sie oft zum Windelwaschen und Abfallverbrennen entwürdigte.

Es gab auch schon überall Leuchtgas. Die Versorgung stockte natürlich während der Kriegsknappheit und bei Streiks. Schäden in den Gasröhren bildeten eine Kollektivgefahr, und wenn jemand den Gashahn aufdrehte, um sich in der Ewigkeit permanenter und geräumiger einzumieten, stellte das eine höchst unnachbarliche Geste dar, denn auch solche Familien wurden dadurch mit einem vorzeitigen Ende bedroht, die es in der Mietskaserne weiter aushalten wollten und es dort sogar erträglich fanden; und das war schließlich die überwältigende Mehrzahl. Das Leben läßt sich auch unter den unsäglichsten Bedingungen leichter ertragen als wegwerfen. Die Furcht vor dem Gastod war vielleicht etwas übertrieben. In vielen Haushalten fehlte es sehr oft an den Groschenstücken, die man in den Schlitz des Gaszählers werfen mußte, um die Zufuhr zu betätigen. Dennoch ließ sich mit dem Gas nicht spaßen. Die Mauern der Mietskaserne hatten Risse, und die Türen steckten voller Ritzen, und da drang eben alles hindurch, auch das Gas – Geräusche und Gerüche immer.

Die fünfstöckige Mietskaserne hatte drei Aufgänge. Auf jedem Flur wohnten vier Parteien. Die meisten Familien waren kinderreich; denn hier lebten arme Leute. Die Gesamtbelegschaft dieser Wohnfabrik betrug also mehrere hundert Insassen. Wem das Gebäude gehörte, wußte eigentlich niemand; es wechselte oft die Besitzer, die sich persönlich nie zeigten. Es mußte also trotz – oder gerade wegen – seines vernachlässigten Zustandes ein ziemlich lukratives Objekt sein, besonders, wenn man, wie es natürlich der Fall war, an Reparaturen sparte und laufend die Mieten erhöhte. Es gab einen Hausverwalter, den man leider ständig sah. Er hatte eine Freiwohnung im Obergeschoß, das rätselhafterweise als das feinste galt. Für das unerbittliche Eintreiben der Mieten und das ständige Schikanieren der Bewohner, insbesondere aber für seinen haßerfüllten Privatkrieg gegen die spielenden und lärmenden Kinder erhielt der griesgrämige Junggeselle wahrscheinlich noch eine Sondervergütung. Die Portiersfamilie wohnte natürlich im Keller. Ich habe viele Portiersfamilien kommen und gehen sehen. Die harte und undankbare Arbeit des Treppenputzens und der Instandhaltung war gewiß nicht attraktiv und bestimmt wenig einträglich.

Trotz der gleichmäßig üblen äußeren Lebensbedingungen konnte in diesem Mietshaus von einer einheitlichen Klassenstruktur oder gar von Solidarität nicht die Rede sein. Zwar wohnten hier zahlreiche Fabrikarbeiter; aber es gab ebenfalls eine ganze Anzahl kleiner Angestellter und Beamter. Schon diese Tatsache erstickte jedes Zusammengehörigkeitsgefühl im Keime. Die eher verfeindeten als befreundeten Nachbarn konnten sich meistens nicht einmal zu einer gemeinsamen Mieteraktion gegen die Übergriffe der Hauswirte zusammenschließen. Sie lebten im gemeinsamen Schmutz und Elend; ihre Einkommen waren mehr oder weniger die gleichen (und die Stempelgelder und Wohlfahrtsunterstützungen, die sie während der Krisenjahre fast allesamt bezogen, unterschieden sich in nichts). Aber es handelte sich eben um eine deutsche Mietskaserne, und da herrschte ein anderorts unvorstellbarer Standesdünkel. Die Angestellten hielten sich für besser als die Arbeiter, während die Beamten, die alle den untersten Besoldungsstufen angehörten, verächtlich auf beide herabblickten. Mein Stiefvater versicherte im Rausche, als Künstler stehe er weit über allen. In Wirklichkeit verachteten alle zusammen gerade und besonders ihn als Vertreter einer «brotlosen Kunst» und zischten ihm im Treppenaufgang oft das Schimpfwort «Zigeunerfiedler» nach. (*Noth 1971, S. 23–26*)

[1929] Die vier großen Rätsel des Lebens im Nachkriegsberlin, die auch durch die eifrigsten historischen, nationalökonomischen und theologischen Forschungen nicht erklärt werden können, hängen insgesamt mit den Wohnhäusern zusammen und lauten: Warum kann kein Gast nach acht Uhr abends Einlaß in ein Wohnhaus finden, ohne einem Verhör unterzogen zu werden? Warum sind die Fahrstühle immer versperrt, so daß kein Gast sie benutzen kann? Warum sorgt kein Berliner Hauswirt für moderne Schlösser, sondern zwingt seine Mieter, ein Bund Schlüssel zu schleppen, deren Größe sich nur mittelalterlichen Kirchenschlüsseln vergleichen läßt? Warum weigern sich die Hauswirte, die hunderttausend Mark für ein Marmortreppenhaus (mit hübschen Goldkanten und Mosaikeinlagen) ausgegeben haben, eine Mark für jede Nacht auszugeben, damit der Flur anständig beleuchtet ist? Die Treppenhäuser sind dunkel; sie sind sehr dunkel. Man kann Licht machen, indem man auf einen Knopf drückt, der für einige Zeit Beleuchtung liefert, aber in der ganzen Geschichte Berlins ist nicht bekannt geworden, daß diese Beleuchtungszeit auch nur einmal so lange gedauert hätte, daß man vom Erdgeschoß bis zum obersten Stockwerk kommen kann. (*Lewis 1930, S. 397f.*)

Das Zimmer, in dem ich bis zum vorigen Jahre arbeitete, und in dem meine Bücher sich in den Regalen aneinanderreihten, war ein Turmzimmer, an der Ecke des Platzes gelegen. Ich konnte aus seinen breit ausladenden Fenstern auf den kleinen Platz vor der Kirche und in die kleine Seitenstraße blicken. Mein Arbeitszimmer hatte mit der Nachbarwohnung eine gemeinsame Wand, und was hinter dieser Wand all die Jahre hindurch geschah, beschäftigte mich unausgesetzt, als gehörten diese Geschehnisse zur Geschichte meines eigenen Schicksals.

Die Nachbarwohnung; – Menschen, die in ihr hausten, schienen unter einem schlimmen Stern zu wandeln, wenigstens, solange sie in dieser augenscheinlich verhexten Wohnung leben mußten. Schon beim Einzug hatte ich in dem ans meine stoßenden Nachbarzimmer eine sonderbare Anhäufung von elektrotechnischen Geräten, Glasrädern, Isolatoren, Metallzylindern, Drähten und Batterien kunterbunt stehen sehen. Das Zimmer sollte Laboratorium eines Erfinders werden, der einige Tage vor mir mit Frau und Kindern eingezogen war, seinen, von der wissenschaftlichen Welt mit Aufmerksamkeit verfolgten, allem Anschein nach aber materiell nicht sehr ergiebigen Experimenten und Erfindungen nachhing, was seine bürgerlich praktisch denkende Ehehälfte ihm merkbar verübelte. Eines Tages war hinter der gemeinsamen Wand Lärm, Gezeter zu hören, und bald darauf war die Familie des Erfinders auseinandergesprengt, die Mutter mit den Kindern aus der Stadt gezogen, der Erfinder selbst aber, ein Mann von anerkannter Genialität, aber reichlich robuster Natur, vereinsamt und in eine Vorortbehausung geschleudert.

Die nächsten Mieter waren: ein Major und seine Töchter. Die jüngere der beiden wollte zur Operettenbühne und hatte ein Klavier an die gemeinsame Wand gerückt, auf dem sie täglich mehrere Stunden lang die letzten «Schlager» übte. Schriftliche Ermahnungen, Proteste, höfliche Besuche usw. fruchteten nichts. Schon ging ich mit dem Gedanken um, mein Arbeitszimmer zu verlegen, da verstummte plötzlich eines Morgens das Klavier, denn der Major war im Felde gefallen, und die Töchter zogen mit der Mutter in die Provinz.

Der Nachfolger des Majors war ein Leutnant mit seiner jungen Frau. Auch diese blieben nicht lange. Der Gatte wurde ins Feld berufen, hinter der Wand erschollen bald verschiedene lustige Männerstimmen, Bariton, Tenor. Als der Leutnant zurückkam, war der Sopran der lebenslustigen Frau nicht mehr in der Wohnung hörbar.

Die Wohnungsnot setzte ein, die Zimmer wurden rationiert, hinter der gemeinsamen Wand lebten für kürzere und längere Zeit wechselnd Einzelpersonen, Ehepaare. Es war die Zeit, um die auch in meinem Turmzimmer jener Mensch hauste, der mein Heim zerstört hat. Als er auszog, blieb ich selbst nicht mehr lange Bewohner des Turmzimmers. Nach Möllerchens Flucht konnte ich jene mir von Freunden empfohlenen freundlichen Mitbewohner in meine verödete Wohnung nehmen, dadurch die drohende Gefahr von Zwangsmietern glücklich abwendend. Aber die Wohnung erwies sich für uns zu klein, und wir beschlossen gemeinsam in die Nachbarwohnung überzusiedeln. Der Tausch mit dem Nachbarn vollzog sich. Mein Arbeitszimmer wurden jetzt die unter solch üblem Stern stehenden vier Wände auf der andern Seite der gemeinsamen Scheidewand... (*Holitscher 1928, S. 226–228*)

Jawohl – ich wohne im Gartenhaus. Und ich möchte mit keinem tauschen. «Gartenhaus» – das macht sich nicht fein auf der Visitenkarte. Im Norden sagen sie sogar ehrlich «Hinterhaus», aber hier im eingebildeten Westen, wo die Leute nicht schwitzen, sondern allenfalls noch «transpirieren», im Westen wohnt man im «Gartenhaus». [...]

Aus meiner «möblierten» Zeit ist mir das feine Vorderhaus noch schwer in Erinnerung. Ich sehne mich durchaus nicht zurück nach protzigrotem Plüsch und falschem «echtem Marmor», nach imitierter Griechenwandelhalle und grauen Gipsdamen hinter staubiger Palme. «Eingang nur für Herrschaften»... das verpflichtet so sehr.

[...] Vor dem bescheiden schmalen Linoleumbelag in meinem Treppenflur braucht man sich nicht gleich zu entschuldigen, wenn man nicht jenen herrschaftlichen Damen gleicht, die schon am Vormittag in Pelz und bewundernswert rosig gemalter Gesichtslandschaft wie kostbare Puppen aus ihrer Marmor-Umrahmung steigen. [...]

Wir fühlen uns nicht so recht als Miets-«Partei» mit Sitz und Stimme im Reich der Einwohner wie die «von davorne». Wir sind so ein bißchen befangener, kleinstädtischer, ja es kann schon einmal vorkommen, daß wir uns so weit vergessen, einen zünftigen Schwatz mit der Portiersfrau abzuhalten. [...]

Selbst der Portiersjunge hinter seinem Guckfenster betrachtet uns als Menschen zweiter Güte und läßt den «Nebeneingang» unberechtigterweise offenstehen, obgleich doch auch unser Gartenhaus im Mietsvertrag arrogant genug als «geschlossenes Haus» figuriert. [...]

Was nun den «Garten» angeht, der die Hauptaufgabe hat, die wenig repräsentative Bezeichnung «Hof» zu verdrängen, so bin ich auf sein Erscheinen gespannt.

November war es, als wir einzogen, und noch immer haben die Bäume eine peinliche Ähnlichkeit mit den Teppichstangen auf dem Hof. Aber – wenn erst das Beet mit den roten Begonien «rauskommt», wenn die Hortensien und die angebliche Kastanie vor unserem Fenster erst «soweit» sind, dann haben wir es hier wie im Grunewald, sagt der Portier. [...]

Einstweilen steht lediglich eine arg mitgenommene Laube in unserem «Garten». [...]

Aber so um Pfingsten herum [...] Dann ziehen wir uns zurück auf unsere Loggia «nach hinten heraus» zwischen Bohnenranken und «fleißigem Lieschen» und spielen Dorfeinsamkeit mitten in der Stadt. (*Kaléko 1986, S. 121–123*)

Im Frühjahr 1930 geschah etwas Merkwürdiges. Seit 1917, seit 13 Unglücksjahren, waren keine Wohnungen zu haben gewesen. Die gewaltige Umschichtung der Bevölkerung hatte sich äußerlich nicht dokumentieren können. Ein Wohnungswechsel war nicht möglich. Damals, 1918, krochen sie in alle Winkel, wurden Zwangsmieter. Notwohnung hieß es, Baracken wurden gebaut. Wohnungen wurden geteilt, gemeinsame Badestube, gemeinsame Küche wurde die Regel. Die jungen Paare drückten sich in möblierten Zimmern herum, keiner wußte, was der nächste Tag bringen würde. Die Kriegsgewinnler, die Inflationsgewinnler waren Untermieter oder waren noch in ihren alten Wohnungen. Leute, die gestern noch nichts hatten und heute alles, kamen nicht zur Freude an ihrem Glück. Denn sie hatten keine Räume, die sie mit allem erträumten und jetzt erreichten Luxus füllen konnten. Einige bauten Villen. Die anderen saßen in zwei Zimmern in Alt-Moabit oder in dreien in der Zossener Straße, obwohl ihnen längst wenigstens die Kantstraße zugekommen wäre. Die einst Vermögenden hielten noch ihre großen Wohnungen als einzigen Besitz. Im schwarzen Musikzimmer schlief eine Serbin, im Renaissance-Herrenzimmer ein Student, ins romantische Eßzimmer war ein Ungar gekommen, und in den Hinterzimmern wohnte eine russische Familie. Die Besitzerin hatte sich auf ein Stübchen neben der Toilette zurückgezogen oder hatte die ganze Wohnung vermietet, um sich ernähren zu können. Die jungen Paare von 1916, von 1918, von 1919 steckten mit zwei Kindern immer noch in der drei Zimmer großen Hofwohnung, die damals, als man heiratete, wie vom lieben Gott gesandt kam, obwohl sie nichts anderes war, als die Hinterwohnung einer Zehn-Zimmer-Wohnung, gelegen an einem dunklen langen Korridor, ohne Balkon, mit einer Küche, die aus einem Gasherd in einem ehemaligen Zimmer bestand. Bei diesem Scheusal von einer Wohnung hatte sich noch dazu herausgestellt, 1924 nämlich, als man endlich einen klaren Kopf hatte, daß sie 250 Mark im Monat kostete, während die Eltern für ihre Sechs-Zimmer-Wohnung mit allem Komfort auch nicht mehr zahlten.

Die jungen Paare zogen um. 1926 war Jahrgang 1918 berechtigt, eine eigene Wohnung zu bekommen. Die alten Leute aber saßen in den großen Wohnungen. Noch immer vermieteten sie. Vermieten war Rentenersatz. Vermieten war der Erwerb. Um 1927 herum begann es endlich wieder so etwas zu geben wie einen Wohnungsmarkt. Und zwar für Wohnungen über vier Zimmer. Die Zwangswirtschaft wurde gelokkert. Das Amt des Wohnungsvermittlers blühte. Trotzdem war das Erlangen einer Wohnung eine schwer und mühsam zu erarbeitende Geheimwissenschaft, eine Sache wie das Erlangen von Lebensmitteln im Kriege, es gab den weißen Schein, es gab den Berechtigungsschein, es gab den Vordringlichkeitsschein, es gab Abstand und Baukostenzuschuß für die Wohnungen. Von 2500 bis 10000 Mark wurden für eine Wohnung bezahlt. Dazu kam die Renovation. [...]

Plötzlich, Ende 1929, begann der Umschwung. Es begann am Kurfürstendamm und in der Hardenbergstraße mit Wohnungen über zwölf Zimmern. Ein paar Zettel ließen sich blicken, dieser jedem Berliner Kind bekannte Zettel, oben ein Achtel rot, das übrige schwarz, «Wohnung zu vermieten». (*Tergit 1978, S. 199f.*)

Zu den sonderbarsten Orten der Welt [...] gehören jene Berliner Höfe, wo zwei, drei oder vier Häuser einander den Hintern zeigen, Köchinnen sitzen mitten in den Wänden, in viereckigen Löchern, und singen. Man sieht es dem roten Kupfergeschirr auf den Borden an, wie laut es klappert. Tief unten grölt eine Männerstimme Scheltworte zu einem der Mädchen empor, oder es gehen schwere Holzschuhe auf dem klinkernden Pflaster hin und her. Langsam. Hart. Ruhelos. Sinnlos. Immer. [...]

Da hinaus und hinab sehen nun die Küchen und die Schlafzimmer; nahe beieinander liegen sie, wie Liebe und Verdauung am menschlichen Körper. Etagenweise sind die Ehebetten übereinander geschichtet; denn alle Schlafzimmer haben im Haus die gleiche Lage, und Fensterwand, Badezimmerwand, Schrankwand bestimmen den Platz des Bettes fast auf den halben Meter genau. Ebenso etagenweise türmen sich die Speisezimmer übereinander, das Bad mit den weißen Kacheln und der Balkon mit dem roten Lampenschirm. Liebe, Schlaf, Geburt, Verdauung, unerwartete Wiedersehen, sorgenvolle und gesellige Nächte liegen in diesen Häusern übereinander wie die Säulen der Brötchen in einem Automatenbüfett. Das persönliche Schicksal ist in solchen Mittelstandswohnungen schon vorgerichtet, wenn man einzieht. (*Musil 1981, Bd. 7, S. 550*)

Es gibt ein fast rührendes Sinnbild dafür, das sind die Balkons Berlins. Keine andere Weltstadt hat diese winzigen Konsolen des Draußen in so millionenfachen Exemplaren in den Raum gebaut, wie die Mietskasernenstadt Berlin: nicht nur an den Straßen, nein, noch an den engsten Höfen und Hinterhäusern ragen sie in die mehr oder weniger blaue Luft – in das Freie, von dem jeder wenigstens eine Illusion in sein städtisches Dasein hinüberretten will. Auf den Brüstungen der unzähligen Balkons und Loggien, und wie man diese Vorgebirge der Sehnsucht sonst noch nennt, schlägt sich in noch unzähligeren Geranien, Petunien, Lobelien, in Blumen und Gemüse die Landschaft nieder, die dieser Stadt bis in ihren innersten Kern fast nahe geblieben ist: diese Stadt ist noch so wenig gealterte Stadt, Lebensraum städtischer Menschen geworden, daß in jedem Frühling noch ihre grauesten Häuser zu blühen beginnen, sich schmücken mit allen Farben der Landschaft, die noch vor wenigen Jahrzehnten da, wo heute das Meer der Häuser sich breitet, die Alleinherrschaft hatte. Wenn der Berliner eine Wohnung sucht, ist das erste die Frage nach dem Balkon, das zweite die nach der Aussicht: um das Leben dieser Bewohner der jüngsten Weltstadt des Kontinents schwebt immer noch als Traum die Landschaft ihrer Jugend, die damals vielleicht sogar noch Landschaft des noch nicht gebauten Berlin war. (*Fechter 1948, S. 14f.*)

[1940–45] Und auch die Wohnungsfrage – der dritte Bereich menschlicher Grundbedürfnisse – ist in einem Vorstadium der Krise angelangt. Die sich zuspitzende Wohnungsknappheit hat (ähnlich wie bei den Kartoffeln) nichts speziell mit dem Rußlandfeldzug zu tun, sie ist vielmehr eine verzögerte Folgeerscheinung des Krieges insgesamt und ein Produkt unglücklicher Umstände. Am größten war das Problem in Berlin, denn unzählige Firmen aus ganz Europa mußten ihre Vertretungen in der Hauptstadt des neuen Hitler-Europa unterbringen, einige diplomatische Vertretungen sind auf den doppelten und dreifachen Umfang angewachsen, und Arbeiter aus der Provinz und aus dem Ausland sind zu Tausenden in die Stadt umgesiedelt worden, um die Fabriken mit Arbeitskraft zu versorgen. Aber alle anderen großen deutschen Städte schlagen sich ebenfalls mit ernsten Wohnungsproblemen herum. Der Hauptgrund hierfür liegt in der Lähmung der Bauindustrie bei gleichzeitig weiter ansteigender Geburtenrate. Man schätzt, daß seit Ausbruch des Krieges die Berliner Bevölkerung um wenigstens 25 Prozent angewachsen ist, wohingegen die Zahl der Wohnungen im gleichen Zeitraum nicht entsprechend zugenommen hat. Heutzutage ist es außerordentlich schwer, ein einzelnes Zimmer zu bekommen, und eine Wohnung ist in der ganzen Stadt nicht zu finden. Die Vermietung von Wohnungen ist den Wohnungsgesellschaften entzogen und der Aufsicht der Nazipartei unterstellt worden, und die vergibt die wenigen freiwerdenden Wohnungen nach dem Kriterium, wie parteitreu eine Familie ist und wieviele Kinder sie hat. Tex Fischer, ein Korrespondent der Associated Press, mußte, als der Mietvertrag für seine Wohnung in seinem Berliner Stadtteil ausgelaufen war, sein Wohnzimmer in einer Ecke des AP-Büros im Zentrum von Berlin aufschlagen; weder in einer Pension noch sonstwo war ein Zimmer zu bekommen. Die Hotels sind schrecklich überfüllt. Ein Bekannter aus Leipzig brachte bei einem Berlin-Besuch die halbe erste Nacht damit zu, zwanzig verschiedene Hotels abzuklappern, bevor er endlich etwas fand – ein Badezimmer mit Feldbett in der Badewanne! Als der schwedische Kronprinz unangemeldet in Berlin eintraf, wurde er von vier großen Hotels abgewiesen, bevor das fünfte es schaffte, ein Zimmer für den königlichen Gast freizumachen. (*Smith 1982, S. 119*)

[1944] So sieht unsere augenblickliche Behausung aus: Zwischen Total-Ruinen nebenan, gegenüber und hinten im Hof steht unser lädiertes Haus. ‹Durchgepustet› nennt es der Berliner, ein Ausdruck, der nicht im entferntesten den wirklichen Zustand beschreibt.

Vor dem Eingang das oberflächlich zugeschüttete Sprengbombenloch. Die Steintreppe ausgefranst, als wäre ein Riese mit einer Harke darübergefahren. Die Fassade zerlöchert von den Splittern der Flakgeschosse; große Schutt- und Scherbenberge sind nachts für den Fußgänger nicht ungefährlich. Neben dem Hintereingang ein ausgebrannter

Flügel, darauf ein Ziertischchen, an dessen Fuß ein Erntekranz triste im Winde hin und her schaukelt. Wozu brauchen wir noch surrealistische Maler? Die Haustür, früher sorglich um acht Uhr verschlossen, existiert nicht mehr. Einen Ersatz gibt es nicht. So schreitet jeder Besucher ungehindert in das einst prächtige, nun schäbig heruntergekommene Treppenhaus, in das es durch viele Löcher konstant hereinregnet. Die Marmorkaryatiden aus der Berliner Gründerzeit schauen mit dreckigen Nasen auf die teppichlosen, staubigen Marmorstufen und die zerborstenen Spiegel. Der Aufzug geht nicht mehr.

Auch unsere Vorderzimmer haben sich verändert. Das Parkett ist nur noch zu ahnen. Die Möbel, die hoffentlich bald nach Lychow abgeholt werden, sind zusammengerückt. An den Wänden goldene Bilderrahmen ohne Bilder. Im großen Eßzimmer hat Frau Menzendorf kreuz und quer eine Wäscheleine gespannt, an der Fetzen hängen. Dieser Raum wird von unseren Freunden das ‹baltische Restgut› genannt.

An rissigen Wänden geht es vorbei in ein Hinterzimmer, das ich mir wie Aladins Wunderhöhle eingerichtet habe. Da die Fenster mit Brettern und Pappe abgedichtet sind, brennen hier auch tagsüber drei Stehlampen. Auf dem Boden ein Teppich, rundherum die besten Möbel, zwei Barockkommoden und mein grünes Empiresofa, auf dem ich schlafe. (*v. Kardorff 1962, S. 104f.*)

Hinter den kassettierten, dunkelbraun gestrichenen Türen, von denen manche noch in einem Oberlicht, einem Milchglasfenster direkt unter der Decke enden, ragen in den Räumen noch die Türme mächtiger Kachelöfen mit ihren verschnörkelten, barock anmutenden Aufsätzen bis zum beschädigten Stuck empor. In der traulichen Düsternis des berühmt-berüchtigten «Berliner Zimmers», eines meist schlauchartigen Durchgangszimmers, das nur durch ein einziges Fenster etwas Helle vom Hof empfängt, hausen außer den Mietern auch die Schemen eines präsenten Gestern, von einem Kronleuchter aus «besseren Tagen» nicht verjagt. Wer als Hausfremder die Treppen hinauf- oder hinuntersteigt, spekuliert, was hinter den schweigenden Pforten vorgehen möge! [...]

Alte Berlinerinnen, von den bekannten Ereignissen schwer geschlagen, selten verzweifelt, unsentimental, berichten nebenher vom Leben, von dem wir nicht glauben wollen, daß es das Leben sein soll. Hier stehen in einem überfüllten Zimmer, sogar ein Elektrokocher ist da, zwei Betten und über dem einen auf schwarzem Stoff, vielleicht Samt, schwungvoll-unpassend und buntgemalt die Worte: «Ruhe sanft!» – weil dort die kürzlich verstorbene Freundin der alten Zimmerbewohnerin schlief, die, auf dieses eigenartige Grabmahl weisend, die Auskunft gibt: «Wie zwei Kinder haben wir zusammengelebt, wie zwei Kinder...» (*Kunert 1979, S. 194*)

Berlin ohne Balkons wäre wie Venedig ohne Gondeln. Es gibt kein erhaltenes Haus der mittelständischen Rangordnung älteren Datums, an dessen Fassade die Balkons fehlten, von denen herab sich so bequem das Straßenleben beobachten läßt. Es soll nicht verschwiegen werden, daß es auch Balkons gibt, die wegen Altersschwäche abgerissen werden mußten, oder die fürs Betreten gesperrt bleiben. Seit dem Bau-Boom der Gründerjahre, Ende des vorigen Jahrhunderts, verbindet sich mit dem Besitz eines Balkons das Ansehen von Wohlstand. Am Sonntag können die Mieter draußen den Nachmittagskaffee trinken, Kuchenberge verschlingen und in den Genuß eines Luftkurort-Aufenthaltes kommen, ohne daß sie die Pantoffeln ausziehen müssen.

Eine ganze Industrie hat sich darauf spezialisiert, besondere Gegenstände für Balkons anzubieten: Kunststoffsessel mit passenden kleinen Tischen, Sonnenschirme, Blumenkästen und sogar Kunstrasen-Matten, die dem Betonboden den illusionären Anschein einer Gartenwiese verleihen. Berlin steht kurz vor der Entwicklung einer eigenen Wissenschaft, der Balkonologie. Besonders ernst damit ist es den Ostberlinern. Eine Frauen-Organisation hält wöchentlich eigens Sprechstunden zu Problemen wie der Balkonpflanzen-Pflege ab.

Sofern es sich um moderne Wohnblocks handelt, sind sie nicht unbedingt mit Balkons versehen. In dieser Sparsamkeit des Bauherrn steckt ein Körnchen Weisheit. Wer will sich in der lärmerfüllten Gegenwart unbedingt die Autos, Busse und die Hochbahn zum Ohrengenuß werden lassen? Straßenstaub fliegt bis zu den obersten Etagen. Hoch auf seinem Balkon, so beschwert sich ein Mieter nahe dem Kottbuser Tor, vernehme er das Quietschen der U-Bahn, das aus einem Luftschacht hochsteigt. Jeder dritte Bewohner Berlins, ergab eine Umfrage, ärgert sich über die Extra-Miete, die er für ein Stückchen Fläche zahlt, an dem zwar die Großeltern hingen, das unter den Bedingungen der modernen Großstadt aber mehr und mehr zum nutzlosen Viereck geworden ist. Daß ältere Menschen und andere aus Lebensmüdigkeit von hochgelegenen Balkons aufs Pflaster in den nicht immer sicheren Tod springen, macht die Balkons keineswegs nützlicher. (*Reinfrank 1986, S. 23*)

Soziales Elend

[1796] Berlin steht in dem Ruf, dass viele Leute daselbst an der Schwindsucht oder Auszehrung sterben, und unsere Todtenlisten beweisen, dass wirklich das Verhältnis der an dieser Krankheit Verstorbenen zu der Summe aller Gestorbenen sich nach einem zehnjährigen Durchschnitt, wie 1 zu $5\frac{1719}{9913}$ verhält, so dass jedes Jahr über 1000 Menschen an dieser Krankheit bei uns sterben. So ansehnlich diese Zahl auch ist, so sterben dennoch in Berlin verhältnismässig weniger Menschen an der Schwindsucht, als zu Paris und London, und diese Krankheit ist überhaupt in allen grossen Städten häufiger als anderwärts. Ob gleich dieses verheerende Uebel, gegen welches unsere Kunst grösstentheils ohnmächtig ist, kein Alter und kein Geschlecht verschont; so wüthet es doch am stärksten zwischen dem 20 und 36 Jahre und befällt das männliche Geschlecht häufiger als das weibliche.

Die Ursachen, welche diese Krankheit so allgemein machen, braucht man nicht weit zu suchen, denn sie liegen offenbar vor Augen. Es sind Luxus und Dürftigkeit, welche in grossen Städten mehr als anderwärts angetroffen werden, und deren verheerende Folgen sich auch hierin zeigen. Man hat zuweilen den im Sommer bei uns sehr auffallenden Staub als eine Ursache der Lungensucht anführen wollen, und ob er gleich den Lungenkranken gewiss nicht dienlich ist; so ist er doch wohl niemals die Ursache zu diesem Uebel. Er besteht aus einem äusserst feinen nicht scharfen, und in unsern Säften unauflösbaren Sand, der grösstentheils wieder ausgeworfen wird, und ob man gleich bei verschiedenen Lungensüchtigen nach ihrem Tode erdigte D Concremente in den Lungen antrift, und dergleichen auch wohl von Lebenden ausgeworfen werden; so sind diese von einer ganz andern Beschaffenheit als unser Sand, und werden auch an andern Orten, wo kein so häufiger

Staub stattfindet, ebenfalls bei Schwindsüchtigen bemerkt. (*Formey 1796, S. 180f.*)

[1846] Die Kinder der Proletarier werden in frühester Jugend schon zum Verdienste gezwungen. Alle Abende werden viele Hunderte von ihnen im jämmerlichsten Aufzuge mit Schwefelhölzern, Seife und Bilderbogen in die Bierstuben hineingeschickt, um sich dort einige Groschen zu erbetteln. Hier beginnt denn schon, namentlich bei dem weiblichen Geschlechte, noch ehe der Körper seine Festigkeit erhalten hat, als ein Mittel zu besserem Erwerbe die Verführung. Ich habe Kinder von vierzehn bis sechzehn Jahren gesehen, welche bereits die schamlosesten Gassendirnen waren. Es wird von der Berliner Kommune zum Teil für die Bekleidung armer Kinder zur Einsegnung gesorgt. Aus den Mitteilungen, welche darüber in den Jahrgängen des «Monatsblattes für die Berliner Armenverwaltung» gemacht werden, tritt das Elend unter den Kindern des Berliner Proletariats sehr deutlich hervor. Wie in allen Proletariatszuständen, so ist auch hier der Norden Berlins auf eine ganz unverhältnismäßige Weise vorwiegend. Im Jahre 1837 kam auf alle Armenkommissionen Berlins durchschnittlich ein Kind; in der Armenkommission 56^a dagegen sind 27, in der 56^b (beide in Nord-Berlin) sind 23 zu bekleiden gewesen. Im Jahre 1841 kommen auf jede Armenkommission circa zwei Kinder, auf 56^a jedoch 18, auf 56^b 19: im Jahre 1842 ebenfalls auf jede Armenkommission zwei Kinder, auf die 29ste jedoch (Köpenicker Straße, Berliner Fabrikengegend) vier, auf 56^a aber 28 und auf 56^b 16. Es hat sich zwar das Verhältnis zu 1837 etwas gebessert, aber man sieht doch aus diesen Zahlen, in welchem Unverhältnisse das Elend der Kinder in den eigentlichen Proletariergegenden Berlins, wenn sie auch ausgedehnter sind als andere, sogar noch zu dem Kinderelende in den übrigen Distrikten der großen Stadt steht. Dabei muß noch bemerkt werden, daß die Berliner Armendirektion ausdrücklich erklärt hat: «Wir machen bemerkbar, daß die Verwendungen für Kinder, welche in Fabriken arbeiten, in der Regel unberücksichtigt bleiben müssen, weil es den Eltern solcher Kinder bei ordentlicher Einrichtung nicht schwerfallen kann, die zur Bekleidung erforderlichen Mittel von dem Verdienste der Kinder zu sparen.» Wer mag es aber glauben, daß hier von einer Ersparnis die Rede sein kann? Wer wird überhaupt die vielfach ruinierende Arbeit der Kinder in den Fabriken billigen mögen? (*Saß 1983, S. 172*)

[1846] Die Obdachlosigkeit ganzer Familien ist in der Regel nur von kurzer Dauer. Sie sind nicht imstande, sich lange, wenn sie bis dahin herabgesunken, dem Auge der Gesellschaft und ihrer beauftragten Organe zu entziehen. Die nächste Stufe zur Obdachlosigkeit einer Familie ist das Wohnen derselben in den vielerwähnten Familienhäusern des Vogtlandes. Diese großen, nackten Gebäude, welche dem Jammer, der Verzweiflung und dem Verbrechen zur Zuflucht dienen, sind nicht etwa, wie man mannigfach geglaubt hat, Wohltätigkeitsanstalten, im Gegenteil, sie sind – chrakteristisch für die Zustände unserer Zeit – auf Spekulation erbauet worden. In diesen fünf Häusern vor dem Hamburger Tore wohnen 16- bis 1800 Seelen. Die Häuser sind für 80 000 Taler erbaut, der Besitzer fordert gegenwärtig 200 000 Taler für dieselben. Man zahlt in denselben für eine Stube – welche häufig von mehr als einer Familie bewohnt wird – 24 Taler Miete, ist noch ein finsteres Loch zum Kochen dabei, 36 Taler. Das Kapital verzinst sich gegenwärtig zu 12 Prozent. Die Pfennige der schrecklichen Armut müssen eine reiche, bequeme Existenz düngen, und wer nach Ablauf des Monats nicht zu dem richtigen Termin die allerdings nur kleine Mietsumme bezahlen kann, der wird augenblicklich und ohne weitere Umstände in seiner Nacktheit mit seinem zitternden Weibe, mit seinen hungernden Kindern auf die Straße geworfen, «exmittiert», wie es in der Sprache der berlinischen Hauseigentümer heißt. Und das ist nur allzuhäufig das Los unseres kleinen Handwerkertums, welches sich jahrelang, vom Morgen bis zum Abend, ohne zu ruhen und zu rasten, abgemüht hat, die Konkurrenz eines großen Fabrikanten zu ertragen, und durch die Macht des Kapitals und unglückliche Familienereignisse so tief gestürzt wurde. Die augenblickliche Obdachlosigkeit, welche durch das Herauswerfen aus den Familienhäusern bedingt ist, wird in der Regel durch einen Transport in das Arbeitshaus behoben. Auf diese Art und Weise kommt die Gesamtheit ihren Verpflichtungen gegenüber dem Individuum nach! Diejenigen, welche sich lange Zeit, zuweilen jahrelang, obdachlos in Berlin herumtreiben, sind aber meistens einzeln stehende Personen jeden Alters und ebensowohl männlichen als weiblichen Geschlechts. Daß sie zum großen Teile nicht bloß Rekruten, sondern auch Altmeister in jeder Art des Verbrechens sind, können die Akten der Polizei und des Kriminalgerichts zur Genüge beweisen. Ihre Existenzen sind derart, daß bei einer Schilderung derselben jeder tief zusammenschauern muß vor den fürchterlichen Kloaken, welche sich unter dem glänzenden Fundamente unserer privilegierten Gesellschaft zusammengebildet haben. Das Polizeigefängnis, das Zuchthaus, das

Arbeitshaus, das Bordell, das sind die verschiedenen Stationen eines solchen Lebens; vom Staate kennt es nichts anderes als die Brutalität des Gendarmen, und von der Gesellschaft hat es niemals etwas anderes erfahren als den Hohn und die Verachtung, welche dieselbe dafür hat. Nicht einmal, sondern häufig ist es vorgekommen, daß junge Mädchen, plötzlich von ihrer Herrschaft entlassen, ohne Existenzmittel, ohne Bekanntschaften, denen sie sich anvertrauen könnten, einer augenblicklichen Obdachlosigkeit preisgegeben und, um ein Lager für die Nacht zu finden, zu jenen elenden Geschöpfen herabgesunken sind, welche sich ein Gewerbe daraus machen, abends im Dienste der Venus vulgivaga die Straßen zu durchschwärmen und die Netze ihrer Unverschämtheit unter die Menge zu werfen. (*Saß 1983, S. 15f.*)

[Um 1850] Es war an einem schönen, sonnenleuchtenden Frühlingsmorgen des vergangenen Jahres, als ich eines dieser grauen, kasernenartigen Gebäude besuchte. Die langen Fensterreihen und die vielen aufeinander gesetzten Stockwerke werden dem Leser wenigstens aus der nach der Straße zugekehrten Front bekannt sein. Im grünen, duftigen Laube des Tiergartens sangen die Nachtigallen und Grasmücken, und Millionen glänzender Sonnenbildchen funkelten und schimmerten auf den grünen, frischen, noch nicht vom Staub und von der Hitze gelbgefärbten Blättern. Auf dem weiten, wüsten Sandplatz, der den inneren Hofraum des grauen, dunklen Hauses bildete, blühte keine Blume und rauschte kein Blatt. Weder der heitere Frühling, noch der grüne Sommer, noch der gelbe Herbst leiht dieser einförmigen, grauen Fläche seine Farben, nur der Winter ist mitleidig gegen die armen Leute, er breitet seine weiße, glänzende Schneedecke überall aus, während die andern Jahreszeiten hochmütig und achselzuckend vorübergehen. In dem Sande spielten Hunderte von zerlumpten Kindern, barfuß, ohne Schuhe und Strümpfe. Die Kinder waren noch nicht acht Jahre alt, denn wenn sie das achte Jahr erreicht haben, dürfen sie hier nicht mehr spielen, sondern müssen in die Fabrik gehen und mit ihren kleinen, zarten Fingern Garn haspeln. Eine Frau saß mitten auf dem Hofe in einem sonderbaren Häuschen und verkaufte Blumen und Kirschen; aber ich sah keinen Menschen, der ihr eine Blume oder eine Kirsche abkaufte. Ihr Haus bestand in einer großen, gerade aufgerichteten Tonne, aus der der obere Boden und die vordere Wand herausgeschlagen waren und der sie ein Dach von grauer Sackleinewand in der Form

«Was geschmacklos ist, manieriert und gesucht …

...das ging vom süßen Berlin aus», dichtete August Graf von Platen Anfang des 19. Jahrhunderts. Er meinte aber auch, daß der Stadt Lob zukomme, «denn des Volkes Aufschwung, in heroischer Zeit, er ging vom großen Berlin aus».

Friedrich der Große mochte Berlin auch nicht besonders; was wir ihm aber großherzig verzeihen wollen, hat er uns doch dafür Sanssouci hinterlassen und den Pfandbrief.

einer spitzen Mütze aufgesetzt hatte. Rechts auf dem Hofe stand ein kleines, einstöckiges Haus, welches nur aus einer einzigen Stube bestand. Ich trat hinein. Es war die Wohnung des Verwalters oder Inspektors des Familienhauses.

Die Stube war durch eine hölzerne Barrière in zwei Teile geteilt. Hinter der Barrière saß auf einem Schemel an einem kleinen Pulte ein alter, magerer Mann, ein paar große Registerbücher vor sich liegend. Um seinen halbkahlen Kopf flatterten einige spärliche, graue Haare, die er, als er die Mütze abnahm, mit Mühe zusammenstrich. Der Mann war eine verwitternde Ruine, bei der der Mörtel das Gestein kaum mehr zusammenzuhalten im Stande ist und welche die geringste Erschütterung in Trümmer stürzt. Der Mann war Soldat gewesen, hatte die französischen Kriege in den Jahren 1813, 1814 und 1815 mitgemacht und war dann als Invalide mit zwei Thalern monatlicher Pension entlassen worden. In dem Knopfloch seines wenigstens zehn Jahre alten Rockes war das Bändchen der Waterloomedaille eingebunden. Als Inspektor des Familienhauses hatte er mit sechzehn Thalern monatlichem Gehalt eine kümmerliche, magere Ruhestätte gefunden. Ich setzte mich auf einen zweiten Schemel des sogenannten Comptoirs und suchte mit ihm ein Gespräch über die Verwaltung seines Amtes und die Zustände des Familienhauses zu beginnen. Der Mann war aber so gleichgültig, daß er kaum Lust hatte, mir zu antworten, und nur nach mehrmaligem Fragen über denselben Gegenstand konnte ich ihn zu einer Äußerung vermögen. (*Rasch 1863, S. 131*)

[1878] In der Büschingstraße Nr. 4 befindet sich eine praktische und menschenfreundliche Einrichtung: *das Asyl für obdachlose Männer* (ein entsprechendes für Frauen ist in der Füsilierstraße 3). Dieses Asyl entstand auf Anregung einiger Mitglieder des Friedrichwerderschen Bezirksvereins durch milde Gaben, Beiträge und Legate und wurde mit Beginn des Jahres 1869 eröffnet. Beide Häuser dienen den Obdachlosen als Zufluchtsort für eine Nacht und enthalten Schlafsäle für 245 Männer und 120 Frauen, gut ventilirte und geheizte Räume, Badezimmer und eine Bibliothek. Die Aufgenommenen brauchen sich nicht, wie im Polizeigewahrsam, über ihre Verhältnisse auszuweisen und erhalten, nachdem sie sich gereinigt haben, Brot und Mehlsuppe. Im Jahre 1875 nahm das Männerasyl 42,900, das Frauenasyl 15,263 Obdachlose auf; die Frequenz im Männer-Asyl betrug durchschnittlich täglich im Juni 139, im September 3304. In beiden Asylen zusammen wurden im Januar 1875: 6928, im Januar 1876 dagegen: 9876 Personen aufgenommen.* (*Springer 1878, S. 202*)

[Um 1890] Die Anschauungen über Sittlichkeit sind in diesen Kreisen meist sehr locker. Aber das kann uns nicht Wunder nehmen, denn es geht vor allem aus den Wohnungsverhältnissen mit eiserner Notwendigkeit hervor. Einen Hauptschaden bildet das Schlafburschentum. Um einen Teil des Wohnungsgeldes einzubringen, werden Schlafstellen an Arbeiter – aber auch an Arbeiterinnen – vermietet. Der Preis derselben schwankt zwischen 0,75 Pfg. bis 1,25, selten darüber für die Woche. In der Küche oder in der Kammer ist dann ein schmales Lager aufgeschlagen, zuweilen sogar zwei, oder es werden nur abends Strohsäcke mit Leinen und einer Decke hingelegt. Am Morgen reinigen sich dann sehr oft die Männer zu gleicher Zeit mit den reifenden oder erwachsenen Mädchen in demselben Raum, im Sommer vielleicht in dem schmalen Gange zwischen zwei solcher Wohnungen, und es werden Gespräche geführt, die nicht für keusche Ohren berechnet sind. Viele Eltern empfinden, selbst wenn der Mann noch so umstürzlerisch denkt, es als eine Schmach, wenn die Tochter fällt, viele aber zucken die Achseln darüber. «Davon stirbt man nicht.» Man kann die Erwachsenen in Gegenwart von Kindern über alle solche Verhältnisse mit der größten Unbefangenheit sprechen hören – oft genug mischt sich die Zote als Würze ein. Es ist nur natürlich, wenn oft Mädchen von zehn bis zwölf Jahren Dinge wissen, die eine durch die Verhältnisse der bessern Stände beschützte Frau überhaupt niemals erfährt.

Wenn nun ein solches Mädchen eine Ehe eingeht – es geschieht gewöhnlich nur vor dem Standesbeamten – dann liegen die Angelegenheiten selten genug so, daß sie das Glück des Bundes verbürgen. Vor allem ist eines fast unbedingt sicher: wenn auch das Weib fortfährt, Fabrikarbeiterin zu bleiben, so kommt es niemals zu einem halbwegs geregelten Haushalt. Die kleine Wohnung ist kaum mehr als Schlafstelle. Und wenn auch anfangs die bei einem kleineren Möbelhändler entnommenen Geräte gut aussehen, lange dauert es nicht. Die Frau versteht nicht recht, den kleinen Besitz zu erhalten, sie hat es nie gelernt, das bescheidene Nest freundlich zu machen durch Kleinigkeiten.

* Außer diesen beiden Anstalten, welche vom Sinn hoher Mildthätigkeit zeugen, hält das wohlthätige Berlin noch 15 Asyle für Obdachlose [...].

Wenn der Mann die Abende noch zu Hause zubringt, dann kann sich ja allmählich häuslicher Sinn entwickeln. Aber gar oft hält er es nicht lange aus, beginnt wieder Kneipen und Versammlungen zu besuchen. Das ist zumeist der Anfang vom Ende. Man könnte, wenn nicht eine Störung des Betriebs die Einnahmen schmälert oder gar raubt, bei geordneter Wirtschaft in bescheidener Sorglosigkeit leben. Aber dann muß der Mann auf die tägliche Kneipe verzichten, darf nicht sich an allen «Radauversammlungen» beteiligen und ebenso muß die Frau sparsam sein. Sonst kommt es leicht zur Not; man beginnt mehr auf Borg zu nehmen, als man am Samstag bezahlen kann; der Mann giebt immer um so weniger für das Haus, je mehr er für die Kneipe verbraucht.

Ist aber gar erst einmal der Alkoholteufel eingezogen, dann geht es mit allem rasch abwärts. Manches Weib nimmt die Sache wohl leicht und leichtsinnig. Viele andere aber entfalten in diesem Elend oft bewunderungswürdigen Mut und harren bei dem Mann aus, auch wenn er schon verlumpt ist und sie unter den Ausbrüchen seiner Roheit zu leiden haben. Im allgemeinen erweist sich das Weib in diesen Verhältnissen als der sittlich stärkere Teil; es hat trotz der schädigenden Einwirkungen der Kindheit und Jugend mehr natürliches Pflichtgefühl. Die Anträge auf Ehescheidung, so weit sie aus diesen Kreisen stammen, zeigen in der Mehrzahl den Mann als schuldigen Teil. Vorenthaltung des Haushaltsgeldes, böswilliges Verlassen und Mißhandlungen sind die Hauptursachen der Scheidungsanträge. Nur in etwa einem Zehntel der Fälle reichen die Ehemänner die Klage ein.

In den hauptsächlich von Arbeitern bewohnten Häusern bilden solche Ehezwiste den Gegenstand allgemeiner Teilnahme. Mögen die einzelnen Frauen sich auch sonst nicht zum besten vertragen, dann treten sie einig für die geplagte Geschlechtsgenossin ein. Aber auch die Männer stellen sich dann zumeist auf die Seite des Weibes. (*v. Leixner 1894, S. 124–126*)

[Um 1900] Mit [...] [der] Beschränkung nach konfessionellen Gesichtspunkten steht der in diesen Anstalten herrschende Geist in Einklang, für den die stereotype Wiederkehr des Wortes «gefallen» bezeichnend ist; daß überdies in den meisten der genannten Anstalten nur «*erstmalig* Gefallene» Hilfe finden, ist umso ungerechter, als die Not und Ratlosigkeit bei einem etwaigen zweiten und dritten Kinde eine erst recht maßlose sein kann. Der Ton, auf den diese Institutionen gestimmt sind, ist annähernd derselbe wie der in den sogenannten «Magdalenenstiften» und «Rettungsheimen»; seine Voraussetzungen sind ebenso beschränkt, wie der von ihnen erstrebte Zweck mit fast absoluter Regelmäßigkeit verfehlt werden muß. – Nur für die Anstalt der *Heilsarmee,* die nicht nur «ausnahmsweise für Andersgläubige» (und auch dieses nur vor allem aus taktischen Gründen) offen steht, sondern in der Tat nach meinen Eindrücken nicht nach dem religiösen Bekenntnis fragt, wo es Not zu stillen gilt, treffen die vorstehenden Ausführungen kaum zu, wenn auch gerade hier systematische Versuche, die «Gefallene» durch fortgesetzte Bußpredigten wieder zu heben, eine große Rollen spielen dürfen.

Ein ethisch und sozialpolitisch viel weiter schauender Geist herrscht in der Wöchnerinnenunterkunft, Blumenstraße 78. Zwar werden auch hier unverheiratete Mütter nur nach ihrer *ersten* Entbindung aufgenommen, aber nicht aus den für die anderen genannten Institutionen maßgebenden Gründen, daß diejenigen Mädchen, die schon zum zweiten Male uneheliche Mutter geworden sind, nicht «würdig» seien, daß ihnen geholfen werde, sondern aus der Erkenntnis der Notwendigkeit heraus, daß angesichts des enormen Materials eine grundsätzliche Beschränkung irgendwie stattfinden muß. In dieser Anstalt finden Entbindungen nicht statt, sondern nur *Wöchnerinnen* – übrigens ohne jeden Unterschied, ob sie eheliche oder uneheliche sind –, die sich kurz nach ihrer Niederkunft befinden und, ohne Obdach und Existenzmittel, noch der Schonung und Pflege bedürfen, finden dort mit ihren neugeborenen Kindern in der Regel für 14 Tage, unter Umständen auch wesentlich länger, Unterkommen und jegliche Art von Förderung. – Ebenfalls von allen geistlichen oder gar kirchlich-konfessionellen Einflüssen frei erweist sich das Kinderasyl in Schöneberg, in dem auch uneheliche Mütter vorübergehende Unterkunft, sowie stete Fürsorge und Untersützung finden können, wenn es auch im wesentlichen nicht für sie, sondern für die *Kinder,* ohne Unterschied auf ihre eheliche oder uneheliche Herkunft, ohne Unterschied auch selbstverständlich der Konfession, bestimmt ist, von denen nichts weiter als Hülflosigkeit oder Bedürftigkeit als Aufnahmebedingung gefordert wird. –

Auch das Säuglingsheim in Schöneberg muß unter die von einem ernsthafteren, sozialeren Geist getragenen Anstalten gerechnet werden. Es will unglückliche Mütter nicht durch systematische seelische Demütigungen und Zerknirschungen völlig trost- und hoffnungslos machen und sie zur Selbstverachtung und reumütigen Erkenntnis ihres «sündhaften» Tuns bringen, sondern im Gegenteil ihren Lebensmut und ihre Arbeitsfreudigkeit stärken und ihr Zusammengehörigkeitsgefühl mit ihrem Kinde fördern. Ehelose oder sonstwie unbeschützte Mütter und ihre Kinder finden für 3 Monate unentgeltliche Aufnahme in dem Heim, in dem die Mutter ihr Kind selbst pflegen und, wenn möglich, selbst nähren muß. Es findet eine Unterweisung der Mütter in der Kinderpflege statt und zur Erleichterung ihres späteren Fortkommens werden sie im Nähen, Schneidern, Frisieren usw. unterrichtet. In dem Heim ist Platz für 12 Mütter und 12 Kinder. (*Marcuse o. J., S. 68f.*)

[Um 1900] An der vornehmen Privatschule von *Schillmann* kamen wiederholt Kinder von sieben bis zwölf Jahren mit einer kleinen Flasche Wein in die Schule, die sie zu ihrem Frühstück tranken. Ich habe natürlich nicht versucht, mit einem unmittelbaren Verbot einzugreifen. Die Sache ging ja vom Hause aus. Ich habe aber in jedem Fall mit den Eltern Rücksprache genommen – nicht immer mit Erfolg. Mehr als einmal mußte ich das Wort hören: «Das Kind ist so schwach. Der Wein soll stärken; es geschieht auf ärztliche Anordnung!» Wenn ich dann hinwies auf das schlaffe und teilnahmlose Wesen des Kindes, das sich infolge des Alkoholgenusses regelmäßig einstelle, so wurde das wohl mit der allgemeinen Schwäche entschuldigt und vielleicht daraus noch die Notwendigkeit einer Vermehrung des «stärkenden» Weins abgeleitet. Ich habe auf die treffliche, noch heute lesenswerte Schrift von *Bode* hingewiesen: «Zum Schutz unserer Kinder», auf das Wort des alten Feldmarschalls *Moltke*:

«Einer der größten Feinde Deutschlands ist der Mißbrauch des Alkohols! Ein gesunder Mensch braucht bei mäßiger Anstrengung überhaupt kein solches Reizmittel, und es für *Kinder* zu verwenden, wie es leider vielfach geschieht, ist geradezu frevelhaft!»

Durch den Anschauungsunterricht der Stunden, in denen die Eltern ihre Kinder in ihren Leistungen selbst sehen und mit anderen vergleichen konnten, haben meine Mahnungen auch manchmal Erfolg gehabt, und ich habe mich dann ehrlich über den Dienst gefreut, den ich den Kindern gerade damit für ihr Leben leisten konnte.

Noch furchtbarer waren die Wirkungen des Alkohols in den armen Vierteln des Ostens und des Nordens. (*Damaschke 1928, S. 151f.*)

[Um 1900] Ich wollte die ganz elenden Winkel Berlins kennen lernen, man konnte mir keine bezeichnen. Sogar die in letzter Zeit erstandenen, sehr entlegenen Quartiere sind weit davon entfernt, jenes Gepräge von Armut zu tragen, wie es in englischen oder französischen Industrieorten zutage tritt. Die Prenzlauer Allee z. B. besitzt prachtvolle Arbeiterhäuser an breiten Straßen gelegen, mit hohen Fenstern, blumengeschmückten Veranden, ganz wie in den reichen Vierteln. Man könnte sich tatsächlich vorstellen, in einem lustigeren, größeren Monceau zu sein, nur mit noch mehr Grün und Blumen und vergoldeten Balkonen.

Das war es nicht, was ich suchte. Ich wollte das Whitechapel Berlins oder gewisse Gassen der Butte Montmartre sehen, irgendeine feuchte, schmierige Spelunke, eine Mördergrube, wie es ihrer so manche noch in London, in Paris, in Petersburg oder in Rom gibt. Dergleichen existiert hier nicht. Die Vorstädte sind ebenso sauber gehalten, wie die Straßen inmitten der Stadt, die Läden, ohne gleichen Luxus zu zeigen, haben einen gut bürgerlichen Anstrich. Die Häuser gleichen sich von einem Viertel zum andern, die – auch die ärmsten unter ihnen – anständig gekleideten Leute haben nicht das Verwilderte, Verwahrloste unserer Pariser Vagabunden und Bettler. (*Huret 1909, S. 22*)

[Um 1900] Es war gegen Abend. Die Handarbeiter kamen zu hunderten aus den Fabriken nach Hause. Die zahlreichen Kinder der armen Bevölkerung spielten auf den Straßen. Wagenhändler boten ihre Waren aus, die von Frauen mit bleichen und sorgendurchfurchten Gesichtszügen umlagert wurden. Andere Frauen holten ihre Männer von der Arbeitstätte ab, damit der Lohn nicht verjubelt würde. Dazwischen hörte man die schrillen Glocken der elektrischen Bahnen, das dumpfe Rollen der Lastwagen, die heiseren Stimmen der Straßenhändler. Aus den Geschäften und Arbeitsstätten schlichen Mädchen mit müden, bleichen Gesichtern ihren Mietskasernen entgegen. In einer dieser Mietskasernen wohnten dreiunddreißig Familien. Eine Gastwirtschaft wurde im Vorderhaus betrieben, auf dem Hofe eine Tischlerei.

Der gepflasterte Hof war rechts und links von einem Seitenflügel eingefaßt. In der Einfahrt nahe der Tür gab mir der stumme Portier die gewünschte Auskunft. Ich stieg die Treppen empor, in jedem Stockwerk wohnten drei Familien, rechts die eine, die andere links, geradeaus die dritte. (*Hammer o. J., S. 42*)

[Zwanziger Jahre] Man sieht sie in Paris häufiger als in Berlin, die kleinen Gemüseläden, zu denen von der Straße aus ein paar Stufen hinabführen. Wir steigen hinab, der ehemalige Laden ist eine Wohnung. Das hintere Zimmer, das kein Licht hat, ist an ein Ehepaar vermietet; vorn, unterm Fenster liegt die Großmutter, die wir besuchen. Sie spricht nicht gern, ihr sind der Mann und alle Kinder gestorben. Nur sechs Enkel hat sie noch. Sie ist sehr krank, aber sie glaubt, daß sie wieder gesund wird. Sie möchte gesund werden. Durch ihr Fenster blickt sie direkt auf die Straße. Aber von den Vorübergehenden sieht sie nur Beine und Füße, von den Wagen nur die Räder. Höchstens einem Kind, dem Enkel, kann sie einmal in die Augen gucken. Die Bewegung des Lebens, das sie vergessen hat, rollt unaufhörlich an ihrem Fenster vorüber, nur mehr die Bewegung, das rollende Rad, der erhobene Fuß. Die Sinnlosigkeit der Vorwärtssehnsucht, die sie nicht begreift. Sie denkt: Ihr bleibt ja doch eines Tages irgendwo liegen, wie ich hier liege, so nah an der Straße, ohne daß mich einer sieht. Und wäre nicht die Heilsarmee, die mir Essen bringt, müßte ich verhungern, denn meine Füße kann ich nicht mehr heben, wie ihr, und meine Räder sind fortgerollt, wie das Geld. (*Brentano 1981, S. 186*)

Die meisten Häuser waren in der Gründerzeit gebaut. Vorne an der Straße standen noch einigermaßen herrschaftliche Häuser, dahinter kam meistens der Hof und das zweite und dritte Hinterhaus, Stapelplätze für Menschen. Jeder ältere Berliner wird mich endlos ergänzen können. Ich liebte diese Gegend, das Zentrum des alten Berlin, wo ich zwischen 1927 und 1935 wohnte. Anfangs in der Münzstraße. Der Eingang war eingekeilt zwischen einer Kneipe und dem großen Eckgeschäft an der Kaiser-Wilhelm-Straße, Adam's Zigarrenfabriken, das einem Verwandten von Margots Familie gehörte. Frau Krause hatte mir in ihrer gerade noch bürgerlichen Wohnung das Mädchenzimmer vermietet, einen Raum – durch eine das Badezimmer teilende Decke gebildet – wie ihn viele Berliner Wohnungen hatten. Durch die Tür neben dem Badezimmer gelangte man über eine schmale steile Holztreppe in mein Appartement. Es war gerade Platz für ein Bett, welches durch ein Gitter gesichert war, damit man nicht im Schlaf auf die Treppe hinunterfallen konnte. Ein Tisch, ein schmaler Schrank, eine Waschschüssel und ein Hocker vollendeten die Einrichtung, und dazu hatte ich eine breite Fensterbank vor einem halbhohen Fenster, eine Petroleumlampe und einen Spirituskocher zur Verfügung. Elektrisches Licht legte ich erst hinein, als Margot nach mir dort einzog. (*Fürst o. J., S. 16*)

[Um 1900] Wer die eleganten Viertel Berlins, die von der Finanzaristokratie bewohnt werden, aufmerksam betrachtet, muß staunen über den Luxus und die Pracht, die sich hier entfalten. In den Straßen des Westens sieht man prächtige Treppenhäuser von kolossalen Dimensionen mit Wandgemälden von hervorragenden Künstlern. Marmortreppen, mit kostbaren Smyrnateppichen belegt, führen bis in die obersten Etagen. Die Räume sind elektrisch beleuchtet, man braucht nur auf einen Knopf zu drücken, sofort glüht der elektrische Funke auf. In diesen Häusern der oberen Zehntausend, wie man sie z. B. am Kurfürstendamm, der Tiergarten-, Motz-, Victoriastraße u.s.w. findet, ist auch im Innern aller Comfort vorhanden, den die moderne Cultur ersonnen. Große, schöne, üppig ausgestattete Salons, oft mit Wintergarten, angenehm erwärmt durch Centralheizung, elegante, in bestimmten Farben gehaltene Schlafzimmereinrichtungen und eine Anzahl tadellos eingerichteter Zimmer für die verschiedensten Zwecke sind Regel in den Häusern, wo der Reichtum wohnt.

Man müßte nun annehmen, daß in Wohnungen, die nach außen und innen so glänzend ausgestattet und eingerichtet sind, von einem Wohnungselend bei denjenigen keine Rede sein könnte, die in dieser Umgebung wohnen und durch ihre Arbeit die Aufrechterhaltung der Eleganz und des Comforts überhaupt erst ermöglichen. Man müßte annehmen, daß ein Strahl dieses Reichtums auch auf die Wohnungsverhältnisse der Dienenden falle, die in jenen Häusern leben. Wo das Geld so vielen Genuß gewährt und seinen Trägern kostspielige Wohnungseinrichtungen erlaubt, da erscheint es eigentlich selbstverständlich, daß auch für das Unterkommen der Dienstboten in hinreichender Weise gesorgt wird. Wenn in einem solchen Hause ein Mädchen im Keller schlafen muß, der nicht nur eng, sondern auch feucht ist, so ist das ein so ungeheurer Gegensatz, daß er nicht scharf genug hervorgehoben werden kann.

Haben, wie wir zeigen werden, bereits in den reichen und wohlhabenden Häusern – wenn auch nicht überall – die Dienenden unter Wohnungsmißständen zu leiden, so sind dieselben die Regel in den Häusern der Mittelclassen, deren Einkommen im schlimmsten Fall gerade so groß ist, daß davon noch die Haltung eines Dienstboten bestritten werden kann, wenn der für denselben gemachte Aufwand sich auf ein Minimum reduciert. Hier haben die Dienenden keinen Wohnraum, sondern nur eine Schlafstelle, die meistens nicht einmal ein besonderes Zimmer, sondern irgend ein anderer Teil der herrschaftlichen Wohnung, z. B. der Corridor oder die Küche oder eine Treppenkammer ist.

Zwischen diesen beiden Extremen finden wir dann zahlreiche Häuser, in denen die Wohnungsverhältnisse der Dienenden verschieden geregelt sind. Darüber fehlte es bisher an jedem Anhalt. Man wußte nicht, ob es z. B. mehr oder weniger Hängeböden gäbe als besondere Wohnräume, wie diese eingerichtet seien, wie groß sie seien u. s. w. Auch hier können nur Hunderte von Fällen im Durchschnitt ein annäherndes Bild geben, nicht aber diese oder jene Einzelbeobachtung.

Die Enquete ergiebt folgendes Resultat. Es hatten nach den

	Angaben der Dienenden	Angaben der Herrschaften	
ein besonderes Zimmer	227 = 52 %;	121 = 61 %	der Dienenden
einen anderen Raum	205 = 48 %;	75 = 39 %	der Dienenden

(*Stillich 1902, S. 192 f.*)

[Um 1900] Ein Mädchen schreibt: «Gestatten Sie, daß ich Ihnen auf Ihre Frage Antwort geben darf, da ich volle 16 Jahre im Dienste war, jetzt aber in ein Geschäft arbeiten gehe, was ich nicht bereue ... Ich mußte früh ½6 aufstehen, im Sommer wie im Winter. Aber da mußte man schon vollständig angekleidet sein und auch sein Bett gemacht haben. Das Ende der Arbeit war verschieden. Eine Dame war empört darüber, daß ich abends um 10 Uhr schlafen gehen wollte. Dann hat man aber auch seine Sachen in Ordnung zu halten. Oft habe ich bis spät in die Nacht gesessen und genäht, gestopft, gestrickt und so weiter. Aufbleiben mußte man im Sommer sehr oft, wenn die Herrschaften im Garten saßen bis spät in die Nacht, dann mußte man noch Gläser, Flaschen, Decken und sonst was in die Wohnung tragen. Im Winter auch, zum Beispiel wenn die Herrschaften im Theater waren, wurde erst spät Abendbrot gegessen, und man mußte noch das Geschirr waschen und was dazu gehört ... Auch bis nach Mitternacht hat man oft warten müssen, wenn die Herrschaften anderweit geladen waren; da mußte man sehr aufpassen, wenn der Wagen hielt, damit die hohen Herrschaften nicht schließen oder klingeln mußten ...»

«Ich ging», schreibt eine andere Dienende, «noch nicht 14 Jahre alt, in Stellung, war ein gesundes, kräftiges Mädchen und hing mit ganzer Seele an meinem Beruf. Ich kam mit 15 Jahren auf eine Stelle als Mädchen für alles. Ich hatte ein kleines Kind zu besorgen, zu kochen und sämtliche Hausarbeit. Nachmittag mußte ich mit dem Kind ausgehen, so daß alles für den Abend liegenblieb. Die große Wäsche hatte ich allein zu besorgen, und zwar die Nacht durch, und als nach einer solchen die Herrschaften eingeladen waren und nachts 3 Uhr nach Hause kamen und mich schlafend fanden, da hagelte es Vorwürfe über Unzuverlässigkeit und was noch alles, und als ich mir erlaubte, zu sagen, ich hätte doch vorige Nacht gar nicht geschlafen, da hieß es: ‹Solch eine Frechheit! Sie sollen aber auch ein Zeugnis dafür bekommen›, und das habe ich, nachdem ich 1 ¼ Jahre da war, auch erhalten. Auf der Polizei aber wurde mir erwidert: ‹Sie werden es wohl verdient haben.›»

Ein anderes Mädchen berichtete:

«Früh ein Viertel nach fünf Uhr müssen wir aufstehen und in einer Tour bis in die Nacht hinein arbeiten, ohne eine Minute zu ruhen. Wir befinden uns hier wie in einem Gefängnis, weil sämtliche Türen von der Haus- bis zur Kellertür verschlossen sind. Es ist jetzt schon zweimal vorgekommen, daß wir mit nüchternem Magen bis zum Mittagessen um einhalb nach zwei Uhr arbeiten mußten, obwohl wir die Frau höflichst baten, uns doch den Kellerschlüssel zu geben, damit wir etwas Feuerung raufholen könnten und uns unsern Kaffee kochen. Leider wurden wir mit schroffen Redensarten aus dem Zimmer gestoßen. Wir sollen sofort an unsere Arbeit gehen, und wenn wir nicht gehorchen, so würde uns der Herr Ohrfeigen rechts und links geben. Von den zehnjährigen Kindern mußten wir uns von einer Ecke zur andern stoßen lassen. Wir erhielten Schimpfworte, wie sie das niedrigste Publikum nicht im Munde führt. Als ich, die Köchin, den ersten Sonntag auf dieser Stelle ausging und nach elf Uhr zu Hause kam und ich noch ein Glas Wasser aus der Küche holte, hatte es der Herr bemerkt. Am andern Morgen wurde uns gesagt, daß der Herr mit dem Revolver runterkommen wollte und niederschießen, wer es auch sei, wir oder ein Fremder. Von dem Tage an wird auch die Küche des Nachts verschlossen. Wer hätte das der Dame angesehen, wie ruhig und sanft sie beim Mieten war und uns jetzt schlimmer wie die Tiere behandelt.» (*Stillich 1902, S. 125 f. u. 234*)

[1929] Die Straße schlief. Das trübe, gelbe Licht der wenigen Gaslaternen machte die stille, menschenleere Gasse nur noch trostloser, einsamer. Die letzten Kneipen schlossen. Irgendwo ratterte polternd eine Rolljalousie herunter. Eine Katze lief erschreckt über den Damm und verschwand in einer zerbrochenen Kellerfensterscheibe. Dann war es wieder ruhig.

Von der Stadtbahnbrücke, am Nettelbeckplatz, trug der Nachtwind das hohle, langgezogene Rollen der letzten Züge als ein fernes, gedämpftes Geräusch in die dunklen, schweigenden Höfe der Hinterhäuser. Hier und da leuchteten noch an den schwarzen, eng ineinandergeschobenen Mauerfronten Lichter hinter verhangenen Fenstern. Eins nach dem anderen erlosch. In den dicht mit Menschen gedrängten Steinschluchten des Wedding wird es früh Nacht. Die Nächte der Arbeiter sind kurz.

Der einzige harte Laut kam von den genagelten Polizeistiefeln der Patrouillen, die in kurzen, regelmäßigen Abständen, ohne sich aufzuhalten, schnell durch die stille Straße gingen. Immer drei Mann.

Zwischen schwarzen Brandmauern und schmalen, tiefen Höfen, floß trübe und schmutzig die Panke vorbei. In den Abwässern der Fabriken – im Sommer badeten die Kinder darin – konnten sich nicht einmal die Sterne dieser wolkenlosen, kalten Aprilnacht spiegeln.

In den engen Stuben umspülte die stickige, verbrauchte Luft vieler Menschen in einem Raum die Gesichter der Schlafenden. Treppen, Flure, Stuben, Quer- und Hinterhäuser, das war alles unerträglich dicht zusammen. Kaum Wände und Luft dazwischen. Einer spürte den schweren, unruhigen Atem des anderen. Der Geruch der Menschen drang durch Wände, Spalten und Verschläge. Mieter, Untermieter, Schlafburschen und der Fluch dieser Gasse – die Kinder, von denen es kaum eins gab, das in einem eigenen Bett schlafen konnte.

Die kinderreichste und kinderelendeste Straße des großen, hungernden Berlin ...!

Auf den Treppenabsätzen kauerten in sich zusammengekrochene Menschenbündel. Obdachlose, die in dem nahegelegenen Asyl keine Unterkunft mehr gefunden hatten. Man ließ sie. Auch diese Menschenbündel auf den Treppen schliefen und hatten ihre kurzen qualvollen Träume, ihre Aengste und Sehnsüchte ...

Auf einem Hof zerriß der trockene, bellende Husten eines Schwindsüchtigen in kurzen Zwischenräumen die Stille. Im Quergebäude, vierter Stock, erlosch hinter einem roten Tuch am Fenster das Licht. In der schmalen Küche lag außer der alten Mutter Johannsen, die immer erst gegen Morgen einschlafen konnte, der junge Metallarbeiter, ein Schlafbursche. In der dumpfen stickigen Luft des kleinen Raumes, spürte er über sich den heißen Mund des Mädchens, das in dieser Nacht bei ihm schlief –. Hinter der Wand spielte ein Radio noch Tanzmusik.

Ein Fenster klirrte auf dem Hof. Eine Treppe tiefer schrie ein Betrunkener, und auf drei, vier Höfen, die ineinandergebaut waren, hörten es ein paar hundert Menschen: Franz ist wieder besoffen!

Zu eng ist das alles ... der Mensch muß doch mal Luft haben ... die Kreatur, die sich immer wieder an Menschen und Wänden kaputt stößt, muß doch mal ... ein bißchen Luft haben!! Platz da! – Platz da! Willi, noch eenen Schnaps ... Das löst den Klumpen da drin und macht alles weich, warm und hell. Und dann kommt Franz nach Hause und will alles entzwei schlagen –!

Menschen schliefen und träumten in dieser Nacht. Andere Träume als sie diejenigen haben, die in großen sauberen Schlafzimmern ruhen. Quälende, kurze Träume, beschattet von den Sorgen und Aengsten des Tages, verfolgt von dem starr abweisenden Gesicht des Leihhausjuden, des Beamten im Wohlfahrtsamt, der Stempelbude, des Armenarztes, des Asylpförtners ... Drohende, feindliche Gesichter, die als spukhaft, grotesk verzerrte Fratzen einer brutalen Wirklichkeit noch in bewußtlosen Nächten die Menschen in den Schweiß angstzerrissener Träume hetzen ... Träume von immer schneller rasenden Fließbändern, von brüllenden, zermalmenden Dampfhämmern, vom nervenzerfetzenden Rhythmus der automatischen Stanzmaschinen, von stürzenden Betonmassen ... Frauen, die im Schlaf aufschreien, weil ihr betrogener Körper nicht den wahnsinnigen Schmerz eines längst vernarbten, rohen Eingriffs vergessen kann. – Träume der Jungen, die das Leben noch nicht völlig ausgebrannt hat, von kümmerlichen, kleinbürgerlichen Sehnsüchten ... eine weißgestrichene Wohnlaube mit großen gelben Sonnenblumen ... eine Schaukel für die Mädchen am Sonntag ... und rotglühende Papierlaternen für die Sommerabende im Garten ... Kinder träumen von einem Paar neuer Stiefel, von dem warmen Ofen in der Schule und den Aepfeln unten bei der Obstfrau. Auf die weiße, warme Haut der Kinder fallen nachts die Wanzen von den fleckigen Tapeten ... (*Neukrantz 1970, S. 7–9*)

Der obere Teil der Birkenstraße im Stadtteil Moabit ist nie sehr belebt gewesen. Hier wohnten nur kleine Leute: proletarische Menschen und die ganz armen Studenten. Von morgens sechs bis acht vollzog sich der Abmarsch der alten und jungen Leute, der Männer, Frauen, Mädchen und Burschen zur Arbeit. Dann war es still, bis die Kinder die mit den

Arbeitsleuten fast immer zur gleichen Zeit ihren Weg zur Schule nahmen, wieder nach Hause kamen, die Schulranzen abwarfen und auf der Straße sich vergnügten oder für die Geschäftsleute kleine Gänge besorgten.

Gemüse- und Obstwagen fuhren vorüber, und die Händler riefen mit heisergeschrienen oder noch wohllautenden Stimmen ihren Kram aus. Die Drehorgelmänner, Harfenjulen und Hofsänger gaben Konzerte. Der Schuster trank seine erste Flasche Bier. Beim Zigarrenfritzen erörterten ein paar Stempelbrüder die allgemeine politische Lage und rauchten Einpfennig-Zigaretten dazu. Die drei Brüder Sass, die seit Jahr und Tag eines sensationellen Bankraubes verdächtig waren, wurden wieder einmal zu einer Vernehmung nach dem Polizeipräsidium abgeholt; es war die dreiundvierzigste schon in diesem Jahr. Vor dem Konsum stand das große Lieferauto, und die Fahrer luden Brot ab; es roch nach Roggenblüte bis in den Keller hinunter. Der Schuster trank seine zweite Flasche Bier.

Der Uhrmacher stand vor seinem Laden und wunderte sich, daß die Leute auf der Jagd nach Brot sich zwar die Stiefelsohlen abliefen, die Uhren aber ihre Naht weitergingen oder in der Pfandleihe überwinterten.

Glocke fünf, sechs, wenn über die Dächer das Geschrei der Fabriksirenen fuhr, kamen die Leute wieder zurück vom Bau, aus den Gießereien, aus den Büros und den Engros-Geschäften. Es geschah auch jetzt noch nichts Aufregendes. Der Schuster trank seine dritte Flasche Bier. Die fliegenden Händler riefen Bücklinge und schwarze Blumenerde aus. Fräulein Lieschen zeigte ihr neues, rotweinfarbenes Jackenkostüm auf dem Weg zum Metzger: ein Achtel Schinken, gemischt, roh und gekocht. Der Werkführer Schulze ließ sich eine Salzgurke holen.

Tag für Tag die gleiche Bewegung aus der einen Armut heraus, in die andere hinein. Monate und Jahre schleppten sich so dahin, in ihrem grauen Walten wurden Menschen geboren, zur Taufe getragen, zur Schule angemeldet und aus der Schule entlassen, sie verlobten sich, sie heirateten. Oft gab es in all den hochstöckigen, entsetzlich kahlen Häusern mit den kleinen, meist zweizimmrigen Wohnungen familäre Streitigkeiten, deren Gegenständlichkeiten bis in den Schusterkeller hinunterschallten. Manchmal rollte auch ein Betrunkener über die Treppe. (*Zech 1981, S. 189f.*)

Das Scheunenviertel, nordwestlich des Alexanderplatzes, etwa zwischen Münzstraße und Schönhauser Tor, ist wohl das eigenartigste Berliner Elendsviertel. Wedding, Ackerstraße, Neukölln haben zum Teil noch viel größeres Elend, aber nirgends von solcher Eigenart.

Ein großer Teil des Scheunenviertels und zwar der übelste Teil wurde seit 1906 abgerissen. 119 Häuser wurden niedergelegt. Bis 1925 wurde nichts aufgebaut, und so machte die Gegend einen öden und verwahrlosten Eindruck. Erst 1928 wurde mit der Bebauung in größerem Umfang wieder begonnen. – Das heute noch stehende Scheunenviertel steht dem ehemaligen an Elend weit nach. Und doch genügt der Rest noch!

Auf den Hektar Bodenfläche treffen hier 1477 Bewohner, in der nördlichen Grenadierstraße sogar 1863, das sind also auf den Quadratkilometer 186300 Menschen! Die Häuser sehen furchtbar verwahrlost aus, der Putz bröckelt ab, die Treppen, steil wie Hühnerleitern, stinken nach faulendem Holz. Hinterhöfe habe ich hier gesehen, die kaum über ein ungewisses Dämmerlicht hinauskamen. In diese Höfe münden Fenster von unten herauf, aus Kellerwohnungen, in die kaum das Tageslicht, geschweige denn je ein Sonnenstrahl dringt. 10,6 v. H. der sämtlichen Wohnungen waren bei der Zählung von 1925 «überfüllt», d. h. es trafen je Wohnraum drei und mehr Bewohner. Bis zu zehn Mietsparteien müssen manchmal einen Abort benützen.

In der Grenadierstraße hat man zwei Kellerwohnungen gefunden, die zugleich Gewerberäume waren, von denen die eine nur aus einer Stube bestand und die zweite aus Stube und Küche: in der einen hausten acht Menschen, in der anderen elf! Ein anderes Beispiel: In einer Vierzimmerwohnung mit Küche waren vier getrennte Haushaltungen untergebracht. Die Wohnungsinhaberin, eine 71jährige Witwe, die mit ihrem 66jährigen Bruder zusammenwohnte, betrieb in ihrer Stube und Küche einen Kramhandel. In den übrigen drei Zimmern wohnten drei Familien mit fünf, fünf und drei Personen! Begreift man, welch ein Elend, aber auch welch eine Kulturschande hinter solch entsetzlichen Zahlen steht? Über 8 v. H. der Bewohner des Scheunenviertels sind Zimmerabmieter und Schlafgänger. Die Prostitution blüht hier wie nirgends. In ganz Berlin gab es 1925 auf 1000 der Bevölkerung rund 1,5 Prostituierte; in Alt-Berlin 2,7; im Scheunenviertel jedoch 13,8! In der Dragonerstraße bewohnte eine Frau ein Zimmer mit zwei Prostituierten zusammen. In der Grenadierstraße entdeckte man gar eine Stube mit Küche, die von einer dreiköpfigen Familie mit zwei Prostituierten bewohnt war. In neun Haushaltungen wohnten Kinder unter 16 Jahren mit Prostituierten zusammen. Die Zahlen sind nicht vollständig, denn von 55 Prostituierten konnte die Wohnung überhaupt nicht ermittelt werden. Jede dritte Zimmerabmieterin oder Schlafgängerin war eingeschriebene Prostituierte. – Man fand hier 1925 auch mehrere Schlafquartiere (sog. Pennen), darunter ein ganz entsetzliches in einem Keller. Im alten Scheunenviertel gab es verschiedene Massenquartiere, wo man für fünf Pfennig schlafen konnte.

Hier ist nach dem Bericht des Berliner Statistischen Amtes «in der Inflationszeit ein üppig blühender Straßen- und Schleichhandel entstanden, der meist von zugewanderten Juden betrieben wurde, wie auch heute noch das ostjüdische Element in dieser Gegend eine große Rolle spielt». Im Volksmund heißt darum das Scheunenviertel auch die «Jüdische Schweiz». Ihr Herz ist die Grenadierstraße, wo man – mitten in Berlin also – jüdische Buchhandlungen, massenhaft Firmenschilder mit hebräischer Aufschrift, koschere Restaurants, Bäckereien und Krakauer Kaffeehäuser, aber auch rein jüdische Typen mit Kaftan, langen Bärten und Schläfenlocken (Peies) finden kann. Zwei Synagogen, zwei Betsäle, ein Tempel, zwei Religionsschulen, ein jüdisches Volksheim und zwei jüdische Vereinsheime liegen hier versteckt in Hinterhöfen. Wiederholt war ich dort, in lichtlosen Höfen, in Kellern und in Treppenhäusern. Auch am Vorabend (einem Samstag) der Stadtratswahl: Da standen die Ostjuden in erregten Gruppen beisammen, an ihren Bärten zupfend und scheu umherblickend; und dann gings wieder in die Betsäle. Drüben aber am Bülowplatz lärmten die Kommunisten vor der «Roten Fahne». (*Korherr 1930, S. 385f.*)

[Um 1930] Wer durch Berlin fuhr, sah in jedem Bezirk, besonders in den östlichen und nördlichen Stadtteilen, lange Schlangen von Männern anstehen, die elend aussahen, in abgerissener Kleidung, die Gesichter fahl und gedunsen, ungesund, unterernährt. Das waren die ‹Stempelbrüder›, deren Schar mit der Zeit immer größer, deren Anblick immer erbärmlicher wurde. Sie warteten vor den ‹Arbeitsämtern›, in denen ihnen der Schein für die – von der Regierung durch erhöhte Steuern, Kürzung der Beamtengehälter und andere unpopuläre Maßnahmen zusammengekratzte – Erwerbslosenunterstützung abgestempelt wurde: ein Betrag, der das Existenzminimum eines Menschen oder gar einer Familie nie ganz erreichte. Dort standen sie im Sommer und Winter, in Regen und Kälte, die Kragen der alten Joppen hochgeschlagen, die klammen Hände in den Taschen geballt.

Es waren trostlose Haufen, denen mit dem Brotbelag und den Kohlen der ‹Berliner Humor› längst ausgegangen war und die kaum mehr die Kraft zum Schimpfen oder zu einem Krawall aufbrachten, wenn so ein Amt wegen Überlastung vorzeitig schloß, oder wenn sich herumsprach, daß die Kartoffelpreise wieder gestiegen waren, während sie auf ihren Hungersold warteten. (*Zuckmayer 1966, S. 445 f.*)

[1932] Hinter den Stäben des eisernen Gitters, welches das Büfett einfaßte, waren eine von Fliegen beschmutzte Schüssel mit abgebratenem Pferdefleisch und ein Paar Pferdewürstchen zu sehen. Die Gäste im Lokal hatten Hunger, sie saßen an ihren Tischen und starrten auf das Pferdefleisch hinter den Eisenstäben. Es war Essenszeit, aber niemand bestellte etwas. Der Hunger dieser Leute hatte nichts mit der Essenszeit zu tun.

Vierzig Menschen waren im Gasthaus, und nur vor zweien von ihnen stand etwas auf dem Tisch. Ein alter Mann und eine verschlampte Frau hatten einen Becher Malzbier vor sich. Erst nahm er einen Schluck, stellte den Becher auf den Tisch und blickte auf das Pferdefleisch; dann nahm sie einen Schluck, stellte den Becher auf den Tisch und blickte auf das Pferdefleisch. Diese beiden waren, bevor wir hereinkamen, die lebhaftesten Gäste.

Wir waren nicht in Rußland. Auf dem Schild über der Tür stand «Zum Ollen Fritz», und ein Lokal, das sich nach dem größten Hohenzollern nennt, muß selbst im roten Wedding deutsch sein. Hier im Norden Berlins bot sich eine Gelegenheit, das Elend Deutschlands, wenn auch nicht in seinem ganzen Umfang, so doch ganz gewiß in seiner bittersten Form kennenzulernen, und im «Ollen Fritz» gab es mehr als genug Zeugen, die eine Antwort auf die Frage wußten, warum die deutsche Reichshauptstadt von allen Städten außerhalb Rußlands die meisten Kommunisten zählt …

Von den großen Städten Deutschlands nimmt Berlin mit seinen 500000 Arbeitslosen und seinem Wahlergebnis im Jahre 1930 – 739235 kommunistische und 395988 nationalsozialistische Stimmen – nahezu den ersten Platz auf der Liste der Arbeitslosigkeit und des Radikalismus ein. Und von den obdachlosen Gästen des «Ollen Fritz» waren so manche aufschlußreiche Kommentare zu den Lehren der Statistik zu erhalten. In ihren Lumpen und mit ihrer Verbitterung verkörperten sie die wesentlichen Ursachen und die wesentlichen Folgen in der Kette der Ereignisse, welche das deutsche Volk zum Zentrum der europäischen Befürchtungen gemacht haben.

Sie lehnten mich nicht ab. Meine Uniform entsprach ganz der ihren – Uniform der Obdachlosen – Lumpen. Meine Gefährten, Sachverständige auf dem Gebiet, das ich erforschen wollte, waren besser gekleidet. Max war ein etwa fünfzigjähriger Grauhaariger, mit einer revolutionären Vergangenheit, war von Beruf Bauarbeiter, aber er trug einen steifen Kragen. Wiederholt hatte er wegen seiner politischen Betätigung die Arbeitsstelle wechseln müssen. Seit 1924 war er auf der Suche nach Arbeit. Haussuchungen der Polizei und Verhaftungen waren ihm keine unbekannten Dinge. Mein zweiter Begleiter dieser Nacht, Hans, verdiente sein Geld als Straßenhändler, aber es war – wie er sagte – weniger, als wenn er Unterstützung bezogen haben würde. Otto war Journalist. Alle drei seit langer Zeit Mitglieder der Kommunistischen Partei. Für den Wedding bedeutet das, daß uns keine Auskunft verweigert wurde.

«Genosse», rief Max, «vier kleine Bier.» Der Kellner strahlte über das ganze Gesicht: es war die größte Bestellung des ganzen Abends. Die Leute an den Nebentischen wandten die Köpfe, um mit apathischem Neid die üppigen Genossen zu betrachten, die sich vier Bier zu 15 Pf. leisten konnten.

Unter einem Schild, auf dem zu lesen war «Männerheim – Bett fünfzig Pfennig», saß ein halbes Dutzend Männer; sie hatten die Köpfe auf den Tisch gelegt und schliefen. Ich fragte: «Warum gehen die Leute nicht ins Männerheim, wo sie richtig schlafen können?» – «Weil sie keine fünfzig Pfennig haben», antwortete der Kellner. (*Knickerbocker 1932, S. 7f.*)

Verkehr

> [...] der Übergang der Straßen ein Kunststück für den Großstädter, eine Pein für den Provinzler. Behauptete doch Frau von Beulwitz, sie hätten sich anfangs gerührt umarmt, wenn sie nach solchem Übergange des Potsdamer Platzes sich gesund auf der Insel wiederfanden! (*Spitzemberg*)

> Die Untergrundbahn lugte mit ihren feurigen Augen aus der Erde heraus, wie ein Lindwurm, der auf Beute lauert. (*Austerlitz*)

Schon vor 1900 beginnen die ersten Klagen über die Dichte und Gefährlichkeit des Berliner Verkehrs. Der Potsdamer Platz erstickte alltäglich im Verkehrsansturm, und ab 1902 mußte eine institutionalisierte Verkehrsregelung geschaffen werden, 1910 wurde die erste Verkehrskanzel errichtet, die 1924 dann einem Verkehrsturm mit Ampelanlage wich.

Für die Expressionisten war der Berliner Verkehr ein Faszinosum, das Ängste auslöste und zur Bewunderung hinriß, ein Inbegriff urbanen Lebens. Eine Strophe aus Paul Boldts Gedicht «Berliner Abend» demonstriert Gefühlstumult, den das Verkehrsgetriebe hervorruft:

> Autos, eine Herde von Blitzen, schrein
> Und suchen einander in den Straßen
> Lichter wie Fahnen, helle Menschenmassen:
> Die Stadtbahnzüge ziehen ein.

Es ist die entfesselte Geschwindigkeit, es sind die gegenläufigen, ziellos wirkenden Bewegungen, die eine tiefgreifende Orientierungslosigkeit anzeigen und die doch einen ästhetischen Reiz aussenden, der das Chaos als eine Apotheose der Technik verklärt. Oft werden Kältemetaphern verwendet, um diesen anorganischen Selbstlaut der Stadt zu charakterisieren, dem der einzelne einverleibt wird. Er ist nur noch ein flüchtiger Punkt im Ornament der Masse.

[Um 1840] Das Fuhrwesen für das Publikum stand in jenen Tagen in Berlin noch auf einer vorsintflutlichen Stufe. Droschken und Fiaker fehlten ganz, und ich erinnere mich sehr wohl, in welche Aufregung die ganze Stadt geriet, als ein gewisser Henoch das Privilegium bekam, 24 (oder waren es 48?) Droschken auf den Straßen und öffentlichen Plätzen aufzustellen. Man hielt ihn für einen Narren, der sein Geld zusetzen würde. Er machte aber vortreffliche Geschäfte. Die Wagen waren recht hübsch und zierlich, die Kutscher in grüner Livree mit gelben Kragen. Die Pferde trugen große, gebogene, hölzerne Kumte nach russischer Manier über den Köpfen.

Da vom Brandenburger Tor kein Wagen abfuhr, bis er seine Ladung voll hatte, so mußte man oft eine halbe Stunde warten, ehe der Kutscher sich entschloß, von der Stelle zu rücken. Unter tausend Vorwänden verzögerte er den Antritt der Reise. Er knüpfte am Geschirr herum, revidierte die Sitze, gab vor, von weitem noch einen herankommenden Fahrgast zu erblicken und dergleichen. «Immer heran, mein Herr, es fehlt bloß noch eine lumpichte Person!» war eine gewöhnliche Redensart. – Später richtete ein Fuhrmann Kremser bessere Wagen ein, in denen nur vier Personen Platz hatten, deren jede ⅙ Taler bezahlte, während die Fahrt auf den anderen Wagen nur 1/12 Taler kostete; dafür fuhr man auch mit den neuen «Kremsern» schneller und brauchte nicht so lange zu warten. – Die Kremser erhielten ihren Standort rechts an der Mauer, wenn man aus dem Tore kam, die übrigen mußten auf der linken Seite bleiben. (*Eberty 1925, S. 49 f.*)

[Um 1895] Das Getriebe in den Hauptverkehrsstraßen wie Leipziger- und Friedrichstraße ist *förmlich betäubend*; die elektrischen Wagen und die Trams bilden eine ununterbrochene Linie, Wagen aller Art, Droschken, Drei- und Zweiräder zu Hunderten fahren neben-, vor-, hinter- und oft aufeinander, das Läuten aller dieser Vehikel, das Rasseln der Räder ist ohrenzerreißend, der Übergang der Straßen ein Kunststück für den Großstädter, eine Pein für den Provinzler. Behauptete doch Frau von Beulwitz, sie hätten sich anfangs gerührt umarmt, wenn sie nach solchem Übergange des Potsdamer Platzes sich gesund auf der Insel wiederfanden! Bei Wertheim wogt es aus und ein wie in einem Bienenhause, in den Buchhandlungen prügelt man sich um Bismarcks Erinnerungen … (*Spitzemberg 1960, S. 381*)

[Um 1900] Die Lebensbedingungen der Berliner Gesellschaft gewinnen allmählich immer stärkere Ähnlichkeit mit denen Londons, indem die Entfernungen wachsen zwischen den Bureaus, den Comptoiren in der Stadt – und dem Heim, das außerhalb, im Vororte liegt, so daß das Familienoberhaupt täglich früh Abschied nimmt von Frau und Kindern, um erst am Abend zu ihnen zurückzukehren. Er muß die Mahlzeit, die seinen Lieben die hauptsächlichste des Tages ist, als ein eiliges Frühstück einnehmen und auch in den Mittagsstunden, da die unteren Angestellten beurlaubt sind, hat er allerhand zu erledigen – er will Briefe schreiben, er will Zeitungen lesen und er will sich vielleicht nur ausruhen, sei es im Schlafe oder sei es an der Hand eines guten Buches, das seine Gedanken von der Hast des Tages ablenkt. Der Londoner kann einfach vor Abend nicht nach Hause zurückkehren und deswegen braucht er den Klub. Er braucht ihn als eine Ergänzung seines Familienlebens. (*v. Nordegg 1907, S. 201 f.*)

[1913] Vom Potsdamer Platz zum Spittelmarkt bewegen sich täglich schlecht gerechnet, eine Million Menschen in jeder Richtung. Aber welches Bild für den unbefangenen Beschauer. Auf ziemlich schmalen Bürgersteigen schiebt sich gemächlich eine Menge augenscheinlicher Nichtstuer, durch die sich hier und da ein Eiliger schlangenhaft durchwindet. Die Mitte des Weges nimmt eine Wagenburg ein, die sich ruckweise vorwärts bewegt. Wo eine Straße die große Ader kreuzt, eine Seitenlinie von ihr abzweigt, staut es sich zu undurchdringlichen Massen auf, zwischen denen einige Tollkühne auf Gefahr ihres Lebens durchschlüpfen. Dann schwingt ein bärbeißiger Riese nach einem unmelodischen Trompetenstoß und einem schrillen Pfiff die Hand, und sogleich erschüttert sich die Masse, geht einen Sprung vorwärts wie eine Schützenlinie, um ein paar hundert Meter weiter wieder zu unfreiwilliger Ruhe zu kommen.

In der Mitte auf Schienen große Glaskästen, in denen mürrische Menschen und schlechte Luft transportiert werden, daneben Geschäftswagen, Autos und die kleinen Omnibusse. Sie sind noch der Glanzpunkt im Verkehrsleben. Wenn die elektrischen Schienenbahnen sich – und das tuen sie täglich mehrmals – festgefahren haben und die Schläfer darin nach viertel-, halb- oder mehrstündigem Warten zur Überzeugung gelangt sind, daß sie für ihren Groschen doch nicht von der Stelle kommen und fluchend aussteigen, dann triumphiert das altmodische Pferdegespann; leichtfüßig und an keine Eisenwege gefesselt windet es sich durch das Gewühl und blickt ein wenig höhnisch auf seinen dicken Sprößling, den Autobus, dem an der Ecke auch die Luft ausgegangen ist. [...] Der Omnibus ist ein wenig Stiefkind geworden. Man hat ihm gegenüber das Gefühl des Altmodischen, Übriggebliebenen. Man verachtet ihn, wie jede Erscheinung von gestern, und erst mit der Zeit wird man in unserem amerikanischen Berlin dahinter kommen, daß nicht unbedingt alles, was alt, auch schlecht, was neu, darum gut ist. Der Omnibus mit Hafer- oder Benzinmotor, ist die wirklich großstädtische Beförderungsgelegenheit über der Erde. Das weiß man in der ersten Großstadt der Welt London schon längst, und der Augenblick, wo Berlin sich aus den Schienenfesseln befreien wird, dürfte von späteren Generationen als der eigentliche Geburtstag der Stadt gefeiert werden. [...]

Der Omnibus ist der Plebejer unter den Fahrzeugen. Ich glaube sogar staatlich anerkannt, indem Offiziere ihn in Uniform nicht benutzen. Er hat sein eigenes Publikum, das sich streng von dem Elektrischen sondert und leicht von jenem zu unterscheiden ist. Auf den Schienenbahnen besteht eine offizielle Feindschaft aller gegen alle. Jeder, der aufsteigt, wird von den im Besitz befindlichen mit wütenden Blicken gemustert; um keinen Zoll breit weicht, wer einmal sitzt, zur Seite, um einem Neuling Platz zu machen; ängstlich wacht die Menge darüber, daß die im Innern wohlkonservierte verbrauchte Luft nicht durch Türen oder Fenster entweicht, und stellt sich unbedingt auf den Standpunkt der Gleichberechtigung der Frauen im öffentlichen Leben, indem es dem kräftigsten Manne nie einfallen wird, einer noch so gebrechlichen Greisin seinen Platz anzubieten. Allmählich entsteht bei den Fahrgästen eine gewisse Narkose; sie wackeln taktmäßig, wie der Wagen ruckt, mit den Köpfen, und nachdem sie alle Plakate, Ver- und Gebote gelesen haben und auswendig wissen, fangen sie an einzunikken und verwundern sich über Anschriften wie «Das Stehen und Herumknien von Kindern auf Bänken ist verboten» nur noch traumhaft, bis sie instinktiv bei der Nennung ihres Zieles aufschnellen, ein paar mitreisende Füße zermalmen, Pleureusen knicken und dann, wenn sie weiblich sind, unfehlbar verkehrt absteigen. (*v. Bülow 1913*)

Von Osten her, Weißensee, Lichtenberg, Friedrichshain, Frankfurter Allee, türmen die gelben Elektrischen auf den Platz [Alexanderplatz] durch die Landsberger Straße. Die 65 kommt vom Zentralviehhof, der Große Ring Weddingplatz, Luisenplatz, die 76 Hundekehle über Hubertusallee. An der Ecke Landsberger Straße haben sie Friedrich Hahn, ehemals Kaufhaus ausverkauft, leergemacht und werden es zu den Vätern versammeln. Da halten die Elektrischen und der Autobus 19 Turmstraße. Wo Jürgens war, das Papiergeschäft, haben sie das Haus abgerissen und dafür einen Bauzaun hingesetzt. Da sitzt ein alter Mann mit einer Arztwaage: Kontrollieren Sie Ihr Gewicht, 5 Pfennig. O liebe Brüder und Schwestern, die ihr über den Alex wimmelt, gönnt euch diesen Augenblick, seht durch die Lücke neben der Arztwaage auf diesen Schuttplatz, wo einmal Jürgens florierte, und da steht noch das Kaufhaus Hahn, leergemacht, ausgeräumt und ausgeweidet, daß nur die roten Fetzen noch an den Schaufenstern kleben. Ein Müllhaufen liegt vor uns. Von Erde bist du gekommen, zu Erde sollst du wieder werden, wir haben gebauet ein herrliches Haus, nun geht hier kein Mensch weder rein noch raus. So ist kaputt Rom, Babylon, Ninive, Hannibal, Cäsar, alles kaputt, oh, denkt daran. Erstens habe ich dazu zu bemerken, daß man diese Städte jetzt wieder ausgräbt, wie die Abbildungen in der letzten Sonntagsausgabe zeigen, und zweitens haben diese Städte ihren Zweck erfüllt, und man kann nun wieder neue Städte bauen. Du jammerst doch nicht über deine alten Hosen, wenn sie morsch und kaputt sind, du kaufst neue, davon lebt die Welt. (*Döblin 1966, S. 146*)

Diese unendlichen Menschenmassen, die sich in Berlin anhäufen, bringen einen ungeheuren Verkehr mit sich. Am 28. Juli 1928 hat man von 8–20 Uhr am Potsdamer Platz 33037 Fahrzeuge gezählt (darunter 18678 Autos), das sind in der Minute 46 Fahrzeuge; 1924 waren es erst 33 in der Minute. An der Gedächtniskirche ermittelte man am 14. August 1928 in denselben Stunden 38998 Fahrzeuge (darunter 28359 Autos), das sind 54 in der Minute, in fast jeder Sekunde also ein Fahrzeug! Um die Gedächtniskirche habe ich schon mehr als 100 Autos auf einmal gesehen. Und es ist sicher nicht übertrieben, zu behaupten, daß täglich etwa die Bevölkerung von ganz Nürnberg oder die von ganzen deutschen Ländern wie Lippe, Mecklenburg-Strelitz und Schaumburg-Lippe zusammen über den Potsdamer Platz geht. Aber im Jahre 1822 noch bezeichnete Schinkel den Leipziger Platz (der sich anschließende Potsdamer Platz existierte noch gar nicht) als den geräuschlosesten von Berlin, ganz besonders geeignet zur Errichtung des Domes, umgeben von der stillen Einsamkeit und Andacht der grünenden Natur!

Berlin zählt allein 145 Stadtbahnhöfe und 70 U-Bahnhöfe. Im Jahre 1928 wurden im Stadt-, Ring- und Vorortverkehr der Reichsbahn 413 Millionen Menschen befördert, im Fernverkehr 19 Millionen. Die Untergrundbahn mit einer Länge von über 55 km beförderte 265 Mill. Personen, die Straßenbahn mit 234 km Betriebsstrecke 900 Millionen, d. s. jeden Tag 2,5 Mill., der Omnibus mit 620 Wagen und 242 km Betriebsstrecke 222 Mill. Fahrgäste. Daneben gab es in Berlin Ende 1928 noch 83 134 Kraftfahrzeuge, davon 39 291 Personenkraftwagen und 14476 Lastkraftwagen. An öffentlichen Kraftdroschken zählte man 9129; an Pferdedroschken, die langsam verschwinden, nur noch 226. Die Pferdedroschkenkutscher sind alle uralt; sie können sich nicht mehr auf die neue Zeit umstellen. – 41 214 Fluggäste zählt die Statistik von 1928: Tempo ist die Losung – auch wenn man Zeit hat! Die Zahl der Unfälle entspricht dem Tempo: 218 Tote, 11755 Verletzte im Jahre 1928. Ein Bürgerkrieg ohne Feindseligkeit! (*Korherr 1930, S. 378f.*)

[1924] Ich bekenne mich zum Gleisdreieck. Es ist ein Sinnbild und ein Anfangs-Brennpunkt eines Lebenskreises und phantastisches Produkt einer Zukunft verheißenden Gewalt.

Es ist *Mittelpunkt*. Alle vitalen Energien des Umkreises haben hier Ursprung und Mündung zugleich, wie das Herz Ausgang und Ziel des Blutstromes ist, der durch die Adern des Körpers rauscht. So sieht das Herz einer Welt aus, deren Leben Radriemenschwung und Uhrenschlag, grausamer Hebeltakt und Schrei der Sirene ist. So sieht das Herz der Erde aus, die tausendmal schneller um ihre Achse kreist, als es Tag- und Nachtwechsel uns lehren will; deren unaufhörliche, unsterbliche Rotation Wahnsinn scheint und Ergebnis mathematischer Voraussicht ist; deren rasende Schnelligkeit sentimentalen Rückwärts-Sehern brutale Vernichtung innerlicher Kräfte und heilenden Gleichgewichts vortäuscht, aber in Wirklichkeit lebensspendende Wärme zeugt und den Segen der Bewegung.

In den Gleisdreiecken, Gleisvielecken vielmehr, laufen die großen, glänzenden, eisernen Adern zusammen, schöpfen Strom und füllen sich mit Energie für den weiten Weg und die weite Welt: *Aderndreiecke*, Adernvielecke, Polygone, gebildet aus den Wegen des Lebens: *man bekenne sich zu ihnen*! [...]

Eiserne Landschaft ist vielleicht das Wort, das den Tummelplätzen der Maschinen gerecht wird. Eiserne Landschaft, großartiger Tempel der Technik unter freiem Himmel, dem die kilometerhohen Schlote der Fabriken lebendigen, zeugungsträchtigen, Bewegung fördernden Rauch darbringen. Ewiger Gottesdienst der Maschinen, im weiten Umfang dieser Landschaft aus Eisen und Stahl, deren Ende kein menschliches Auge sieht, die der graue Horizont umklammert.

So ist das Reich des neuen Lebens, dessen Gesetze kein Zufall stört und keine Laune verändert, dessen Gang erbarmungslose Regelmäßigkeit ist, in dessen Rädern das Gehirn wirkt, nüchtern aber nicht kalt, die Vernunft, unerbittlich, aber mehr erstarrt. Denn nur der Stillstand erzeugt Kälte, die Bewegung aber, durch Berechnung bis zu den Grenzen der Leistungsfähigkeit gesteigert, schafft immer Wärme. Die Schwäche des Lebendigen, der dem erschlaffenden Fleisch nachgeben muß, ist kein Beweis für seine Legendigkeit – und die konstante Stärke der eisernen Konstruktion, deren Materie kein Erschlaffen kennt, kein Beweis für Totsein. Es ist im Gegenteil: die höchste Form des Lebens, das Lebendige aus Unnachgiebigem, keiner Laune gehorchendem, nervenlosem Stoff. Im Bereich meines Gleisdreiecks herrscht der Wille des konsequenten Gehirns, der, um des Erfolges sicher zu sein, sich nicht in einen unzuverlässigen Leib verpflanzte, sondern in den Körper von unbedingter Sicherheit: in den Körper der Maschine.

Deshalb ist alles Menschliche in diesem metallenen Bereich klein und schwächlich und verloren, reduziert auf die ihm angemessene Bedeutung eines bescheidenen Mittels zu stolzem Zweck – genau so, wie in der abstrakten Welt der Philosophie und der Astronomie, der Welt der klaren und großen Weisheiten; da wandelt ein uniformierter Mann, mitten zwischen den verwirrenden Systemen der Geleise, winzig ist der Mensch, in diesem Zusammenhang nur wichtig als Mechanismus. Seine Bedeutung ist nicht größer, als die eines Hebels, seine Wirksamkeit nicht weitreichender, als die einer Weiche. In dieser Welt gilt jede menschliche Ausdrucksmöglichkeit weniger, als die mechanische Zeichengebung eines Instruments. Wichtiger als ein Arm ist hier ein Hebel, mehr als ein Wink ein Signal, hier nützt nicht das Auge, sondern die Laterne, kein Schrei, sondern der heulende Pfiff des geöffneten Ventils, hier ist nicht die Leidenschaft allmächtig, sondern die Vorschrift, das Gesetz. [...]

Dürfen die kleinen Herzschläge noch vernehmbar bleiben, wo der dröhnende einer Welt betäubt? Man sehe in den klaren Richten das Gleisdreieck, das von zehntausend Laternen durchsilberte Tal – es ist feierlich wie der gestirnte Nachthimmel: eingefangen darin, wie in der gläsernen Himmelskugel sind Sehnsucht und Erfüllung. Es ist Etappe und Anfang, Introduktion einer schönen hörbaren Zukunftsmusik. Schienen gleiten schimmernd – langgezogene Bindestriche zwischen Land und Land. In ihren Molekülen hämmern die Klangwellen fern rollender Räder, an den Wegrändern sprießen Wächter in die Höhe und Signale erblühen grün und leuchtend. Dampf entzischt geöffneten Ventilen, Hebel bewegen sich selbständig, das Wunderbare erfüllt sich dank einem mathematischen System, das verborgen bleibt. [...]

So ein Gleisdreieck von machtvollen Dimensionen wird die zukünftige Welt sein. Die Erde hat mehrere Umformungen durchgemacht – nach natürlichen Gesetzen. Sie erlebt eine neue, nach konstruktiven, bewußten, aber nicht weniger elementaren Gesetzen. Trauer um die alten Formen, die vergehen – ähnlich dem Schmerz eines Antidiluvialwesens um das Verschwinden der prähistorischen Verhältnisse. Schüchtern und verstaubt werden die zukünftigen Gräser zwischen metallenen Schwellen blühen. Die «Landschaft» bekommt eine eiserne Maske. (*Roth 1984, S. 295–298*)

Eine eigenartige Stadtgegend bildet die Yorkstraße von der Stelle, wo die Bülowstraße aufhört, bis zur Katzbachstraße – eigenartig nicht deshalb nur, weil das Adreßbuch zu den Häusernummern 55–56a die lakonische Bemerkung macht: «existieren nicht», sondern auch aus anderen Gründen. Dieses Straßenstück könnte die Brückenstraße heißen, wenn nicht schon eine andere Straße so genannt wäre, denn es führt unter acht Eisenbahnbrücken durch, welche zur Potsdamer und Anhaltischen Bahn gehören. Zur Warnung für Rosselenker ist am Ende der Bülowstraße eine Tafel errichtet mit der Aufschrift: «Achtung, wenn Züge über die Brücken fahren!» Es fahren aber unaufhörlich Züge über die Brücken mit Donnergetöse, das dem unter ihnen hinwandelnden Wanderer durch und durch geht.

Dies merkwürdige Stück Yorkstraße besitzt nur elf eigentliche Häuser, vier auf der südlichen und sieben auf der nördlichen Seite. Es ist im übrigen eingefaßt von Zäunen, hinter denen der Boden in steilen Böschungen aufsteigt, und von Mauern. Die Böschungen sind bewachsen mit Gräsern und Unkräutern, die jetzt schon stark von der Sonne verbrannt sind. Oben befinden sich auf beiden Seiten, wo keine Häuser mehr stehen, zahlreiche Holz- und Kohlenplätze, dazwischen ein Baumaterialienplatz und ein Steinmetzwerkplatz. Einer der Holz- und Kohlenhändler hat sich auf der Höhe, zu der eine Treppe hinaufführt, einen ganz netten kleinen Garten angelegt. Geht man am Nachmittag

Rudolf Mosse
C.S.GEROLD

Aschinger's

anciskane

8

HAVANA
COMPAGNIE

Direkter Eingang zu
KARSTADT
KARSTADT-Eingang
KARSTADT-Eingang

dort vorbei, so sieht man ihn, wie er eifrig die Gießkanne schwenkt. Es mag ihm trotzdem schwer genug werden, seine Pflanzung an diesem sandigen Abhange vor dem Verschmachten zu bewahren. Blühendes ist bei ihm zur Zeit nicht zu sehen, er hat aber zahlreiche Sonnenblumen angepflanzt, die um ihre Blütezeit im August der Anlage ein freundliches Ansehen geben werden. Im ganzen ist es aber eine unheimliche Straße und besonders unheimlich muß sie am späten Abend und in der Nacht sein, wenn dort nicht viel Leben mehr herrscht. Indessen hat der von Westen kommende Wanderer, ehe er diesen Straßenteil betritt, am Ende der Bülowstraße rechts sowohl wie links noch Gelegenheit, sich durch Bier zu stärken. Nachdem er dann unter der ersten Eisanbahnbrücke hindurchgegangen ist, kann er die Stärkung fortsetzen: er findet zu Erreichung dieses Zwecks rechts eine Bierschenke, links gleichfalls eine solche und außerdem drei Destillationen. Drei Destillationen in sieben nebeneinander stehenden Häusern, das ist denn doch ein Beweis dafür, wie sorgfältig bei der Verleihung von Schankkonzessionen die Bedürfnisfrage geprüft wird. Die linke Seite der Straße ist die bevorzugte: man findet auf ihr außer dem einen Bierlokal und den drei Destillationen noch eine Zigarrenbude und eine Trinkwasserbude, in der auch Obst verkauft wird. Verschmachten kann also der Mensch in diesem Teil der Yorkstraße nicht trotz des dürren Sandes zu beiden Seiten. Trotzdem hat man ein Gefühl von Erlösung, wenn man unter der letzten Bahnbrücke durchpassiert ist und nun hineinblickt in die freundliche Baumallee, welche die Fortsetzung der Straße ziert.

Auf dem oben erwähnten Zaun sind ein paar interessante Inschriften zu finden. An einer Stelle steht mit schönen Buchstaben in dauerhaftem Schwarz geschrieben: «Wählt Janiszewski!» Eine Erinnerung an einen Wahlkampf, der längst vorüber ist! Sie wird bestehen bleiben, solange der Zaun hält, aber nur wenige werden einst noch wissen, wer Janiszewski war. An anderen Stellen des Zaunes ist wiederholt zu lesen: «Ich bin dumm!» und «Ich bin verrückt!» und zahlreiche Ausrufezeichen sind diesen Selbstbekenntnissen beigefügt. Ich denke mir, daß diese Aussprüche von einem verspäteten Zecher herstammen, der vielleicht um die Morgendämmerung, da der Mensch gar leicht auf sonderbare Gedanken kommt, zum erstenmal in dieser einsamen Gegend einen tieferen Blick in seine eigene Seele getan hat. (*Trojan 1903, S. 184f.*)

Im Frühsommer mit Freunden auf dem Gelände des ehemaligen Anhalter Güterbahnhofs bei der U-Bahnstation Gleisdreieck. Zerfallende Architektur überwuchert von artenreicher Vegetation: Moorbuche, Weide, Pappel, Zitterpappel, Götterbaum, Eschenahorn, Bergahorn, Birke, Stieleiche, Distelgestrüpp und Brombeerbusch treten gegen Güter- und Lokschuppen, Verladerampe, Drehscheibe, Prellbock, Stellwerkhaus an. Noch hundert, zweihundert, tausend Jahre, und das Pflanzengeschlecht hat über die Eisen-Ziegelsteinkultur gesiegt. Ganz Berlin sähe heute wie dieses Ruinengrundstück aus, wären 1945 sämtliche Einwohner für immer aus dieser Stadt geflohen. Ich denke an die verlassenen Städte in Mittelamerika und Vorderasien, die von Forschern in Urwald oder Steppe wiederentdeckt werden. Das Menschengemachte, Nützliche gerät bei seiner Auflösung, Rückverwandlung ins Naturhafte in einen sphinxgesichtigen Zwischenzustand, wo wir die Dinge nicht nach ihren Zwecken befragen, sondern sie Darsteller unserer Träume werden lassen. Es gibt keinen Wasserturm und keinen Schornstein mehr. Ein aus gelben Backsteinen zusammengefügter, bananenkrummer, halbgeborstener Riesenfinger weist mit seiner durchlochten Spitze zum blauen oder mit Wolken bedeckten Himmel. In der Halbdämmerung des Lokschuppens, die einen grünlichen Schimmer hat, weil die scheibenlosen Fenster sich zu einer Wildnis hin öffnen, hebt ein Dampfdruckmesser den Klapperschlangenkopf. Solchem Irrationalismus will ein aufgeklärter Senat Einhalt gebieten und beschließt, auf dem verwilderten Bahngelände ein Technikmuseum zu bauen. (*Anders 1982, S. 99f.*)

Der Anhalter Bahnhof ist ein Kopfbahnhof gewesen. Ich bitte, sich seiner zu bedienen.

Der Bahnhof überdachte acht Gleise. Durch eine bedeckte Vorhalle kam man über eine Freitreppe in die Haupthalle. Neunzehn Meter hohe Seitenwände erzeugten eine gewisse Monumentalität.

Welch ein Bahnhof. Man sah ihn von Effi Briests Wohnung. Alle vier Minuten fuhr ein Zug ab oder kam einer an. Zar Nikolaus kam und wurde beim Aussteigen begrüßt. Man hatte seinen Zug umgeleitet, damit er nicht auf dem Schlesischen Bahnhof eintreffen und dann durch Arbeiterviertel fahren mußte. Man kann nie wissen, wie die Arbeiter sich verhalten. [...]

Welch ein Bahnhof. Laßt euch, die ihr das lest, nur diesen einen Satz auf der Zunge zergehen: «Die Pfetten des Wellblechdaches bestanden aus Holz.» Die Pfetten des Wellblechdaches ... ach, was wissen wir schon von den Wonnen der Architekten.

Der Anhalter Bahnhof roch so schön nach Berlin und Weltstadt. Hat mal jemand bemerkt, daß Gerüche verschwunden sind? Es geht nicht um üble Gerüche und nicht um Wohlgerüche, sondern um Eigenschaften. Solange es Dampflokomotiven gab, rochen Bahnhöfe anders als heute. [...]

Gebäude nehmen etwas von dem aus, was in ihnen geschieht. Da bleibt ein Hauch, ein Flöckchen Ruß, ein sich verfangender Ton.

Der Anhalter Bahnhof wird immer ein Stück Geschichte sein. Es kommen 20000 Menschen, zwanzigtausend, am 23. Oktober 1918 dorthin, um Karl Liebknecht zu empfangen. [...]

Ich bin neun Jahre alt, als ich nach Berlin komme und aus dem Zug steige: Anhalter Bahnhof, auf großen Schildern. Menschen, Dampf, Zischen, Eisenbahngeruch, Karren mit Wurstkesseln. Händler bieten Zeitungen an und Sitzkissen. Abfahrt in Richtung Halle, Karlsbad, Prag, Wien, Leipzig, München, Basel, Rom und Jüterbog. Es ist nur ein bißchen anders als in der Großstadt, aus der ich vor zwei Stunden abgefahren bin. Mit dem Schild «Riviera-Napoli-Expreß» kann ich nichts anfangen. Mein Vater könnte uns dorthin keine Fahrkarte kaufen. Aber ich freue mich allein daran, daß es einen solchen Zug gibt und daß ich, wenn ich meine Sparbüchse fülle – ein Gepäckträger macht sich bemerkbar, aber mein Vater winkt ab. Wir sind umgezogen. Jetzt wohnen wir in Berlin, und nicht weit vom Anhalter Bahnhof.

Unterirdisch ist der Anhalter Bahnhof noch in Betrieb. Ich lese es wenigstens in meinem Kursbuch ...

Es ist eine Station der S-Bahn, der Nord-Süd-Linie. (*Knobloch, 1984, S. 8–10*)

Aber da war er auch schon auf der schwarzen Brücke mit ihren vielen Spalten, durch die der Rauch der Züge, die unter ihr hinfuhren, in vielen kleinen Wölkchen drang. Und das weite Feld lag mit den runden Kronen der paar Pappeln da, und drüben vom Kreuzberg her kamen auf einem schmalen Wegstreifen die Leute herüber, eine lange, gleitende Kette, und auf dem Feld selbst stand die Reihe der schreitenden – einzeln und zu zweien und dreien – in seltsam großen, scharfen, dunklen Silhouetten gegen die silbergraue, durchsichtige Luft.

Einen Augenblick sah Emil Kubinke noch zurück über den weiten, weiten Plan der Schienen. Da unten in der Tiefe zogen sie sich mit breiten Furchen bis in das riesige, graue, verdämmernde Häusermeer hinein, aus dessen gekräuselten Wellen die zahllosen Kirchtürme wie Mastbäume hervorragten, und in dem ganz drüben, wie eine goldene Boje, die schwere, goldene Kuppel des Reichstags schwamm. Oh, diese Summe von wunderbaren Dingen und Formen da unten, von komplizierten Bauten! Diese langen Herden von Güterwagen! Diese Lokomotivställe, die alle ihre Schienen auf einen Punkt schickten, und aus denen die müden Renner mit glänzenden Augen glotzten! Oh, die langen Wellblechschuppen, wie graue Schlangen; diese Bahnhofshallen, die da fern, platt und breit lagen, gleich Riesenschildkröten; und gar diese breiten Eingänge in das Häusermeer, das die Züge ordentlich in sich einzutrinken schien! Seltsame Türme, mit einem Rätselwort bezeichnet, blockierten diese Rachen; seltsames Geäst von Signalstangen streckte vor ihnen seine langen, schwarzen Arme gen Himmel. Züge kamen und gingen; unablässig verband und trennte sich das vom Körper der Großstadt, und Emil Kubinke sah neidisch, wie sich jetzt so ein Zug herausschob, solch schöner D-Zug mit langen Wagengliedern, eine einzige Kette, ein Tausendfuß mit einem Krebskopf. Elegante Menschen von stoischer Reiseruhe strichen noch an den Fenstern im Gang vorüber, und langsam schob der Zug sich vor, ganz langsam, als hätte er viel Zeit übrig. Aber sowie er aus dem Wagenmeer sich herausgewunden hatte, da schien auch schon die Lokomotive den Kopf in den Nacken zu legen, wieherte gell und freudig auf wie ein Renner, dem man die Zügel locker gelassen hat – und stürmte dann vor ... didumdada, didumdada, didumdada, immer schneller, immer weiter, bis nur noch hinten ein Rauchfähnchen wehte.

Emil Kubinke aber stand da oben, und er hatte Tränen in den Augen – warum konnte er denn da nicht drinsitzen.

Und dann eilte unten über den Schienenweg so eine kleine, einsame Lokomotive – merkwürdig, wie sicher sie ihren Weg durch all die Verästelungen nahm, wie sie sich durchwand, rechts, links, vor und zurück, und dazu kleine Wölkchen warf. Aber auch sie dachte nicht daran, Emil Kubinke mitzunehmen. (*Hermann 1963, S. 237–239*)

Koryphäen unserer Eisenbahn, Fremdenwerbung, Stadtbild-Verschönerungs-Kommissionen, Baupolizei, Gesundheitsämter, sollen sich einmal die Visitenkarte unserer Weltstadt betrachten: den Fernbahnhof Zoo, wichtigsten Mittelpunkt auf dem Wege von Europas Osten zum Westen und umgekehrt. Statistisch ist nachgewiesen, daß hier der internationale Fernverkehr durch die Entwicklung Berlins zum Westen hin stärker als auf dem Bahnhof Friedrichstraße ist.

Die Zufahrt: drei matte Birnchen hinter verstaubten Gläsern bestrahlen den stets gefüllten Tunnel unter dem Schienenweg. Die weite Längsseite am Tiergarten mit ihren vier Zugängen zum Stadt- und Fernbahnhof, mit der Gepäckbeförderung, der Polizei, der Postauslieferung, wird von fünf dürren Zimmerlämpchen erhellt. Ein schmaler, meist von Kisten verbauter Bürgersteig soll hier den ankommenden Reisenden schützen, ein weiter Sanddamm daneben – im Düstern bei jedem Regen undurchquerbar – dient als Parkplatz für Privat-, Droschken- und Postautos.

Im Innern unten: die Fahrpläne ohne Licht, von fünf Billettschaltern trotz Andrang nur einer geöffnet, die Wartesäle verraucht, ungepflegt, von Nichtreisenden als Börse bevorzugt, zwei Treppchen mit tief ausgetretenen Stufen, unbeleuchtet, führen hinauf zum Fernbahnsteig. Mal fegt ein Eisenbahner den Staub vom Boden den Reisenden ins Gesicht.

Auf dem Bahnsteig: in einem Kasten mit zerfetzten Papieren vor einem absichtlich zu engen Durchgang brummt ein Beamter an der Sperre. Platz zum Stehen bekommt nur jeweils ein Reisender. Alle anderen haben mit Gepäck auf der Treppe solange zu warten. Der gesamte Fernbahnsteig Zoo ist sechs Männerschritte breit, einschließlich eines Dienstraumes, eines Zeitungs- und eines Erfrischungs-Kioskes, eines Gepäckfahrstuhls, einer Holzbaracke, deren eine Hälfte für Amtszwecke, deren anderer Teil als Wartehalle verwertet wird. Dieser Raum, fast immer von 20 frierenden Reisenden aufgesucht, besitzt Größe und Höhe eines Coupés, zwei schmutzige Holzbänke mit je vier engen Plätzen und ein untätiges Koksöflein.

Tagsüber müht sich Sonnenlicht durch die häßlich engen Fenster auf den Bahnsteig nach Paris und Warschau zu drängen; sonst wird alles durch ein Dutzend verschmutzter Zimmerbirnen erhellt. Einige alte Gartenbänke sind für Wartende. Die Fahrpläne ruhen unlesbar im Dunkeln. Vor der Einfahrt jedes Zuges trägt einer ein Schild durch die meist dicht gedrängte Menge mit Einzelheiten über Weg, Ziel, Klassenanordnung. Fällt gelegentlich ein Lichtstrahl auf die Tafel, kann man die Buchstaben nicht entziffern, weil sie überklebt und bis zur Unkenntlichkeit beschmutzt sind; auch der automatische Zugmelder ist schlecht zu sehen.

Die Schildlampen mit der Aufschrift «Bahnhof Zoologischer Garten», notwendig zur Information für die vieltausend ankommenden Fremden, sind an beiden Einfahrten zerbrochen und unbeleuchtet, in der Mitte des Bahnsteiges nur unzulänglich belichtet. Ein grünbemaltes Rohr mit einem unappetitlichen Wasserhahn und einem blauen, zerschlagenen Emailletopf an verrosteter Kette über einem verstopften Ausguß ist der Trinkbrunnen. Gepäckträger meiden den Bahnsteig zu ihnen ungenehmen Zeiten, ihre Zahl ist auch völlig unzureichend, sowohl an den Zügen wie unten bei der Gepäckausgabe, die schlecht gelegen und viel zu beengt ist. Sodann tragen die zahllosen Weltreisenden nicht nur ihr Gepäck allein durchs Dunkel und Häßliche, sondern auch ein falsches Bild vom Ehrgeiz dieser Stadt und den verantwortlichen Augen und Herzen mit in ihre Heimat. (*Jameson 1982, S. 144–146*)

Der alte Potsdamer Bahnhof war wie alle anderen Berliner Bahnhöfe eine erbärmliche «Bude». Einen anderen Ausdruck hat unsere reiche deutsche Sprache nicht zur Verfügung, um die baulichen Zustände der hauptstädtischen Bahnhöfe jener Zeit wahrheitsgemäß zu bezeichnen. Dem jämmerlichen Aussehen entsprachen die inneren Einrichtungen auf das vollkommenste. Im Wartesaal der dritten Klasse waren an den Wänden Bänke aus Kiefernholz angebracht; ein eiserner Ofen in der Mitte desselben spendete in den Wintermonaten die nötige Wärme; für prächtige Beleuchtung sorgten ein Paar frei in die Zimmerluft hinausflackernde Gasflammen. Im Wartesaal zweiter Klasse sah es schon vornehmer aus. Hier konnte man sich auf Stühlen und Bänken mit Rohrgeflecht niederlassen; hier hatten die Gasflammen schon Glaszylinder, hier stand auch schon ein weißer Kachelofen. In dem kleinen Wartesaal erster Klasse herrschte indessen eine sinnbetörende Prachtausstattung in Gestalt von Mahagonisesseln und Sofas, deren Polster mit knallrotem Plüsch überzogen waren. Von der Decke herab hing ein fünfarmiger Beleuchtungskörper mit Milchglaskugeln herab. Wer sich einmal unbefugterweise in dieses Heiligtum hineinwagte, hielt förmlich den Atem an vor Staunen über diesen Luxus. Und so wie hier war's auf dem Schlesischen, dem Stettiner, dem Anhaltschen Bahnhof. Auf diesem Bahnhof hat sich's einmal zugetragen, daß sich die Gemahlin des Kaisers Alexanders II. bei ihrem Gang nach dem Hofzuge in der Dunkelheit den allerhöchsten Fuß verstauchte. Ein Donnerstrahl zuckte auf die Verwaltung der Anhaltischen Eisenbahngesellschaft herab, und die Folge davon war, daß ein Ministerialbefehl erging, für die Abstellung der skandalös gewordenen Mißstände schleunigst Sorge zu tragen und einen Bahnhofsumbau in die Wege zu leiten. Dieser Unfall einer fremdländischen Fürstin hat nicht in letzter Linie dazu beigetragen, den aller Beschreibungen spottenden jämmerlichen Berliner Bahnhofseinrichtungen ein rascheres Ende zu bereiten. Diese – allerdings dann auch nur um so gründlicher durchgeführten Umwandlungsarbeiten fielen in die Mitte der siebziger und achtziger Jahre. Als jedoch die neu erbauten weißen Bahnhöfe mit ihren kühn überspannten Eisen-Glashallen, den prächtigen Vorhallen, Wartesälen und allen sonstigen zweckmäßigen Einrichtungen endlich vollendet waren und die Verwaltungen der betreffenden Eisenbahngesellschaften zu dem Ende daher sehr tief in ihre Beutel hatten greifen müssen, da erschien der preußische Eisenbahnminister mit seiner Eisenbahnverstaatlichungsvorlage und steckte die ganzen neuerstandenen hauptstädtischen Herrlichkeiten, will sagen die ebenso prachtvollen wie zweckmäßigen Bahnhöfe nebst den gesamten riesigen Anlagen und Gebäuden um ein Billiges ein. Die privaten Eisenbahngesellschaften machten keineswegs gute Miene zum bösen Spiel der Minister Thielen und Maybach. Sie mußten sich schließlich mit den angebotenen Abfindungssummen zufriedengeben. Sie konnten das auch, bei Lichte besehen. Die Allgemeinheit jedoch hatte keinerlei Grund, sich über den Übergang des privatgesellschaftlichen Eisenbahnbetriebs in den staatlichen irgendwie zu beklagen. (*Kastan 1919, S. 42f.*)

Hier, am «katholischen Bahnhof» [dem Schlesischen Bahnhof], steht die Wiege des «echten» Berliners. Hier kam er an. Bepackt mit Decken und Kisten, oftmals umtanzt von einer Schar schreiender Kinder. Er blickte sich verwundert um in dieser großen Stadt. Dann aber spuckte er in die Hände und begann zu arbeiten. Mit den Jahren verlor sich der Provinzdialekt, verlor sich die Unbeholfenheit. Der «waschechte» Berliner war fertig. Großmäulig, arbeitsam, hilfsbereit.

Schlendert man jetzt in nächtlicher Stunde durch die Warteräume des Schlesischen Bahnhofs, so glaubt man sich in das Zwischendeck eines Auswandererschiffes versetzt. Im Warteraum vierter hocken verelendet aussehende Frauen in Umschlagtüchern. Ihre Kinder liegen wie Lumpenbündel an der Erde und schlafen. Es stinkt nach Bierneigen, schlechtem Tabak. Am Schanktisch stehen junge Burschen, Zigarette im Mundwinkel und flüstern miteinander.

Ein Betrunkener taumelt herein. Er will Bier haben. Und als er getrunken hat, beginnt er entsetzlich zu schimpfen. Denn das Bier ist schlecht, warm und teuer.

An einem Tisch wird gemauschelt. Plötzlich bricht Streit aus. Einer soll betrogen haben. Die Burschen messen sich mit wütenden Blicken. Da ertönt von der Theke her ein warnender Pfiff. Sofort beruhigen sich die Streitenden. Sie setzen sich wieder an den Tisch. Zwei stellen sich schlafend, die andern blinzeln nach der Tür, durch die ein breitschultriger Mann tritt, der aussieht, als sei er eben vom Lande gekommen. Aber der Kundige sieht sofort, daß Gefahr im Verzuge ist. Der Eintretende ist ein «Bulle», ein Kriminalbeamter, der langsam durch den Warteraum schlendert. [...]

Die «Ganoven» haben ein sehr gut ausgebildetes, tadellos funktionierendes Nachrichtensystem, um ihren Genossen Mitteilung von drohender Gefahr zu machen. Einer dieser Tricks sei hier mitgeteilt. An einer Straßenecke stehen fliegende Händler, die gestohlene Ware feilbieten. Einer schreit monoton: «Streichhölzer, Zigaretten.» Plötzlich erkennt sein geschärfter Blick einen Kriminalbeamten. Der Händler rennt nicht davon, er gestikuliert nicht mit den Armen, er ruft nur mit lauterer Stimme: «Streichhölzer, Streichhölzer, Zigaretten!» Daraufhin läßt eine an der Ecke stehende Prostituierte ihr Taschentuch fallen. Der vor einem Lokal stehende Beobachtungsposten sieht es und warnt. Die Beamten stoßen dann meist auf das leere Nest ...

Nach diesem kleinen Ausflug kehren wir zum Schlesischen Bahnhof zurück, in dessen Revier neben dem Gros ehrlicher, tüchtiger Arbeiter Verbrecher aller Art hausen.

Auf den Straßen wimmelt es geradezu von Ringneppern und Zuhältern.

Ganz leise kommt jemand angeschlichen. «Wolln Se 'nen Ring kaufen? Gute Ware. Unterm Preis.» Und sie finden Dumme, die ihnen den Tinnef, der im Lichte der Laterne wie Gold glänzt, zu einem hohen Preise abkaufen.

Eine andere Erwerbsquelle ist das Koffertragen. Schon mancher gutgläubige Provinzler hat seine Habseligkeiten aus der Hand gegeben und sie niemals wiedergesehen.

Noch verbrecherischer ging vor kurzer Zeit eine Prostituierte vor, die Männer anlockte und in eine finstere Straßengegend führte, wo sie von im Hinterhalt liegenden Verbrechern niedergeschlagen und ausgeplündert wurden.

In der Nähe des Bahnhofs reiht sich ein Lokal an das andere. Lokale im Keller, im Hochparterre, Hotels, Pensionen, Nachtpressen.

Auch ein Kabarett habe ich dort unten gefunden. Ein Kabarett, in dem es sehr dessinlos, stumpfsinnig zuging.

Da betritt ein ramponiert aussehender Komiker das Podium und plärrt die albernsten Witze. Schließlich erzählt er Zoten, die mit großem Beifall aufgenommen werden.

Eine Chansonette wirft ihre Beine wie ein Fußballspieler. Sie weiß, daß es nur darauf ankommt, die Unterwäsche zu zeigen.

Das Publikum besteht aus Halbwüchsigen, Kokotten und ihren Beschützern, aus Abenteuersuchenden und ehrlichen Arbeitern, die man sofort herausfindet. Für die breiten Schichten der schaffenden Bevölkerung fehlen immer noch die Unterhaltungsstätten, deren Programm auf die Weltanschauung der Besucher Rücksicht nimmt. (Es fehlt das politische Kabarett für den Arbeiter, das Tendenzkabarett!) [...]

Fast alle Prostituierten und Verbrecher sind leidenschaftliche Spieler. Haben sie ihre «Sore» beim «Macher» abgeliefert, setzen sie sich an den Spieltisch. Betrügereien untereinander kommen verhältnismäßig selten vor. Auch sie haben ihren Ehrenkodex. Sitzt jedoch ein «Stubben» am Tisch, richten sie ihr Hauptaugenmerk darauf, ihn zu neppen. Denn das gehört schon zur Arbeit.

Wenn der Bahnhof den letzten Stadtbahnzug ausgespuckt hat und die Lokale ihre Rolläden heruntergelassen haben, läßt auch das Leben auf den Straßen nach.

Die Ringnepper finden keine Dummen mehr.

Nur die Prostituierten gehen noch «ackern».

Auch Betrunkene haben mitunter noch Geld. (*Worm 1981, S. 48–51*)

Schlesisches Tor. Die Männer tragen Windjacken oder Strickweste unterm Rock. Blaue Schiffermütze, Sportdeckel. Die Frauen und Mädchen sehen blaß aus, ein wenig unterernährt. Blusennähen tagein, tagaus. Oberhemden auf neu bügeln. Glühbirnen verpacken. Da wird der Teint grau und käsig. Belebt sich höchstens am Sonntag, wenn Schwoof ist. Oder bei Landpartie, Friedrichshagen, Müggelsee. Freibad, das macht Feez. Aber soweit sind wir noch nicht. Es ist erst März, und es regnet Strippen.

Du nimmst die Hochbahn und saust gen Westen. Gleisdreieck unten, oben fahren Züge. Der Potsdamer Bahnkörper. Da sind die Vorortzüge. Und die D-Züge, Donnerwetter! Ein paar Schlafwagen dösen in der grauen Frühe auf totem Gleis. Ein Mitropa-Restaurationswagen. Großreinemachen. Kurfürstenstraße wird unterirdisch. Du steigst Wittenbergplatz aus, und alles hat sich gewandelt. Die Frauen und Mädchen haben Lippenrot aufgelegt, ihre Hautfarbe ist zart. Man verwendet Gesichtswasser und Radiumcreme. Das Haar ist dauergewellt, in allen Phantasiefarben, Henna ist Trumpf. Die Augenbrauen wegrasiert bis auf einen chinesisch dünnen Strich, der dämonisch wirkt. Dämonie ist die große Mode. (*Berstl 1932, S. 86f.*)

[1925] Die Straßenbahn wird in etwa zwanzig Jahren verschwinden, wie die Pferdebahn verschwunden ist. Für mein Gefühl hat sie schon jetzt etwas Überlebtes, eine Art altmodischen Charme. Alles an ihr ist ein wenig ungefüge und klapperig, und wenn sie eine Kurve etwas zu schnell nimmt und die Stromstange vom Fahrdraht springt und der Schaffner oder sogar einer der Fahrgäste sich am Heck des Wagens hinauslehnt, nach oben späht und an der Schnur ruckelt, bis die Rolle wieder Kontakt hat, dann denke ich jedes Mal daran, wie auch dem Kutscher in früheren Zeiten manchmal die Peitsche aus der Hand gefallen sein muß und wie er dann sein Viergespann zügelte, den Burschen in langschößiger Livree, der neben ihm auf dem Bock saß, zurückschickte, sie aufzuheben, und durchdringend ins Horn blies, während seine Kutsche über das Kopfsteinpflaster eines Dorfes holperte. Der Schaffner, der die Fahrscheine ausgibt, hat sehr eigenartige Hände. Sie arbeiten so flink wie die eines Pianisten, aber sie sind nicht schlaff und schweißig und haben auch keine weichen Nägel, sondern sind so grob, daß einen eine Art moralisches Unbehagen überkommt, wenn man ihm Kleingeld in die Hand schüttet und dabei die Haut berührt, der ein derber Chitinpanzer gewachsen zu sein scheint. Trotz ihrer Derbheit und der dicken Finger sind es überaus rührige und tüchtige Hände. Neugierig verfolge ich, wie er mit dem breiten schwarzen Fingernagel den Fahrschein festklemmt und ihn an zwei Stellen knipst, in der Ledertasche wühlt, Wechselgeld herausfischt, die Tasche sofort wieder zuklappt und an der Klingelleine zieht oder mit einer Daumenbewegung den Schieber an der Vordertür aufdrückt, um auch den Leuten auf der vorderen Plattform Fahrscheine zu geben. Und die ganze Zeit über schaukelt der Wagen, die Fahrgäste im Gang greifen hoch nach den Halteriemen und schwanken hin und her – doch er läßt kein einziges Geldstück fallen, keinen einzigen vom Block abgerissenen Fahrschein. In diesen Wintertagen ist die untere Hälfte der Vordertür mit grünem Tuch verhängt, die Fenster sind mit Frost beschlagen, an jeder Haltestelle drängen sich verkäufliche Weihnachtsbäume an der Bordkante, die Füße der Fahrgäste sind fühllos vor Kälte, und manchmal bedeckt ein grauwollener Fausthandschuh die Hände des Schaffners. An der Endstation koppelt sich der Triebwagen los, fährt auf ein Nebengleis, passiert den zurückgebliebenen Anhänger und nähert sich ihm von hinten. Es hat etwas von der Ergebenheit eines Weibchens, wie der Anhänger wartet, daß der vordere, männliche Wagen unter Funkengeknister herangerollt kommt und sich ankuppelt. Und ich erinnere mich (ohne die biologische Metapher), wie achtzehn Jahre zuvor in Petersburg die Pferde ausgespannt und um den dickbäuchigen blauen Trambahnwagen herumgeführt wurden.

Die Pferdestraßenbahn ist verschwunden, die Elektrische wird verschwinden, und ein exzentrischer Berliner Schriftsteller in den zwanziger Jahren des einundzwanzigsten Jahrhunderts, der unsere Zeit schildern möchte, wird in ein historisches Technikmuseum gehen und dort einen hundertjährigen, gelben, klobigen Straßenbahnwagen mit altmodisch geschwungenen Sitzen ausfindig machen und in einem historischen Trachtenmuseum eine schwarze Schaffneruniform mit blanken Knöpfen. Dann wird er nach Hause gehen und eine Beschreibung der Straßen Berlins in vergangenen Zeiten zusammenstellen. Alles, jede Einzelheit, wird dann Wert und Bedeutung haben: die Schaffnertasche, die Reklame über dem Fenster, die besondere Schüttelbewegung, die sich unsere Urenkel vielleicht vorstellen werden – alles wird geadelt und gerechtfertigt sein durch sein Alter. (*Nabokov 1982, S. 253 f.*)

Die Untergrundbahn lugte mit ihren feurigen Augen aus der Erde heraus, wie ein Lindwurm, der auf Beute lauert. So gespenstisch sah es von weitem aus, was der Großstädter längst als alltägliches Bild auf seiner Netzhaut empfindet. Einstmals hütete der Drachen seinen Schatz und seine geraubte Prinzessin dazu, heute sitzt die Prinzessin als Kassiererin vor der Drachenhöhle und hütet den Schatz des Drachen. Die Großstadt verschlingt das Märchen und setzt das Kapital an seine Stelle.

Das zischende, prustende Untier fauchte in die Halle, das Publikum stürzte sich in gewohnter Hast «wie siebzig Wilde» in die roten und gelben Waggons, die Türen fliegen krachend zu, überlaute, überstrenge Schaffner schreien harte Worte, die niemand versteht, und das modernste aller Vehikel fährt hinauf zur Oberwelt, schlängelt sich auf schmalen Pfaden blitzschnell dahin, versinkt wieder unter die Erde und entsendet einen dichten Menschenstrom in die eleganten Straßen des Westens. Auf der Treppe weht der dumpfe Moderduft alter Kathedralen, und man steht im Halbdunkel der Berliner Nacht und vergißt die Schauer der Unterwelt, wie einen bösen Traum. (*Austerlitz o. J., S. 8 f.*)

Mich beschäftigte die Berliner Untergrundbahn. Ich zog sie allen anderen Mitteln des Verkehrs vor und fuhr oft kreuz und quer in ihren Gängen, nicht um ans Ziel zu kommen, sondern um die Gesichter der Menschen zu betrachten. Kühle, schale, stehende Luft war in ihren Gängen; ein Wirbel toter Luft, der von den Zügen aufgerührt wurde, kam aus ihren Öffnungen. Unter der Erde zu fahren, bei künstlichem Licht, die von künstlichem Licht erhellten Gesichter der Menschen zu betrachten, elektrische Gesichter, die nah waren und zugleich sehr fern, das beschäftigte mich. Etwas Waches und zugleich Starres fesselte mich an diesen Gesichtern; wie Puppen aufgereiht sah ich die Menschen auf den Bänken sitzen und den Lebenstraum träumen, in dem sie sich absonderten und für sich hielten. Hier war weder Landschaft noch Himmel mehr, hier begegneten sich der Mensch und seine Maschine. Nicht die Landschaft war es, in der er sich bewegte, sondern ein System von Schnittpunkten, das in der zerschnittenen Erde angebracht war. Dieses System vergrößerte ich in Gedanken und machte es noch künstlicher, indem ich es in zahlreichen Stockwerken staffelte und in die Waagerechten senkrechte Schächte hineinarbeitete, in denen elektrische Aufzüge auf und nieder stiegen, so daß die Anlage zuletzt einem riesigen Pumpwerk glich, das wie ein Blutkreislauf arbeitete. Nahm ich nun den Zweck weg, dem das alles diente, und machte es selbständig, dann kehrte sich die Bewegung um; das Leben wurde zu ihrem Mittel und stand in ihrem Dienst. (*Jünger 1980, S. 17f.*)

In der Straßenbahn erlebt man nichts. In der Stadtbahn erlebt man selten etwas. In der Untergrundbahn fast stets. Die Straßenbahn wirft die Leute zu schnell durcheinander. Sie sind wie ein Spiel Karten, das gemischt wird und von denen alle Nase lang ein paar zum Spiel herausfliegen. Wie soll da die Karte was erleben?! Die Stadtbahn bringt höchstens neun oder zehn Menschen zusammen. Jeder achtet auf sich, jeder auf den andern. Die Hochbahnzüge aber sind wie große, aneinandergefügte, mit Menschen gefüllte Säle. Das Ganze wahrt zwar einen gewissen gesellschaftlichen Anstrich, aber der Einzelne fühlt sich unbeachtet dabei. Er läßt sich eher gehen. Man ist auch länger mit ihm zusammen, er ist besser zu studieren. (*Hermann 1980, S. 59*)

Nachher fuhren wir durch die fremde große Stadt, und da geschah das zweite Wunder. Wir setzten uns in einen Zug auf einem hellen Bahnhof. Der fuhr ab, durch die Nacht, fuhr ein paar Minuten, dann hielt er, und – wir waren wieder auf demselben Bahnhof. Ich glaubte mich zu irren. Aber das Spiel wiederholte sich zwei-, dreimal. Wir fuhren, derselbe Bahnhof kam, und nachher stiegen wir aus und waren bald zu Hause. Ob wir im Kreis gefahren sind? Aber warum und wozu, und schließlich sind wir doch angekommen. Erst als gereifter Mann habe ich den rätselhaften Vorgang durchschaut. Es wurde mir klar und klarer: wir waren Stadtbahn gefahren. Die Bahnhöfe sehen sich abends ähnlich in Berlin, besonders wenn man aus Stettin kommt. Wir waren von Friedrichstraße nach Jannowitzbrücke gefahren. Aber es war mir ein unvergeßbares Erlebnis; es übt seine beruhigende Wirkung noch heute auf mich aus. Wir waren sechs Personen, die da so zauberhaft reisten: meine Mutter, zweiundvierzig Jahre alt, und wir fünf Geschwister, lauter Stettiner Vollheringe, vier Jungen und ein Mädchen, ich der vorjüngste. Wir hatten den Staub, ich auch das Wasser Stettins von uns geschüttelt. Denn da war uns etwas geschehen. Wir waren aus einem kleinen Paradiese vertrieben worden. (*Döblin o. J., S. 41*)

Am selben Abend fuhr er mit der Untergrundbahn in den Norden hinauf. Er stand am Fenster des Wagens und blickte unverwandt in den schwarzen Schacht, in dem manchmal kleine Lampen vorbeizogen. Er starrte auf die belebten Bahnsteige der unterirdischen Bahnhöfe. Er starrte, wenn sich der Zug aus dem Schacht emporhob, auf die grauen Häuserzeilen, in düstere Querstraßen und in erleuchtete Zimmer hinein, wo fremde Menschen rund um den Tisch saßen und auf ihr Schicksal warteten. Er starrte auf das glitzernde Gewirr der Eisenbahngleise hinunter, über denen er dahinfuhr; auf die Fernbahnhöfe, in denen die roten Schlafwagenzüge ächzend an die weite Reise dachten; auf die stumme Spree, auf die von grellen Leuchtschriften belebten Theatergiebel und auf den sternlosen violetten Himmel über der Stadt. (*Kästner 1968, S. 126*)

[...] die Untergrundbahn bohrte sich in Schächte, prallte zwischen Häusern voller Licht wieder empor oder flog wie ein Pfeil durch Kirchen, Läden, Treppenflure, die in Helligkeit hingen, Reklamen, schwarze Mauern und Gewudel in eine kleine saubere Küche, Menschen krabbelten ein und aus, sicher, sich selber ihr Recht schaffend, dabei mußte Cajetan Obacht geben, daß er nicht an Haltung ganz einbüßte, und krampfhaft bemüht sein, in jenem Oberflächengeplätscher, in dem sich alle ringsum tummelten, mit Leo nicht aus dem Gleichklang des Geriesels zu sausen. Und ein Mann neben Cajetan bestand plötzlich darauf, mit ihm bekannt zu sein, er hätte doch auf der und der Straße gewohnt, und irgendein Individuum, das eine falsche Karte hatte, wurde vom Beamten zurückgeholt [...]. (*Hermann-Neiße 1986, S. 124*)

Will man etwas von Berlin sehen, muß man in den Straßen umherlaufen. Will man etwas von den Menschen sehen, muß man mit der U-Bahn fahren. Dort kann man sie nicht nur sehen, sondern auch riechen. Die Zeit und die Zahl der U-Bahn-Waggons reicht nicht aus, um die Züge jeden Tag anständig zu reinigen und zu lüften. Und so hat sich in ihrem Innern ein Geruch nach altem Schweiß festgesetzt, nach Schweiß von hart arbeitenden Körpern, denen monatlich ein Stück Seife von der Größe einer Streichholzschachtel zusteht. Dieser Geruch hat sich mit der Zeit und dem Fortgang des Krieges nicht nur quantitativ verstärkt, er ist schließlich auch qualitativ immer penetranter geworden. Im Sommer kann man in dieser Luft ersticken, und das ist durchaus wörtlich zu nehmen: in der U-Bahn geben täglich Dutzende von Menschen, deren Mägen und Körper ohnehin nicht die kräftigsten sind, die Beine nach. Manchmal muß man irgendwo, auf halbem Weg, einfach aussteigen, um auf dem Bahnsteig zwischen zwei Zügen einmal kurz frische Luft zu schnappen. (*Smith 1982, S. 140*)

In der Untergrundbahn saß sie gegenüber einem Fahrgast, der wie zu Hause aus der Morgenzeitung vorlas über die Sperrung der Grenze, nur die Überschriften, aus denen er einzelne Worte, wie Frieden und andere, hörbar wiederholte, mit kleinen verächtlichen Husten dazwischen. Er war ein unauffälliger, bäuchiger Alter mit einem dicklichen Gesicht, er hatte nichts Westliches an sich, trug waschbleiches Arbeitszeug, und vielleicht war er nur nicht ausgeschlafen. Die D. achtete nicht gleich auf ihn, weil er durch einen anderen Fahrgast verdeckt war, auch weil sein Benehmen gestern nicht aufgefallen wäre; das Flimmern des gelben Morgenlichtes zwischen Fensterscheiben und Hauslücken, das Schwanken des Wagens schläferten sie ein, und sie fuhr erst auf, als drei

(drei? ja) jüngere Herren in ordentlichen Anzügen, an denen das Abzeichen der staatlichen Partei gestern noch nicht so hervorgestochen war, den Mann vom Sitz zogen zum Türgang und ihn an der Abteilwand mit allgemeinen Drohungen umstellten wie: solche kenne man jetzt lange genug, jetzt gebe es da Gelegenheiten. Die Fahrt ging mittlerweile ratternd in die Erde, aber da mit einem Mal keiner sonst sprach, meinte die D. das Wort Erziehungslager verstanden zu haben. Die abgewandten Köpfe der anderen Abteilinsassen, die Zeitung vorm Gesicht ihres Nachbarn schüchterten die D. ein, und es sah am Ende beiläufig aus, wie sie aufstand und sich neben die brüllende Gruppe stellte, damit der Alte nicht verloren ging. Er stand ruhig unter dem Arm, den einer der Kerle neben seine Schläfe gestemmt hielt, und äußerte sich keinmal über die Scheiße, die die drei in seinem Gehirn vermuteten. Er hielt die Augen geschlossen mit dicken Brauenwülsten und horchte wie ein Blinder den Fahrtgeräuschen die Entfernung zur nächsten Haltestelle ab. Dort schubsten sie ihn auf den Bahnsteig. Der eine traf beim Umwenden den haltlosen Blick der D. und nahm ihr gleich Maß; sie war aber feige genug auszusteigen. Es war für sie ein falscher Bahnhof. (*Johnson 1965, S. 53f.*)

Seit den bekannten Vorgängen vom August 1961 gibt es unter der Berliner Erde tote Bahnhöfe. Sie heißten Unter den Linden und Oranienburger Tor, Französische Straße, Stadtmitte. Ich kannte sie noch, als sie lebendige Bahnhöfe waren. Man erreichte sie mit der S-Bahn, mit der U-Bahn; man gelangte zu ihnen, indem man zu auffällig gekennzeichneten Eingangsschächten an bestimmten Straßen ging und dann eine Menge Stufen hinabstieg ins brandig Dämmerige. Auf den Bahnsteigen patrouillierte eine Doppelstreife der DDR-Polizei. Die meisten dieser Bahnhöfe waren, was eine Lautsprecherstimme den einfahrenden Zügen entgegenrief: letzter Bahnhof im Demokratischen Berlin, Demokratisches Berlin stand für das, was zuvor Sowjetischer Sektor geheißen hatte und später Hauptstadt der DDR hieß. In den haltenden Zügen wurden Kontrollen vorgenommen. Manchmal verließen DDR-Uniformierte zusammen mit Leuten, die Gepäckstücke trugen, den Zug. Der fuhr dann weiter. Irgendwann im Dunkel wurde jene Linie passiert, die damals noch Sektorengrenze hieß.

Ich bin 1965 wieder auf einer jener Strecken gefahren, Französische Straße, Stadtmitte waren dunkle Bahnsteige fast ohne Leben, die Züge fuhren langsamer an ihnen vorbei, sie hielten nicht. Doppelstreifen gab es immer noch, nur die Uniformen hatten sich geändert, ihre Träger standen bleich und wie eingefroren. Bei der langsamen Durchfahrt ließ sich noch erkennen: die unter ihrer eigenen Nutzlosigkeit allmählich schäbiger werdenden Wände; das unveränderte und allmählich altmodisch anmutende Email mit den Buchstaben der Stationsnamen; wäre hier nicht Untergrund, wäre wohl längst Gras aus den Betonritzen gewachsen, hätte sie auseinandergetrieben und die Steine zerdrückt. Wuchsen Moose hier? Gab es Insekten oder unbekannte Kriechtiere, die hier unten heimisch wurden und sich einer eigenen Metamorphose unterwarfen, vergleichbar den Lurchen, wie man sie in den Seen von Tropfsteinhöhlen findet und nur dort? Wie wirkte der Aufenthalt hier unten auf die Uniformierten, die sich äußerlich nur zu langweilen schienen?

Später waren auch sie verschwunden. Das Licht war noch dämmeriger geworden. Die Veränderungen der Fahrtgeschwindigkeit ließen sich kaum noch wahrnehmen.

Einer dieser Geisterbahnhöfe nahm für eine kurze Zeit plötzlich ein neues, künstliches Leben an. Strahlende Lichter blendeten auf, wenn man einfuhr. Außer Uniformierten gab es arbeitende Handwerker auf den Bahnsteigen. Die Wände wurden getüncht. Es wurden neue Aufschriften befestigt. Die unerwartete Lebendigkeit auf der Station griff über auf die Leute in den Zügen. Es wurden Mutmaßungen angestellt. Es wurden fotografische Aufnahmen verfertigt. Sie gingen ein in Zeitungen, sie wurden in der Television gesendet, Kommentatoren spekulierten über eine weitreichende Veränderung. In der DDR war Walter Ulbricht demissioniert. Der tote Bahnhof Walter-Ulbricht-Stadion hieß auf einmal Stadion der Weltjugend.

Künstliche Leben enden jäh und folgenlos. Der einzige Anlaß der Betriebsamkeit auf dem toten Bahnhof war der Wechsel eines Namens gewesen. Die Handwerker zogen aus. Die Uniformierten zogen aus. Der Bahnhof fiel von einem Tag auf den anderen in seine vorige Agonie zurück. Auch die neuen Farben verblichen mit der Zeit, und die Dämmerung kehrte zurück.

Die unten in den Zügen täglich diese Geisterbahnhöfe passieren, blicken von ihren Zeitungen nicht mehr auf. (*Rolf Schneider 1985, S. 93f.*)

Die Berliner Stadtbahn ist ein Viadukt auf zahllosen gemauerten Bögen von elf Kilometer Länge, sie durchstößt in viergleisiger Spur den Kern der Stadt von Osten nach Westen. Die Häuser und Fabriken schieben sich dicht an sie heran, ihre rohen, rußgeschwärzten Brandmauern sind eine riesige Balustrade, in die an der Jannowitzbrücke, am Alexanderplatz, an der Börse, am Bahnhof Friedrichstraße, am Zoologischen Garten und am Savignyplatz Lücken geschlagen sind, durch die das Getriebe der Stadt in breiter Welle an den Viadukt schlägt. Nur zwischen den Bahnhöfen Tiergarten und Bellevue, beim Überqueren der Ost-West-Achse genannten Charlottenburger Chaussee, errafft der flüchtige Blick bedeutendere Einzelheiten, den Tiergarten, das Brandenburger Tor, die Siegessäule, die Charlottenburger Brücke, bevor die dunkle Schlucht der Brandmauern wieder über ihm zusammenschlägt.

Lassehn hat die S-Bahn am Schlesischen Bahnhof bestiegen, um nach Charlottenburg zu fahren.

Ein lähmendes Entsetzen packt ihn, denn er schaut in das entstellte Antlitz der Stadt und sieht rauchgeschwärzte Mauern, blinde Fensterhöhlen, verbogene Eisenträger, verkohltes Holz, Gebirge von Schutt, zerfetzte Oberleitungen, zersplitterte Bäume, aufgerissene Straßen.

Die Stadtbahn ist eine Geisterbahn, Berlin ein gewohntes Pompeji geworden, eine Stadt, die an vielen Stellen bereits verwest ist und an anderen aus frischen Wunden eitert.

Die beiden kantigen, klobigen Hochhäuser kurz vor der Einfahrt zum Bahnhof Alexanderplatz sind merkwürdigerweise stehengeblieben, ihre weißen Türme, früher prangend und leuchtend von Glas und Zement und schneeweißem Putz, sind jetzt wie schäbige Eleganz aus Pappe, Holz und schmutziggrauem Zement.

Kurz nach der Ausfahrt aus dem Bahnhof Alexanderplatz beginnt eine fast vollständige Zerstörung, sie erstreckt sich eigentlich bis Charlottenburg. Lassehn blickt in graue, dunkle Schluchten, sie sind versperrt durch eingestürzte Mauern, und der Parkplatz von langen Reihen zerstörter Autos, sie waren früher helle Straßen mit Balkonen, auf denen Geranien blühten, mit Lichtreklamen und Autos, die über glatten, spiegelblanken Asphalt glitten. Hinter dem Lehrter Bahnhof aber breitet sich die schaurige Einöde des ehemaligen Hansaviertels aus. In einer einzigen Nacht ist es vollständig ausgelöscht worden, loderte es in einem riesigen Flächenbrand unter einem tiefverhängten, regennassen Himmel auf.

Lassehn ist wie benommen.

In diesen 30 Minuten, die die Fahrt vom Schlesischen Bahnhof nach

Charlottenburg dauert, wird ihm eigentlich zum ersten Male bewußt, daß diese Stadt seine Heimat ist, und er hat darin bisher nichts Bemerkenswertes gesehen, ihre Gaben als Selbstverständlichkeit hingenommen, als könnte es gar nicht anders sein. Jetzt sieht er ein, daß vieles unwiederbringlich verloren ist und, da das Ende des Krieges noch nicht abzusehen scheint, noch viel mehr in Schutt und Asche sinken wird. (*Rein 1980, S. 76 f.*)

In der S-Bahn, besonders auf der Nord-Süd-Strecke, fühlt man sich exterritorial, dem Blickwinkel der Westberliner Obrigkeit entfahren, mitunter wie auf der Geisterbahn, und genießt ohne Skrupel die Eindrücke von Verfall und Pleite. Zum Beispiel beim Durchfahren des Bahnhofs Bornholmer Straße, der vor 19 Jahren stillgelegt worden ist, eine 40- bis 50jährige, neuer aussehende, zügige, zugige, stromlinige, nutzlose, nicht einmal mehr von Tauben und Spatzen besuchte Verkehrskomposition. Oder das weite Gelände des Bahnhofs Gesundbrunnen mit dem grünen, buschigen dritten Bahnsteig in der Mitte, von dem sich seit dreißig Jahren nichts mehr fortbewegt. Nördlich vom ehemaligen Nordbahnhof, dem noch ehermaligen Stettiner Bahnhof, schunkelt man in einen mehrere Kilometer langen Tunnel hinein. An der Wagendecke flammen die Lampen auf, spenden aber nur schwaches Licht. Manche Leute lesen weiter ihre «BZ», ich kann in dem Helldunkel nur größer Gedrucktes lesen, also ein Buch, und auch nur dann, wenn die Lampe über mir zu denen gehört, die eine Glühbirne enthalten. Es kommt vor, daß alle Lichter verlöschen und stockschwarze Finsternis eintritt. Sie wird von «Geisterbahnhöfen» unterbrochen, auf denen einige Neonröhren flackern. Die Kachelwände sind schwärzlich, weil seit langem nicht gereinigt. Manchmal, sehr selten, ist auf dem Bahnsteig ein Mensch zu sehen, ein Wachsoldat oder ein Eisenbahner. Über uns ist der Ostberliner Bezirk Mitte. Die Straßenpassanten hören unseren Zug unter sich dröhnen. Seit 19 Jahren ist die Nord-Süd-S-Bahn den Ostberlinern nur noch ein ab und zu hörbares, mit keinerlei Nutzen mehr in Beziehung zu bringendes Geräusch. (*Stolze 1981, S. 168 f.*)

[...]
Aus der S-Bahn in die U-Bahn zu wechseln in Steglitz
das war ein krasser Wechsel von Umwelt düstere gelb-

liche Funzeln Glühbirnenbeleuchtung in den S-Bahn-
waggons dafür kein Rauchverbot generell unter den
Fahrgästen schiens keiner eilig zu haben manch einer
aber trank Bier oder Korn gar aus der Flasche dem
Etikett abzulesen unverzolltes Getränk aus dem Inter-
shop Bahnhof Friedrichstraße vermutlich auf dem Bo-
den des Raucherwaggons Zigarettenkippen und Asche
leere Flaschen drin Schnaps war kollerten laut hin
und her die Abfallbehälter gefüllt von früherer Bier-
umhüllung Holzbänke hart nicht kunststoffbezogen ge-
polstert so wie in der U-Bahn mit Rauchverbot überall
hell erleuchtet von Leuchtstoffröhren jeder Waggon

Jeder Bahnhof die Menschen alle in Eile in Hast

Aus der S-Bahn spärlich besetzt die Züge in die
überfüllte U-Bahn zu wechseln war angenehm nie sehr
lästig das Rauchverbot die Reglementierung Freiheits-
beraubung in dieser hell erleuchteten peinlich sau-
beren blinkenden anstandslos funktionierenden Umwelt
die Menschen mit Einkaufstüten aus Plastik sehr oft
voll von Zeug aus den großen Warenhäusern in Steglitz
soeben stand ich noch dort am Rathaus das Franz Kafka
gekannt hat den U-Bahnhofsausgang im Rathaus
den kannte er nicht nicht auch den Kreisel gigantisches
Denkmal von Korruption inmitten der funktional funk-
tionierenden Bauwelt noch immer nicht völlig ver-
mietet ist der Wolkenkratzer des Kreisels noch
immer nicht völlig vollendet das riesige Bauwerk [...]
(Bisinger 1983)

Tot, der Kurfürstendamm tot ... O du arme deklassierte Weltstadt Berlin!

Keine Elektrische mehr, kein Luxusautobus mehr, an Droschken oder Autos nicht zu denken! So geht es jetzt zu nach ein Uhr nachts im Elitewinkel des modernsten Nach-Kriegsberlin, auf dem Kurfürstendamm, der nur der Zukunft lebt und von altem Sittengerümpel nichts wissen will.

Und da kommt ein Stückchen ältesten Berlins, über hundertjährigen Berlins und greift rettend ein. Alle modernen Vekehrsmittel streiken ab ein Uhr auf dem ultrazivilisierten Kurfürstendamm. Nur ein Verkehrsmittel bleibt, das älteste, das Pferdeomnibüschen.

Das alte Vehikel rumpelt, humpelt, gondelt, schwankt nächstens über die Asphaltstraßen, wie eine alte betrunkene Großmutter. Hoch, hoch oben, auf dem Kutscherbock sitzt ein Mann mit einem vorsintflutlichen Postillonshütchen, das an Stahlhelme vage erinnert und läßt den Zipfel seiner Peitsche über den Rücken seiner beiden Methusalemsgäule hin und her pendeln. Er schlägt sie nicht, die alten Klepper; er ist gut, der Postillon; er spornt sie nicht an, er kitzelt sie bloß, daß sie wach bleiben. Und nickt oben selber im Halbschlaf und träumt von Pellkartoffeln. Und das Wägelchen rumpelt und humpelt dahin. Vorn ein rotes, hinten ein violettes Licht, wie eine alte, schielende Gespenstereule. Stundenlang rollt es dahin. Aber – es rollt.

Und wenn alles sonst zu rollen sich weigert, unentwegt trottet Altberlin weiter seinen stillen Nachtweg und schöpft sich im stillen, wenn alles schläft, seinen Rahm ab, macht sein Geschäftchen. Ach, es wagt nicht, sich bei Tage zu zeigen, auf dem snobistischen, hochnäsigen, verkehrsrauschenden, protzig-modernen Kurfürstendamm. (Da verdiente es auch nichts.) Wenn die Konkurrenz ausgeschaltet ist, tritt es erst in Funktion. Und es wagt sich erst bei Eintritt der Dunkelheit hervor. Aber still und brav schafft es sein Stück Arbeit, wie ein guter alter Greis, der einen mit seinen Weisheiten vom vorigen Jahrhundert in Staunen zu setzen und zu beschämen sucht. Ein bißchen Altberlin. Und – Retter in der Not, der sich allerdings selbst aus der Not rettet durch schöne Drei-Mark-Billetts.

Bekommen die lieben alten Klepper dafür auch ordentlich zu fressen?

Damit das alte Gespenstervehikel weiter rollen kann? Ein Auge rot? Das andere violett? (*Bouchholtz 1921, S. 75–77*)

Sentimentale (vielleicht auch andere) Gemüter werden bitter enttäuscht sein: diese letzte Fahrt des letzten Tagesomnibusses war erschütternd wie immer, spielte sich also ohne jedweden Zwischenfall – rein geschäftsmäßig, unpoetisch, alltäglich ab. Das Traurigste aber muß für den Wagen (Nummer 974!) gewesen sein, daß niemand der undankbaren Fahrgäste einen Schimmer davon hatte, daß seine letzte Stunde geschlagen hatte. Um 7 Uhr, gestern abend, schuckelte er los. Vom Halleschen Tor herunter die Lindenstraße; dann die … aber jedes Spreekind kennt ja seinen Weg. Der Kutscher hoch oben auf dem Bock ist müde; er weiß, daß er morgen (wahrscheinlich) Hup-hup durchs Brandenburger

Tor auteln kann. Haut also auf die beiden Gäulchen ein. Seien wir ehrlich: er ist schon gar kein echter Omnibusser mehr. Denn er trägt keinen Zylinder mehr, hat die moderne Uniform an und hat sich sogar in der letzten Zeit auch das Schimpfen abgewöhnt.

«Fahren Sie schon lange, Schaffner?» frage ich, in der Hoffnung, nun doch ein paar wehmutsvolle Worte aus dem Munde eines Leidtragenden zu hören. «I wo!» meint er. «Ich bin hier zufällig auf diese Linie verschlagen! Aber nun ist ja Schicht!» So – das ist alles. Sozusagen: der Nekrolog. Armer, armer Omnibus...

Aber er hat Ehrgeiz, der Omnibus, der alleralllerletzte Tagesomnibus: an der Chausseestraße fährt er mit seiner siegreichen Konkurrentin, der Elektrischen, um die Wette. Nun mach's mal halbwege, letzter Wagen! Willst wohl noch kurz vor Toresschluß eine Panne haben? Bald hat er sich wieder beruhigt, läßt der Großen Berliner den Vortritt. «Hallo! Sie, Frauchen! Springen Sie nicht ab! Sie fallen!» Bums! Da liegt es auf dem Damm: das letzte Opfer. Ja, ja, die Frauen! Die Frauen!! Alles lernen sie, alles! Nur nicht vom Omnibus abzuspringen. Jetzt haben sie es ja tagsüber nicht mehr nötig.

Am Stettiner Bahnhof hält er. Alles steigt aus. Ich als letzter Fahrgast eines ehemaligen Sechser-Omnibusses ebenfalls. Wieder ein Rekord. Der Halteplatz vor dem Stettiner Bahnhof ist omnisbusleer. Es hat sich «ausgeomnibust». «Halt! Zum Donnerwetter! Halten Sie doch!» ruft ein Fahrgast ganz erregt vor Wut. «Eine halbe Stunde stehe ich schon hier. Und es kommt kein Klapperkasten! Haben Sie denn keinen Fahrplan?» Der Schaffner schüttelt lächelnd den Kopf. «Nee, Liebster, da können Sie lange warten! Unsern Fahrplan können Sie beim Antiquitätenhändler koofen!» Und fort rattert der letzte Omnibus. In Richtung Heimatshof. Und ein Tempo! Ein Tempo!! Seit dem 29. Oktober 1839, wo der erste Berliner Omnibus vom Potsdamer Platz zum Alexanderplatz ohne Straßen- und Hochbahnkonkurrenz herunterjagte, ist wohl noch niemals ein Omnibus so schnell gefahren wie gestern abend der letzte Neunhundertvierundsiebziger... (*Jameson 1982, S. 88f.*)

Ja, da drüben ist unser großer Flughafen. Da kann man die surrenden Stahlvögel niedergleiten sehen auf grüne Fläche und anrollen auf die geteerte Bahn. Und wieder aufsteigen im Kreisflug nach allen Himmelsrichtungen. Und in der Halle der Lufthansa stehen sie nebeneinander wie Lokomotiven im Schuppen. Kennerisch sieht die Menge der Ankunft und Abfahrt zu, und die kleinsten Burschen reden im Ton des sicheren

Mannes über Tragflächen und Spannweiten, sie waren ja draußen auf der ‹ILA›, sie wissen ja Bescheid mit allen Aerogleitern, Eindeckern und Doppeldeckern, genau wie sie alle Autoarten kennen, da brauchte man nur die Gespräche vor den Ausstellungshallen der Messestadt anzuhören. Oft sollen sie übrigens auch den größten Unsinn reden, haben mir Sachkenner versichert, aber sie bringen ihn so herrlich trocken und bestimmt heraus, die kleinen Berliner. Merkwürdig ist auch, wie neidlos selbst die Ärmsten alles Sportgerät ansehen. In dem Schwirren der Propeller und im Rollen über beständig explodierendem Benzin muß ein gemeinschaftliches oder mitteilsames Glück liegen. Wer sich kein Auto leisten kann, wird dann eben Chauffeur werden. Oder vielleicht Flugzeugführer, denkt mancher von den Kleinen, wenn er hier die Piloten in ihrer flatternden Ledertracht, in dieser seltsamen Fledermausuniform, vorübergehen sieht. (*Hessel 1984, S. 183*)

Wider schlechteren Willen von Männern enteignet, die ihn lieber kommenden Geschlechtern erhalten hätten, liegt der Platz Tempelhofer Feld mitten in Berlin. Auf das gestampfte Feld, das Generationen von Soldaten festgetreten hatten, gehen in sanftem Flug die Flugzeuge Europas nieder, welche die ohnehin nicht überlebensgroßen Dimensionen dieser Vereinigten Staaten normalisieren. Man hat einige Schuppen errichtet, auf deren flachem Dach Tische und Stühle stehen. Dort, mit der Lektüre neuer Zeitungen beschäftigt, sitzend, kann man den Verkehr Europas betrachten, dessen Maschinenlärm, immer nur wenige Minuten hörbar, nicht störend ist. Schon am Rande des gewaltigen Flugfelds werden die abfliegenden Maschinen dem bloßen Auge unsichtbar. Undeutlich nur zu erkennen sind hier, mitten in Berlin, die Umrisse der nächstgelegenen Häuser. Aber ein Fußmarsch von lächerlich wenig Stunden führt geradeaus durch einen kleinen Park, genannt der Volkspark, zum Belle-Alliance-Platz, über die Friedrichstraße, mitten ins Herz einer der größten Städte der Welt. Unvorstellbar ist die Vielfalt der Gesichter, die einem begegnen. Immer vorüber an grauen, 5–6 Stockwerke hohen Häusern, welche vom Keller bis zum Dachboden von der Arbeitskraft und der Müdigkeit dieser Menschen erfüllt sind, führt der Weg. (*Brentano 1981, S. 10f.*)

Der Zug nach dem Westen

Unter den Linden! Das Herz jedes Berliners klopft höher bei diesem Namen. (*Springer*)

Friedrichstraße. Das war einmal das Zentrum der berlinischen Sündhaftigkeit. (*Hessel*)

Normaluhr du am Potsdamer Platz, bahnhofsauffahrtvorgepflanzt [...] (*Corrinth*)

Jede Großstadt hat ihren Kurfürstendamm. (*Bouchholtz*)

Ende des letzten Jahrhunderts beginnt der Zug nach dem Westen. Das alte Zentrum verliert an Attraktivität, Kurfürstendamm und Tauentzienstraße entfalten modernes, urbanes Leben. Die Linden, ganz auf Repräsentativität bedacht, mit Palais und Herrschaftsarchitektur, mit paradierendem Militär und sonntäglichem Familienspaziergang, stehen nicht mehr im Zentrum der Aufmerksamkeit für die Flaneure und zerstreuungssüchtigen Literaten. Ihre Orte sind die Cafés und Bars, die Kinos – Orte, in denen das städtische Leben einem neuen, schnelleren Rhythmus folgt. Erst spät wurde der Kurfürstendamm mit gewaltigem Spekulationsaufwand von Bismarck ins Leben gerufen, in den siebziger Jahren geplant, in den achtziger Jahren ausgeführt: Aus dem Knüppeldamm zum Jagdschloß Grunewald wird ein moderner Prachtboulevard nach Pariser Vorbild, eine Kultur- und Geschäftsstraße . Und je mehr der Kurfürstendamm zum neuen Zentrum aufsteigt, desto mehr verliert nach und nach die Friedrichstraße an Reiz, verkommt zum Nepp- und Vergnügungsviertel. Auch die Millionäre zieht es nach 1900 vom Tiergartenviertel hinaus an den Wannsee und in den Bezirk Grunewald, zu sehr stören die Verkehrsknotenpunkte Potsdamer- und Kemperplatz die Ruhe der Bankiers und Industriellen, zu dicht ist ihnen hier der Kontakt mit den Massen geworden.

Mit der Citybildung geht Hand in Hand eine andere Erscheinung, die auch bereits vor Jahrzehnten leise begonnen hat und die sich heute in ganz großem Maßstab vollzieht: der Zug nach dem Westen. Von «Unter den Linden» abgesehen wandert der Großteil der vornehmen Geschäfte und Betriebe aus dem Zentrum nach dem Westen ab und dringt von Tag zu Tag tiefer in dieses einst reine Wohnviertel der vornehmen Welt ein. Die City dehnt sich nach Westen aus; Wohnhäuser werden Verwaltungsgebäude und Geschäftshäuser, Wohnungen Büros. Laden reiht sich an Laden. Zuerst ist das alles die Potsdamer Straße entlang gekrochen, dann in die Seitenstraßen abgebogen und hinüber zur Kleiststraße, zum Wittenbergplatz, zur Tauentzienstraße, zum Zoo; heute ist es schon in raschem Vorschreiten am Kurfürstendamm. Prunkvolle Läden, Kinopaläste, Vergnügungsstätten wachsen geradezu aus dem Boden. Und das vornehme Wohnviertel wird immer weiter zurückgedrängt oder zieht sich freiwillig zurück, hinaus nach Halensee und hinunter nach Südwesten, nach Zehlendorf oder Dahlem. (*Korherr 1930, S. 381*)

Damals entwickelten sich Deine beiden Zentren des Lebens und des Verkehrs, die für uns nun das typische Berlin sind. Tagsüber ist es der Alexanderplatz. Moderne Geschäftshäuser, U-Bahn-Schächte, die ununterbrochen Menschenströme ausspeien und einsaugen, ratternde rot- und gelbgestrichene S-Bahn-Züge, überfüllte Autobusse, in den Schienen kreischende, funkensprühende Straßenbahnen, Autokolonnen, die sich vor dem roten Licht der Verkehrsampeln stauen, um dann gemeinsam mit aufbrausenden Motoren anzufahren, flinke Zeitungsfahrer, die sich, mit ihrem großen Sack frischgedruckter Neuigkeiten auf dem Rücken, auf ihren Rädern geschickt durch den Verkehr winden. Das ist der «Alex». Wertheim, Tietz, Jonas sind dort mit ihren grellbunten Inventur-Ausverkaufs-Plakaten die großen Kaufhäuser, in deren überfüllten Verkaufshallen sich die Hausfrauen um die schwerbeladenen Tische drängen, um «angestaubte Wäsche» oder «Schlipse mit Webfehlern» billig zu erhandeln. Dort steht der wortgewandte Straßenverkäufer im Kreise seiner aufmerksamen «Sehleute», und das Maulwerk der Blumenfrau am Alex plappert hier genauso schnoddrig wie am Potsdamer Platz.

Dein anderes Zentrum: Nachts der Tauentzien! Dort mischen sich auf regennassem Asphalt die glitzernden Reflexe der bunten Reklameschrift, der lichterfüllten Schaufenster, der grellen Bogenlampen und der blendenden Autoscheinwerfer zu einem festlich-bunten Abbild des Großstadtlebens. Das flackernd fahle Licht der roten und blauen Neonröhren hebt aus dem Dunkel den massiven Bau der Kaiser-Wilhelm-Gedächtniskirche hervor, die den ruhig-ernsten Hintergrund zu diesem Zentrum der Daseinsfreude und des Weltstadttempos bildet. Alexanderplatz und Tauentzien! Berlin der Arbeit und der Lebensbejahung!

Noch ist Dein Bild nicht vollständig. Zu Dir gehören auch die vielen Parks und Grünanlagen, der Tiergarten mit seinen alten Bäumen, gepflegten Blumenrabatten und stillen Seen, die uns die Nähe der Großstadt vergessen ließen, mit seinen Gartenbänken, auf denen im abendlichen Dunkel die Liebespaare saßen. Zu Dir gehören der Wannsee, der Müggelsee und die vielen anderen märkischen Gewässer, an deren Ufern wir sonntags zu Tausenden Erholung und Kraft für die bevorstehende Arbeitswoche suchten. Zu Dir gehört der Grunewald mit seinen schlanken hohen Kiefern, durch den wir sooft gewandert sind. *(v. Kügelgen nach: «Sonntag» 1969, Nr. 4)*

Rumm rumm wuchtet vor Aschinger auf dem Alex die Dampframme. Sie ist ein Stock hoch, und die Schienen haut sie wie nichts in den Boden.

Eisige Luft. Februar. Die Menschen gehen in Mänteln. Wer einen Pelz hat, trägt ihn, wer keinen hat, trägt keinen. Die Weiber haben dünne Strümpfe und müssen frieren, aber es sieht hübsch aus.

Die Penner haben sich vor der Kälte verkrochen. Wenn es warm ist, stecken sie wieder ihre Nasen raus. Inzwischen süffeln sie doppelte Ration Schnaps, aber was für welchen, man möchte nicht als Leiche drin schwimmen.

Rumm rumm haut die Dampframme auf dem Alexanderplatz. Viele Menschen haben Zeit und gucken sich an, wie die Ramme haut. Ein Mann oben zieht immer eine Kette, dann pafft es oben, und ratz hat die Stange eins auf den Kopf. Da stehen die Männer und Frauen und besonders die Jungens und freuen sich, wie das geschmiert geht: ratz kriegt die Stange eins auf den Kopf. Nachher ist sie klein wie eine Fingerspitze, dann kriegt sie aber noch immer eins, da kann sie machen, was sie will. Zuletzt ist sie weg, Donnerwetter, die haben sie fein eingepökelt, man zieht befriedigt ab.

Alles ist mit Brettern belegt. Die Berolina stand vor Tietz, eine Hand ausgestreckt, war ein kolossales Weib, die haben sie weggeschleppt. Vielleicht schmelzen sie sie ein und machen Medaillen draus.

Wie die Bienen sind sie über den Boden her. Die basteln und murksen zu Hunderten rum den ganzen Tag und die Nacht.

Ruller ruller fahren die Elektrischen, Gelbe mit Anhängern, über den holzbelegten Alexanderplatz, Abspringen ist gefährlich. Der Bahnhof ist breit freigelegt. Einbahnstraße nach der Königstraße an Wertheim vorbei. Wer nach dem Osten will, muß hinten rum am Präsidium vorbei durch die Klosterstraße. Die Züge rummeln vom Bahnhof nach der Jannowitzbrücke, die Lokomotive bläst oben Dampf ab, grade über dem Prälaten steht sie, Schloßbräu, Eingang eine Ecke weiter.

Über den Damm, sie legen alles hin, die ganzen Häuser an der Stadtbahn legen sie hin, woher sie das Geld haben, die Stadt Berlin ist reich, und wir bezahlen die Steuern.

Loeser und Wolff mit dem Mosaikschild haben sie abgerissen, 20 Meter weiter steht er schon wieder auf, und drüben vor dem Bahnhof steht er noch mal. Loeser und Wolff, Berlin-Elbing, erstklassige Qualitäten in allen Geschmacksrichtungen, Brasil, Havanna, Mexiko, Kleine Trösterin, Liliput, Zigarre Nr. 8, das Stück 25 Pfennig, Winterballade, Packung mit 25 Stück, 20 Pfennig, Zigarillos Nr. 10, unsortiert, Sumatradecke, eine Spezialleistung in dieser Preislage, in Kisten zu hundert Stück, 10 Pfennig. Ich schlage alles, du schlägst alles, er schlägt alles mit Kisten zu 50 Stück und Kartonpackung zu 10 Stück, Versand nach allen Ländern der Erde, Boyero, 25 Pfennig, diese Neuigkeit brachte uns viele Freunde, ich schlage alles, du schlägst lang hin.

Neben dem Prälaten ist Platz, da stehen die Wagen mit Bananen. Gebt euren Kindern Bananen. Die Banane ist die sauberste Frucht, da sie durch ihre Schale vor Insekten, Würmern sowie Bazillen geschützt ist. Ausgenommen sind solche Insekten, Würmer und Bazillen, die durch die Schale kommen. Geheimrat Czerny hat mit Nachdruck darauf hingewiesen, daß selbst Kinder in den ersten Lebensjahren. Ich zerschlage alles, du zerschlägst alles, er zerschlägt alles.

Wind gibt es massenhaft am Alex, an der Ecke von Tietz zieht es lausig. Es gibt Wind, der pustet zwischen die Häuser rein und auf die Baugruben. Man möchte sich in die Kneipen verstecken, aber wer kann das, das bläst durch die Hosentaschen, da merkst du, es geht was vor, es wird nicht gefackelt, man muß lustig sein bei dem Wetter. Frühmorgens kommen die Arbeiter angegondelt, von Reinickendorf, Neukölln, Weißensee. Kalt oder nicht kalt, Wind oder nicht Wind, Kaffeekanne her, pack die Stullen ein, wir müssen schuften, oben sitzen die Drohnen, die schlafen in ihren Federbetten und saugen uns aus. (*Döblin 1966, S. 144f.*)

[1828] Wirklich, ich kennen keinen imposantern Anblick, als vor der Hundebrücke stehend nach den Linden hinauf zu sehen. Rechts das hohe, prächtige Zeughaus, das neue Wachthaus, die Universität und Akademie. Links das königliche Palais, das Opernhaus, die Bibliothek usw. Hier drängt sich Prachtgebäude an Prachtgebäude. Überall verzierende Statuen; doch von schlechtem Stein und schlecht gemeißelt. Außer die auf dem Zeughause. Hier stehn wir auf dem Schloßplatz, dem breitesten und größten Platze in Berlin. Das königliche Palais ist das schlichteste und unbedeutendste von allen diesen Gebäuden. Unser König wohnt hier. Einfach und bürgerlich. Hut ab! da fährt der König selbst vorbei. Es ist nicht der prächtige Sechsspänner; der gehört einem Gesandten. Nein, er sitzt in den schlechten Wagen mit zwei ordinären Pferden. Das Haupt bedeckt eine gewöhnliche Offiziersmütze, und die Glieder umhüllt ein grauer Regenmantel. Aber das Auge des Eingeweihten sieht den Purpur unter diesem Mantel und das Diadem unter dieser Mütze. Sehen Sie wie der König jedem freundlich wiedergrüßt. Hören Sie: «Es ist ein schöner Mann», flüstert dort die kleine Blondine. «Es war der beste Ehemann», antwortete seufzend die ältere Freundin. «Ma foi» brüllte der Husarenoffizier, «es ist der beste Reuter in unserer Armee.»

Wie gefällt Ihnen aber die Universität? Fürwahr, ein herrliches Gebäude! Nur schade, die wenigsten Hörsäle sind geräumig, die meisten düster und unfreundlich, und, was das Schlimmste ist, bei vielen gehen die Fenster nach der Straße, und da kann man schrägüber das Opernhaus bemerken. Wie muß der arme Bursche auf glühenden Kohlen sitzen, wenn die ledernen, und zwar nicht saffian- oder maroquin-ledernen, sondern schweinsledernen Witze eines langweiligen Dozenten ihm in die Ohren dröhnen, und seine Augen unterdessen auf der Straße schweifen, und sich ergötzen an das pitoreske Schauspiel der leuchtenden Equipagen, der vorüberziehenden Soldaten, der dahinhüpfenden Nymphen, und der bunten Menschenwoge, die sich nach dem Opernhause wälzt. (*Heine 1969, S. 13 f.*)

[1837] Die Linden sind eine der schönsten Straßen Europas. Die Cannebière in Marseille ist länger und wohl ebenso breit, aber es fehlen ihr die stattlichen Häuser zu beiden Seiten. Nur die Pariser Boulevards wirken interessanter. Vielleicht beeindruckt die große Petersburger Straße noch stärker durch ihre vielen Paläste. Aber sie hat bestimmt nicht den Reiz der Linden.

Kommt man am Abend von der Charlottenburger Chaussee nach Berlin, so merkt man, in welch tadellose, vornehme, grandiose Stadt man einfährt. Die Bäume des Tiergartens, durch den die Chaussee führt, duften und flüstern, das Brandenburger Tor grüßt mit seinen fünf hohen Passagen. Weit hinauf zwischen den Öffnungen sieht man innen die Straßen der breiten Stadt mit ihren Hunderten Gaslichtern. Der Pariser Platz empfängt einen, vorwärts in einer sehr breiten Straße zieht sich ein hoher vierfacher Lindenkranz hinauf. Nach rückwärts verliert sich die weiße Heerstraße im dunklen Wald.

In der Mitte der Linden liegt der Spazierweg. Dicht daran auf jeder Seite folgt der dunkel beschattete Reitweg, an den sich nach außen die bepflasterten Fahrstraßen anschließen. An den Häusern endlich ziehen sich die Bürgersteige entlang. So zeigen sich dem Auge sieben Ströme, deren jeder seine eigene Menschenwelle führt. Das Gaslicht schimmert, der Mond strahlt durch die Baumkronen, man hört das Murmeln des Menschengewühls und das Rasseln der Wagen. Still und vornehm schauen die stattlichen Häuser auf das Leben zu ihren Füßen.

Drei Hauptstraßen durchschneiden die Linden: die schweigend, breite und ruhige Wilhelmstraße, in der Palast an Palast steht, die geräuschvolle Friedrichstraße, die in langer Strecke schnurgerade durch die Friedrichstadt läuft und ein dichtes Fußgängergewühl unter die Linden gießt, endlich die Charlottenstraße.

Wo die Linden aufhören, beginnt der Opernplatz, vielleicht einer der schönsten der Welt. Weit oben im Hintergrund schließt ihn die hohe, breite Schloßfassade ab, tief unten über den Zweigen der Lindenbäume sieht man noch das Brandenburger Tor und die Viktoria. Neben uns das neue Palais des Prinzen Wilhelm, von dessen Firsten Adler in die Luft streben, und das alte Prinz-Ferdinand-Palais, die jetzige Universität. Anschließend das Opernhaus mit seinem dunklen Säulenportal, die Bronzegestalt Blüchers, das kleine Palais, in dem der König wohnt, das Zeughaus mit seinen weißgrauen Kriegswappen, die neue Hauptwache, vor ihr die schneeweißen Bildsäulen Blüchers und die Scharnhorsts von Rauch, dahinter ein dunkles Wäldchen, aus dem die Singakademie, der Sitz Zelters, hervorblickt.

Das alles übersieht man mit einer Wendung. Schreitet man nun weiter dem Schloß entgegen, so steht man bald auf der breiten Schloßbrücke, über die fünf Wagen nebeneinander fahren können, ohne die Fußgänger zu stören. Vor uns liegt ein breiter Platz am Schlosse, der Lustgarten. Das goldene Kreuz des Domes flimmert, die Wasser des Springbrunnens rauschen in der Luft, das Museum mit seiner gebieteri-

Maxim
Jägerstr. 63

BERLITZ SCHOOL
Phonola
Flügel
Pianos
ODEHAUS
PH GUTMA
B.S.R

Loeser & W

REISEBÜRO

Heine
Würstchen

OASE
Engelhard
Palm
Die

DUNLOP
DUNLOP
DUNLOP
DUNLOP

ANFANG
DES DEMOKRATISCHEN SEKTOR
VON GROSS-BERLIN

CAFE JOSTY

LEO
CHLORODONT

schen Säulenhalle und den springenden Rossen an seinen Ecken tritt stolz wie eine Erinnerung Griechenlands vor das entzückte Auge. Die steinernen Kais des Flusses, weithin mit leuchtenden Gebäuden besetzt, winken herauf. (*Laube 1837, S. 301–303*)

[…] vor uns aber das prachtvolle *Brandenburger Thor*, das einzige Thor Berlin's, welches seine Stätte behauptet hat, während die übrigen Portale der Berliner Ringmauer mit der Letzteren selber gefallen sind.

Es ist das Gebäude Berlin's, das großen Ruf erlangt hat und welches man unter den schönen Bauwerken Berlins zuerst aufzählt.

Es wurde unter der Regierung des Königs Friedrich Wilhelm II. in den Jahren 1789 bis 1793 von Langhaun erbaut. Die Sculpturfiguren verfertigte der damalige Direktor der Kunstakademie, der Bildhauer Gottfried Schadow, ebenso das Modell zu dem Siegeswagen, der das Thor auf seinem Gipfelpunkte schmückt. Letzterer ist eine Quadriga in antiker Form, darin die Victoria mit dem Zeichen des Sieges: mit Stab und lorbeerbekränztem eisernen Kreuz und Adler; die vier Pferde sind 3,77 Meter hoch. Die ganze Gruppe wurde nach Schadow's Modell von Jury in Kupfer getrieben. Mit der Attika beträgt die Höhe des Thores 20 Meter, die Breite mißt 2½ Meter. Der ganze Bau wurde mit einem Kostenaufwande von mehr als einer halben Million Thaler ausgeführt.

Nachdem die Franzosen 1807 die Quadriga nach Paris entführt hatten, wurde sie 1814 durch die Preußen wieder zurückgeholt. Die Victoria erhielt damals das Kreuz auf ihre Lanze, welches man jetzt weit über die Städt emporragen sieht. Der Siegeswagen wurde bei Nacht auf seine alte Stelle gesetzt und an dem Tage enthüllt, als der König an der Spitze seiner siegreichen Truppen durch dieses Thor in seine Hauptstadt zurückkehrte.

Am 27. October 1806 zog Napoleon I. durch das Hauptportal; am 7. August 1814 hielt Friedrich Wilhelm III. seinen Siegeseinzug; am 20. September 1866 kehrte König Wilhelm an der Spitze der Truppen aus Oesterreich heim; am 16. Juni 1871 zog der deutsche Kaiser mit dem siegreichen Heere in die Hauptstadt.

Es heißt gewöhnlich, dieses Thor sei nach dem Vorbilde der Propyläen (Vorhallen) des Akropolis von Athen gebaut worden; es ist aber keineswegs eine eigentliche Copie. Namentlich macht sich beim Vergleiche beider Gebäude ein verschiedener Maßstab bemerklich: die Säulen der Propyläen sind nur halb so hoch als die des Brandenburger

Thors; Letzteres zeigt auch weder Vor- noch Hinterhalle, wie Jenes, sondern nur fünf Durchfahrten, ist daher kein Vorthor, sondern ein eigentliches Thor; es besitzt ferner kein Giebeldach, sondern über dem Gebälk eine Doppeltreppe, in Gestalt eines Frontespices, zur Plattform einer Attika.

An dem Gebälk, zumal an den Triglyphen und Metopen des Frieses, sowie an den Säulen erkennt man den dorischen Styl. Die zwölf Säulen, von welchen sechs an der Stadtfront und sechs an der dem Thiergarten zugewendeten Front stehen, sind zwar, streng genommen, nicht dorische, da sie eine toskanische Basis haben; der Architekt wurde jedoch verhindert, ihnen die gemeinsame Basis der dorischen Säulen zu geben, da das Straßenpflaster durch die fünf Durchfahrten hindurchgeführt werden mußte.

Nach dem Abbruche der Stadtmauer hat das Thor auf jeder Seite eine Halle von 18 Säulen erhalten, welche mit dem nebenstehenden Telegraphengebäude und der Thorwache in Verbindung gesetzt sind. (*Springer 1878, S. 139–141*)

Und jetzt befand sich Odemar in der Leipziger Straße. War das der berühmte, vor Lichtern funkelnde, vor schönen Frauen gleißende Boulevard, dieser lange graue Tunnel hier, bedeckt mit Massen wie mit einer Lage gepreßten Kaviars? Vom Hörensagen und nach Fotografien kannte er bereits die berühmte Siegesallee, die der erste deutsche Kaiser zum Ruhme seiner Vorfahren errichtet hatte: Alle zwanzig Meter stand ein König oder Prinz von Preußen in affig geschraubter Pose auf einem Sockel aus weißem Kandiszucker und machte Winke-Winke mit der Geschichte. Na, aber war das hier nicht eher die Besiegtenallee? Alle zwanzig Meter baten Versehrte vor den weiten Haustoren oder den Eingängen prunkender Kaufhäuser um Almosen, sie forderten dringlich Bezahlung für ihr Heldentum. Oh, sie verlangten keine Marmorstatue, sondern eine Kupfermünze, die oft genug schwieriger zu bekommen ist. Das waren Schatten von Helden, Fetzen von Männern, Karikaturen von Soldaten, die in einer entwaffnenden Kakophonie ihre makabere Kriegsmelodie auf verhängnisvollen Instrumenten spielten: Militärpfeifen, Trommeln oder Klarinetten. Ein paar Bevorzugte drehten an ihrem Leierkasten. Die Galerie des Entsetzens: Ein flachsblondes Mädchen zog in einem alten Kinderwagen, der sie selbst vor zweifellos nicht allzulanger Zeit gewiegt hatte, einen Stumpf ohne Arme und Beine. Ein paar Meter weiter schaukelte an einem langen Körper ein

Kopf, der nur noch eine Kugel aus rosa Fleisch war, ein Loch in der Mitte an Stelle von Nase und Mund. Ein dritter hatte nervöse Zuckungen, die ihn immerzu auf einem Bein tanzen ließen, man spürte, daß er eines Tages stillstehen und augenblicklich tot umfallen würde. (*Goll 1975, S. 23 f.*)

Oben ist ein schmaler Streifen Himmel, unten der glatte, schwärzliche, gleichsam von Schicksalen polierte Boden. Die Häuser zu beiden Seiten [der Friedrichstraße] ragen kühn, zierlich und phantastisch in die architektonische Höhe. Die Luft bebt und erschrickt von Weltleben. Bis zu den Dächern hinauf und über die Dächer noch hinaus schweben und kleben Reklamen. Große Buchstaben fallen in die Augen. Und immer gehen hier Menschen. Noch nie, seit sie ist, hat in dieser Straße das Leben aufgehört zu leben. Hier ist das Herz, die unaufhörlich atmende Brust des großstädtischen Lebens. Hier atmet es hoch auf und tief nieder, als wenn das Leben selber über seinem Schritt und Tritt unangenehm beengt wäre. Hier ist die Quelle, der Bach, der Fluß, der Strom und das Meer der Bewegungen. Niemals sterben hier die Bewegungen und die Erregungen ganz aus, und wenn das Leben am obern Ende der Straße beinahe aufhören will, so fängt es am untern Ende von neuem an. Arbeit und Vergnügen, Laster und guter Trieb, Streben und Müßiggang, Edelsinn und Niedertracht, Liebe und Haß, feuriges und höhnisches Wesen, Buntheit und Einfachheit, Armut und Reichtum schimmern, glitzern, blöden, träumen, eilen und stolpern hier wild und zugleich ohnmächtig durcheinander. [...] Die Sonne scheint hier in einer Stunde auf unzählige Köpfe, der Regen netzt und näßt hier einen Boden, der gesalbt ist gleichsam von Lustspielen und Tragödien, und abends, ah, wenn es beginnt zu dunkeln und wenn die Lichter angezündet werden, tut sich ein Vorhang langsam auf, um in ein Stück üppig voll immer derselben Gewohnheiten, Lüsternheiten und Begebenheiten schauen zu lassen. Die Sirene Vergnügen fängt dann an in himmlisch lockenden und anmutenden Tönen zu singen, und Seelen werden dann zerrissen von den vibrierenden Wünschen und Nichtbefriedigungen, und ein Geldauswerfen beginnt dann, wie es der bescheidene kluge Begriff nicht kennt [...]. (*Walser 1909, S. 100–103*)

Wenn man über die Friedrichstraße in der Richtung auf den Bahnhof zu geht, sieht man oft eine mächtige D-Zugslokomotive in der Höhe halten. Sie steht genau oberhalb der Straßenmitte und gehört zu irgendeinem Fernzug, der aus dem Westen kommt oder nach dem Osten fährt. Erregt sie das Aufsehen der Menge? Niemand blickt zu ihr hin. Cafes, Schaufensterauslagen, Frauen, Automatenbüfetts, Schlagzeilen, Lichtreklamen, Schupos, Omnibusse, Varietephotos, Bettler – alle diese Eindrücke zu ebener Erde beschlagnahmen den Passanten viel zu sehr, als daß er die Erscheinung am Horizont richtig zu fassen vermöchte. Schon die ersten Stockwerke in dieser Straße verflüchtigen sich: die Karyatiden an den Fassaden sind ohne Gegenüber, die Erker könnten aus Pappe sein und die Dächer entschwinden im Nichts. Kaum anders ergeht es der Lokomotive. Obwohl sie mit ihrem hochgelagerten, langezogenen Leib, ihrem funkelnden Gestänge und ihren vielen roten Rädern wunderbar anzuschauen ist, harrt sie doch verwaist über dem Gewimmel der Fuhrwerke und Menschen, daß sich durch die Unterführung ergießt. [...]

Welch ein Schauspiel aber bietet die Friedrichstraße selber dem Mann auf der Lokomotive! [...] Nach einer Fahrt, auf der außer Erde und Himmel alle Dinge vor ihm flohen, hält er plötzlich über der Friedrichstraße, die ihrerseits Himmel und Erde verdrängt. Sie muß ihm als die Weltachse erscheinen, die sich schnurgerad und unermeßlich nach beiden Seiten hin dehnt. Denn ihre Helle tilgt seine Erinnerungsbilder, ihr Gebraus übertönt das der Strecke und ihr Betrieb ist sich selber genug. Hier passiert man nicht eine Durchgangsstation, sondern weilt in der Mitte des Lebens. Als ein fremder Gast blickt der Mann droben wie durch einen Spalt in die Straße hinein. Sind auch seine an die Dunkelheit gewöhnten Augen noch außerstande, Einzelheiten zu unterscheiden, so erkennt er doch den Trubel, der die enge Häuserschlucht sprengt, nimmt den Glanz auf, der röter ist als die Räder seiner Maschine. Glanz und Trubel vermischen sich ihm zu einem einzigen ausschweifenden Fest, das wie die Reihe der Bogenlampen keinen Anfang hat und kein Ende. Es nähert sich aus dem Hintergrund, umfaßt Arme und Reiche, Dirnen und Kavaliere und zieht sich, ein glühender Buchstabentaumel, an den Fassaden entlang bis zu den Dächern.

Dem Mann ist zumute, als habe er eine Tarnkappe auf und die Straße der Straßen woge über ihn weg. Eine Kette, die niemals abreißt.

Ein Menschenband, das sich unaufhörlich durch die flimmernde Luft zwischen Acker und Acker entrollt. (*Kracauer 1964, S. 41–43*)

Die untere Friedrichstraße ist eine merkwürdige Gegend. Film, Film, schlechte Läden, billige Seidenwäsche mit noch billigeren Spitzen dran, die Kombination 7,50 Mark, Blusen und grelle Seidenkleider. Drüben, Ecke Schützen, der gute Schneider. Vielleicht wäre es doch richtig, dort arbeiten zu lassen. Man trägt blau, schöne Schaufenster machen sie. An der Leipziger Straße stehen Zeitungshändler, werden Primeln verkauft, sagt ein kleines Mädchen: «Sieh mal, Mutti, die Kleider werden länger.» Es ist 1 Uhr. Die Frauen haben schöne schlanke Beine. Schön ist die Berlinerin geworden, tüchtig und rasch. Sie sprechen von Schuhen, von Hüten, von Mänteln. «Blau oder beige», sagt eine neben ihm. Sie haben helle, leichte Frühlingssorgen. An der Leipziger Straßenecke kreuzt das Bürgertum die Gegend der Unsicherheit. An der Ecke die beiden Cafés, Treffpunkt der dunkelsten Welt, Treffpunkt lieber Bürgerinnen. Hier wird die Gelegenheit ausbaldowert. Hier wird die Sore verscheuert. Hier sitzt der Neuangekommene und trinkt einen billigen Kaffee. Hier ruhen die Damen von ihren Einkäufen aus. Lambeck liebte den Gendarmenmarkt. Er ging durch die Mohrenstraße, er bog in die Konfektion ab, gelangte in die Branchen, in die Wolle und Seide, gewebte und genähte, «Lieber Gott, bei den Zeiten». Höfe voll Schreibmaschinen, Tinte und Büchern, die «Mit Gott» anfangen und mit einem Defizit schließen, und über das Geld in die Historie. Rechts Katholische Kirche und alter Kastanienbaum, erkennbar auch ohne Blütenkerzen, sonst ist ja, abgesehen von den Linden im Juni, die am Geruch zu erkennen sind, Baum Baum in Berlin. Historie. Generäle, deren Namen ein Friedensengel trägt. Liegt das an dem großen Künstler? Dem Sieg? Der Epoche? Das Zeughaus. Masken sterbender Krieger. Schlüter. Welch deutsches Schicksal! (*Tergit 1978, S. 35 f.*)

Wie war es aber damals um die Leipziger Straße bestellt? Wer an der Formulierung rein technischer Sätze sein Genüge findet, der kann das Ergebnis der mit den Sinnesorganen wahrnehmbaren Umwandlung Berlins im Lauf des letzten Halbjahrhunderts dahin zusammenfassen, daß aus der stillen, kleinbürgerlichen, aus ein- und zweistöckigen, entsetzlich gleichförmig gebauten Häusern bestehenden preußischen Hauptstadt ein drei-, vier- und mehrstöckiges Häusermeer geworden ist, in dem die Wogen eines riesenhaften betäubenden Menschen- und Wagenverkehrs unablässig gegeneinanderschlagen. Dieser schroffe Gegensatz in dem äußerlichen Bilde Berlins von ehedem und von jetzt tritt nirgendwo anders so sinnfällig zutage als in dem der Leipziger Straße. Damals erschien sie wie ein behäbig-stilles Stadtidyll, in welchem der gutsituierte Bürger sein behagliches Dasein dahinlebte. Dabei war die Straße als solche, Fahrbahn wie Bürgersteig, in solch einem primitiven Zustand, wie er auch nur annähernd jetzt nirgendwo mehr, auch nicht in den entlegensten Teilen des Nordens oder des Ostens, anzutreffen ist. Das Pflaster war einfach entsetzlich. Zu beiden Seiten des Fahrdammes halbmetertiefe Rinnsteine, in denen sich trübe, übelduftende Wassermassen träge dahinwälzten, die von zahllosen vollgefressenen Ratten wimmelten. Vor jedem Hause lag ein Bohlenbrett, das zum Überschreiten des Rinnsteins benutzt wurde. Ein prachtvoller Anblick, der sich bei eintretenden Regengüssen noch beträchtlich verlieblichte. Die Hausabwässer flossen einfach in die offenen Rinnsteine, die auch die Regenwässer willig aufnahmen. Wie dann bei sommerlichen Niederschlägen oder bei Winterfrösten und Schneefällen sich solch eine Berliner Straße ausnahm, davon hat die Gegenwart auch nicht annähernd eine Vorstellung. Der äußeren Verfassung der Straße völlig entsprechend, war dann auch die Beleuchtung. So elend, so kärglich wie damals die Leipziger Straße ist jetzt keine noch so armselige Gasse in der äußersten Stadtperipherie durch schmauchige Gasflämmchen erleuchtet.

Nicht viel besser als um die Straße an und für sich stand es um die beiden sie einsäumenden Häuserreihen. Nüchtern, schmucklos reihte sich ein einstöckiges Haus an das andere, hier und da wurde die langweilige Linie in der Luft durch einen zweistöckigen Bau unterbrochen. (*Kastan 1919, S. 79 f.*)

In Berlin, am Potsdamer Platz. Mühsam retten wir uns durch sein Gewühl von Fußgängern, Radfahrern, Droschken, Lastwagen, Automobilen, Omnibussen und Straßenbahnwagen. Nun stehn wir still auf den Stufen eines der schlichten beiden Torhäuser, die den Potsdamer vom Leipziger Platz so charakteristisch abschließen.

Vor uns flutet die Masse der Menschen und Wagen dahin, rastlos, ununterbrochen, dem Engpaß der Leipziger Straße zu. Links und rechts der bewegte Strom flankiert von den Riesenbäumen auf grünem Rasen, die ruhevoll ihre mächtig gewölbten Kronen über die kleinen Menschen und ihre Gefährte recken. Hinter ihnen, als der runde Rahmen des schönen, lebenstrotzenden Bildes, die hohen Häuser des Platzes, von denen doch nur eins dem Schauenden in die Augen fällt, in den

Augen bleibt, auf das der Strom der hastenden Menschen und rasselnden Wagen ewig zustürzt, am Eingang des Schlundes, Leipziger Straße geheißen: das Warenhaus Wertheim.

Stumm in dem lauten Lärm, stolz und selbstbewußt wie die Riesenbäume vor ihm, hoheitsvoll, fast feierlich hebt sich sein Eckbau in die Höhe. Ein Warenhaus? Aber kein Schild, keine Fahne, nichts Buntes kündet am Tage, keine Lichteffekte am Abend seinen Zweck. Nicht das Geringste an ihm, was nach Reklame riecht. Ja, nicht das Geringste, was, von weitem wenigstens, des Hauses Zweck verriete. Vielmehr alles andre eher denn ein Wanrehaus. Schwer und breit steigen die grauen Mauerpfeiler empor. Schwer und breit stehn zwischen ihnen die Fenster. Aber nicht in hellen, glatten, großen Flächen. Auch diese Fenstermassen sind durch andre, schmale, schlanke, fast aufschießende steinerne Zwischenpfeiler gegliedert, in lange Streifen zerschnitten, die ein leichtes Gitterwerk in Eisen wiederum teilt und zugleich belebt, also, daß jede Scheibe nur eine winzige Fläche wird. Oben schließen die Fenster ab mit einer breiten Borte von in gleichem Steine gemeißelten Maßwerke. Aber die Höhe, von der es herunter lacht, läßt es leicht wie ein Band aus edler Spitze erscheinen. Dicht über den Fenstern dann, fast auf den Säulen, ohne Übergang und Zierat, liegt vorspringend, ganz wuchtig, ganz schmucklos in höchster Einfachheit, aber ganz groß in feinen Verhältnissen und Konturen das dunkle, graugrüne Ziegeldach, belebt nur durch einige Dachfenster in Form alter, schläfriger Dachaugen, hutvoll, düster, wie «ein schwerer Akkord». So winkt von ferne dieser Bau über den Platz herüber, wahrlich nicht wie ein Geschäftshaus, eher wie ein Stück eines alten, gotischen Doms, an dem man alles Spielzeug gespart, oder wie eine der edelsten, lieblich ernsten Kapellen eines Oxforder Kollegs. Wenn du des Abends so von weitem stehst, und die Fenstermassen von zerstreutem und zugleich verhaltenem Lichte blinken – du glaubst warten zu müssen, bis der erste Orgelton aus diesen hohen Hallen dir entgegensingt. Vornehmste Zurückhaltung ist der Gesamteindruck dieses Hauses. (*Göhre 1907, S. 7f.*)

Der Potsdamer Platz am Abend. Die beiden großen Lichtmasten mit den funkelnden, roten Bogenlampen höhlen in die schwere, dicke Luft eine riesenhafte Spitzbogenkuppel. Klein und niedrig münden die Nebenstraßen hinein, die sich dem Auge nicht weit entfernt zu schließen scheinen. Besonders niedrig ist die Potsdamer- und die Bellevuestraße mit ihren Bäumen, die ein flaches Gewölbe unter sich abgrenzen. Ihre vordersten Kronen schimmern in grellem Lichte wie grüne Felsen mit tausend Höhlungen, während die Riesenmassen der Linden am Leipziger Platz dunkle, schweigende, ferne Berge bilden. Der Kranz der Häuser zeigt feine rötliche und violette Töne. Auf dem Fußsteige wogen die Menschen, und auf dem hellen, trockenen Asphalt drängen sich in ewiger Wiederkehr die Trambahnen und Wagen. Ihre Verdecke glitzern im Licht, aber unten scheinen sie ganz in Dunkel gehüllt, das die Blendung mit weißlichem Nebel überzieht. Manchmal wächst das Drängen so außerordentlich, daß kaum ein Fleck frei bleibt, und die über den Damm Kommenden wie aus dem Meer, wie aus Wellen von Rädern und Pferdebeinen aufzutauchen scheinen. Und dann bleibt ein Gefährt ganz überraschend dicht vor dem Zuschauenden stehen und wirkt wie durch Zauber groß, deutlich greifbar, das eben noch ein wirres, gespenstiges Etwas von grauen und schwarzen Tönen schien. Plötzlich verschwindet es wieder, ein Pferdekopf füllt riesig das Gesichtsfeld, seine Nüstern sind weit aufgerissen – das Tier atmet schwer mit arbeitenden Flanken – und das Profil des Kopfes erscheint dadurch edel wie bei einem antiken Bronzeroß. Dann löst sich mit einemmal das Gewirr, das Stückchen Asphalt vor mir scheint sich ins Unendliche zu dehnen, an die Stelle der dunklen wirren Wagenburg tritt leuchtende Helle, die gleich darauf wieder von dem schwarzen Getümmel verschlungen wird. In dem scharfen, ungewohnten Lichte nehmen die Gefährte ganz phantastische Formen an; eine kurzgebaute Automobildroschke sieht wie eine riesenhafte Hummel aus, die dünnen Speichen der Kutschenräder – noch dünner durch ihre Schwärze – unter den massigen Kasten der Wagen erinnern an Spinnenbeine, die Laternen scheinen frei über den schwarzen Massen zu schweben. Und unter dem allem auf dem Boden breitet sich eine tolle Welt von Schatten, die in nie ermüdender Lebendigkeit spukhaft über die Fläche huschen. (*Endell 1908, S. 83–85*)

Am Ende der Leipziger Straße liegt der Potsdamer Platz, ein deutscher Picadilly Circus. Nirgends in Berlin kann man so viele hastig durcheinander wuselnde Menschen auf einem Haufen sehen (außer auf dem Bahnhof Friedrichstraße). Am Potsdamer Platz steht ein großes Gebäude, das Pschorr-Haus, dessen Schicksal ich immer genau verfolgt habe, weil es *das* typische, große BÜRGERLICHE Restaurant Berlins war. Innen ist es jetzt schmuddelig und verdreckt, auf seinen Holztischen ist schon so viel verdorbener Fisch serviert worden, daß das ganze Lokal danach riecht. Heute warten hier die Reisenden vom Potsdamer Bahnhof, der gleich um die Ecke liegt, auf ihren Anschlußzug; sie sitzen an ihren Tischen und schlürfen künstliche Limonade und Gerstenkaffee, denn die Pschorr-Brauerei stellt nicht mehr viel Bier her. Jemand hat mir einmal eine Speisekarte des Pschorr-Hauses aus dem November 1916 gegeben, auf ihr stehen neunzehn verschiedene Fleischgerichte zur Auswahl. Heute, ebenfalls nach zwei Jahren Krieg, sind auf der Karte nur zwei Fleischgerichte aufgeführt, von denen eines nach der Methode Kaiserhof mit Bleistift durchgestrichen ist. Das andere besteht in der Hauptsache aus zwei undefinierbaren Würstchen von der Größe eines Zigarrenstummels. Als Vorspeise gibt es eine trübe, rote, warme Flüssigkeit, die offiziell als Tomatensuppe, von einem humorvollen Ober – einem meiner besonderen Freunde – aber immerhin als «I-GE-FARBEN NUMMER ZWO-NULL-IX» serviert wird. Zu dem Fleisch bekommt man vier oder fünf gelbe Kartoffeln mit schwarzen Stellen. Kürzlich ist eines der großen Fenster im Erdgeschoß des Pschorr-Hauses bei einem Bombenangriff zu Bruch gegangen, aber da niemand es wieder einsetzen kann, hat die Direktion einfach einen plattgedrückten Pappkarton dafür eingesetzt, der den Geruch von schlechtem Fisch von der Straße fernhält.

Die Potsdamer Straße erstreckt sich vom Pschorr-Haus in Richtung Süden, vorbei am großen Sportpalast, wo Hitler seine Reden hält, wenn er von der Front nach Berlin zurückkehrt. Früher war sie einmal ein lebhaftes Einkaufszentrum. Heute besteht sie aus einer Reihe aufgegebener Geschäfte, auf deren verdreckten Schaufenstern die kleine Jungen mit ihren Daumen rumgemalt haben. Die «Fruchtbar», die Obstsäfte ausschenkte, ist leer, denn es gibt kein Obst mehr. Die Holzbuchstaben, aus denen die Inschrift an der Frontseite gebildet ist, haben Risse bekommen, und wo sie von der weißgetünchten Mauer abgeplatzt sind, haben sie schmutzige Flecken hinterlassen. Viele Geschäfte sind leer, weil sie nichts mehr anzubieten haben. Einige sind angeblich wegen Reparaturarbeiten geschlossen, aber es wird nichts repariert. In manchen Fällen haben Frauen und Töchter der zur Armee eingezogenen Besitzer das Geschäft noch eine Weile weitergeführt, aber jetzt sind auch sie dienstverpflichtet und arbeiten in den Munitionsfabriken. Weiter unten an der Potsdamer Straße steht hinter einem großen Bauzaun eine klotzige Bauruine, die einmal das «Deutsche Touristenzentrum» werden sollte. Alle Reiseunternehmen der Stadt sollten dort ein Büro bekommen. Der Entwurf stammte von Professor Albert Speer, Hitlers kleinem Architektur-Diktator. Aber als man damit begann, die

Arbeitskräfte in Rußland zu verheizen, wurden auch Speers Arbeiter zu den Fahnen gerufen und die Arbeiten mußten eingestellt werden. Nun ist auch Speer selbst dem Ruf gen Osten gefolgt, um die Position des verstorbenen Dr. Todt zu übernehmen. Auf diese Art ist die Potsdamer Straße in ihrer ganzen Länge zu einem Denkmal des Rußlandsfeldzuges geworden – alles tot, bis auf die Tausende von Menschen, die Tag für Tag auf ihr entlangtrotten. Welch ein Jammer, daß das Touristenzentrum nicht fertig geworden ist, denn die deutschen Touristen haben weiß Gott ein anständiges Denkmal verdient – für die gründliche Arbeit, die sie im letzten Jahrzehnt geleistet haben. (*Smith 1982, S. 128f.*)

[3. Feb. 1945] Am Potsdamer Platz brannte das Kolumbushaus wie eine Fackel. Wir wanderten inmitten eines Stromes grauer, gebückter Gestalten, die ihre Habseligkeiten mit sich trugen. Ausgebombte, mühselig beladene Kreaturen, die aus dem Nichts zu kommen schienen, um ins Nichts zu gehen. Kaum zu merken, daß der Abend sich über die glühende Stadt senkte, so dunkel war es auch tagsüber schon. Die Arbeiterviertel sollen am schlimmsten mitgenommen sein.

Warum stellt sich niemand auf die Straße und schreit «genug, genug», warum wird niemand irrsinnig? Warum gibt es keine Revolution?

Durchhalten, blödsinnigste aller Vokabeln. Also werden sie durchhalten, bis sie alle tot sind, eine andere Erlösung gibt es nicht. (*v. Kardorff 1962, S. 242*)

Der Potsdamer Platz war gesäumt von Ruinen und von den langen Reihen der Trümmerfrauen, die zu Hunderten am Rand des Platzes arbeiteten. Vor den Stufen zum Bahnhof, unter den Ruinen des Hauses «Vaterland», auf Kellertreppen, unter herabhängenden Stuckdecken wimmelte es von umherlungernden Gestalten. Es war wie die Inszenierung eines Hexensabbats auf einer expressionistischen Bühne. Überall Menschen im Schatten, schäbige Kleider, hohle Gesichter. «Nein, danke, danke...» Schuhe mit schiefgetretenen Absätzen wollte Splüge nicht kaufen. Kaugummi auch nicht und für Zigaretten hatte er kein Geld. Alle wollten irgend etwas verhandeln. Amizigaretten, getragene Babykleidchen, Nescafe, grüne Heringe – aus der Tasche oder aus der hohlen Hand boten sie ihre Ware an. Auch Russen handelten, griffen manchmal auch einfach zu. Ein Jeep fuhr vor, kam mit Zigaretten;

die Amis wollten dafür Uhren und Fotoapparate einhandeln. Amizigaretten waren die neue Währung in Berlin, nach einzelnen Zigaretten, nach Päckchen und ganzen Stangen wurde gerechnet. Kinder standen herum, streckten die Händchen aus, bettelten auf Englisch und Russisch. «Give me chocolate! Give me cigarettes, Dai jleba! Gib Brot!» [...]

Eine geschlagene Stadt, eine vergewaltigte Stadt. Kaum ein Haus war unversehrt geblieben, kaum eine Frau war unberührt davongekommen. Bahnhöfe und die hohen Kuppeldächer – nichts als verrostete Eisengestänge ohne Glasbedeckung. Siemensstadt, Daimler-Benz, die AEG, Borsig-Tegel, die großen Industriewerke, die Fabriken, große und mittlere und kleine – ausgeschlachtet zu Skeletten; der letzte Nagel war von den Wänden, der letzte Leitungsdraht aus den Röhren gezogen worden, und schon wurden Hobelbänke der kleinen Handwerkmeister auf Lastwagen verladen. (*Plivier 1954, S. 385f.*)

1983 steht gegenüber dem letzten verbliebenen Straßenschild *Potsdamer Platz* eine Currywurstbude, aber die ist geschlossen, weil Sonntag ist. Sie steht gleich neben den schäbigen Holzbaracken, vor denen in der Nachmittagssonne Reisebusse Touristengruppen freilassen. Viele Amerikaner und Japaner sind dabei, sie kaufen die ungeteilte Vergangenheit in den Baracken – schlecht koloriert und für 60 Pfennig pro Ansichtskarte – dann absolvieren sie das Kontrastprogramm, die geteilte Gegenwart aus der Perspektive Ost-West. Sie müssen lediglich 17 Stufen bewältigen («Betreten auf eigene Gefahr – Keine Haftung für Fahrlässigkeit und höhere Gewalt»), um von der etwa drei Meter hohen Plattform aus einen Blick über den West-Berliner Tellerrand in die Hauptstadt der DDR und auf den Todesstreifen zu werfen. Die Mauer unmittelbar vor der Plattform ist mit mehreren Schichten Grafitti überzogen. Vorübergehend geschlossen zum Beispiel oder einfach Cathy and Dave married in Berlin, die meisten Sprüche sind im Gewirr nicht zu entziffern.

Hinter der Mauer liegt das, was von Potsdamer und Leipziger Platz übriggeblieben ist. Deutlich ist eine zweite Mauer zu erkennen, die Republikflüchtige zu überwinden hätten, bevor sie auf dem hier außergewöhnlich breiten Todesstreifen stünden, der mit mehreren Reihen Panzersperren gespickt ist. Zwischen dem gepflegten kurzgeschnittenen Rasen haben die Planer des antifaschistischen Schutzwalls noch ein paar in Pflaster eingelassene Straßenbahnschienen zurückgelassen. Auf dem eingemauerten Areal verkehren heute nur noch zwei Volkspolizisten mit grünen Fahrrädern zwischen den beiden Wachtürmen [...]

Ein unauffällig sanfter Grashügel im Todesstreifen ist alles, was von Hitlers Neuer Reichskanzlei, der Kommandozentrale, die Millionen in den Tod geschickt hat, geblieben ist. Die Russen ließen sie abtragen, die brauchbaren Reste wurden für das monumentale Siegesdenkmal der Roten Armee zwischen Reichstag und Brandenburger Tor recycelt. Kein Hinweis, keine Tafel, die es wagen würde, die düstere Geschichte des Ortes zu erhellen. Statt dessen ein Stück steriles Unland. [...]

Zwei schwere eiserne Tore in der Mauer sind das Ende der Leipziger Straße. Sie stehen weit offen, aber niemand wagt es, weiter in Richtung Westen zu gehen. Vor dem ersten Tor steht ein Schild: «Nicht gemeldete Besucher zum VdK ohne Passierschein bitte telefonisch anfragen Tel. Nr. 223 80 oder beim Pförtner der Akademie der Wissenschaften melden.» Immerhin läßt sich ein Blick erhaschen über den Todesstreifen in Richtung Westen auf die Plattform, die lächerlich klein wie die überladene Kapitänsbrücke eines sinkenden Schiffes über die östlicherseits unbefleckte Mauer lugt.

Die Mauer – Sinnbild und Ursache des Niedergangs der Potsdamer Straße: Sie hat den Potsdamer Platz, den Ausgangspunkt der Straße und ihrer Bebauung, zum Todesstreifen gemacht, ihr den Kopf abgeschlagen. Nach 1945 war die «hoffnungsvolle Wüstenei, dieses Vakuum», wie der Theaterkritiker Friedrich Luft das Gebiet zwischen dem Platz und dem Landwehrkanal charakterisierte, immerhin noch vom Verkehr belebt, bis die Potsdamer am 13. August 1961 zur Sackgasse wurde – *Dead End Street.*

Zunächst waren es nur ein paar provisorische Stacheldrahtrollen, die der Auftraggeber Walter Ulbricht am Tag darauf persönlich am Potsdamer Platz besichtigte. Weitere drei Tage später wurde über die südliche Ecke des Platzes eine 1 Meter 70 hohe Betonmauer gezogen.

In den ersten Nachkriegsjahren hatte der Potsdamer Platz einen deprimierenden, doch nicht hoffnungslosen Anblick geboten: eine bizarre Trümmerlandschaft, aber Verkehrsknotenpunkt wie eh und je. Zwischen den ausgebrannten Ruinen der Vergnügungspaläste strömte der Verkehr – nicht mehr dirigiert vom Verkehrsturm, sondern im *Roundabout*, nach amerikanischen Spielregeln. Der russische, britische und amerikanische Sektor Berlins stießen hier zusammen. Rund um das *Dreiländereck* blühte reges Geschäftsleben. Straßenhändler boten Lichtschalter, Lockenwickler, Füllfederhalter und ähnliche nützliche Kleinigkeiten feil. «Müßiges Verharren am Bordstein», so notierte 1947 ein Journalist der *Berliner Zeitung*, «lockt unfehlbar harmlos aus den Seitenstraßen kommende Herren an, die höchste Preise für Brillanten und Edelmetalle versprechen. Leider haben wir weder Gold noch Altsilber. Nur das Bruchgold der Erinnerungen, das sich in keiner Währung realisieren läßt. «Schon zu diesen Schwarzmarktzeiten, in denen die *Amis* – amerikanische Zigaretten – als allgemeines Äquivalent dienten, war der Potsdamer Platz eine anregende Kulisse für deutsche Depression.

Nach der Währungsreform tobte sich der *Kalte Krieg* auf zwei in geringem Abstand gegenüberliegenden Stahlgerüsten aus, die große Leuchtschriften trugen. Auf dem westlichen wurden die aktuellen Nachrichten der Freien Berliner Presse in den russischen Sektor gestrahlt, und von dort leuchtete es *Der kluge West-Berliner kauft bei HO* zurück. Die HO hatte ihre Verkaufsräume in den ersten beiden Stockwerken des im Krieg ausgebrannten und notdürftig instandgesetzten Columbus-Hochhauses.

Die Volkspolizisten, die darüber ein Revier bezogen hatten, konnten ihre Haut am 17. Juni 1953 nur dadurch retten, daß sie ihre Uniformen aus dem Fenster warfen und in Zivil desertierten. Der Platz war vom frühen Morgen an voll von Aufständischen und Schaulustigen – viele von ihnen waren aus den Westsektoren gekommen. Sie belagerten das Haus der Ministerien in der Leipziger Straße, wo sich bis auf einen Mutigen die DDR-Minister und Ulbricht unter dem Dach versteckt hatten. Schließlich kam brüderliche Hilfe von den russischen Genossen in Gestalt von T 34-Panzern, denen es zusammen mit scharf schießenden VoPos gelang, den Platz zu räumen. Nicht ohne daß die damaligen Chaoten das *Columbushaus* noch angezündet hätten. Es brannte zum zweitenmal völlig aus und wurde daraufhin abgetragen. Auch das *Haus Vaterland* brannte in den Abendstunden des 17. Juni, aber seine Ruine wurde erst Anfang der 70er Jahre abgetragen, nachdem West-Berlin sie zusammen mit dem Gebiet des ehemaligen Potsdamer Bahnhofs für 31 Millionen DM der DDR abgekauft hatte.

Heute haust auf dem sandigen Brachland die Belegschaft des alternativen Showunternehmens *Tempodrom*. Rund um das große grüne Zelt stehen malerische Wohnwagen, zwischen denen Kinder und allerlei Getier herumlaufen. Ein nomadenhaftes Dorf, dessen Stimmen, Musik und Hammerschläge der kühle Abendwind bis auf die Plattform trägt. (*Härlin/Sontheimer 1983, S. 19–27*)

Als die Geschäfte der City den Zug nach dem Westen antraten, mußten sie im Westen bauen. Eins nach dem andern sind dort am Kurfürstendamm neue Restaurants, neue Cafés, neue Läden entstanden. Sie wurden leicht ein wenig teuer gebaut, aber alle praktisch und mit jener unbedingten Rücksicht auf den *Kunden*, die bereits eine neue Lebensform zu werden beginnt. Unbekümmert schlug man die Fassaden der alten Häuser ein. Da war nichts zu verderben. Es war nur leicht, was man machte, besser zu machen. Ob auch gut, ist eine andere Frage. Die unteren Stockwerke der Häuser am Kurfürstendamm verwandelten sich reihauf und reihab wie die Bäume im Frühling. Später kamen die Hausbesitzer nach, die nach einer langen Pause die Weißbinder wieder mit guten Goldmarkmieten beschäftigen konnten. Einfachheit war Mode geworden, und man erlebte es, daß gewaltig abgeschlagen wurde, was sich einst, in kaiserlichen Zeiten, als Zierat in die Luft gerankt hatte. So änderte sich diese Straße, von der man noch vor wenigen Jahren geglaubt hatte, man müsse sie in die Luft sprengen, um sie erträglich zu machen. Sie änderte sich von innen nach außen. Sie wandelte sich langsam, kaum merklich, so wie vor einigen Jahren die Röcke der Frauen von Saison zu Saison um einige Zentimeter kürzer wurden. Wenige bemerkten den Vorgang, der ja kein Ereignis, nicht einmal eine Neuerung war, sondern eine *Lebensregung*, und es kann sein, daß ich der erste bin, der ihn niederschreibt und öffentlich mitteilt. Aber die Spaziergänger freuten sich darüber. Sie wandelten sich ja genauso. Anderswo, zum Beispiel in unserer Politik, kehren die *Friedenszeiten* zurück; in Berlin kam nach dem Krieg eine *Neuzeit*. Es kamen andere Theater, andere Kinos, andere Restaurants, andere Läden, in denen man die anderen Kleider kauft, die sich bei Gott von denen der Vorkriegszeiten unterscheiden. Die alten Geschäfte hatten es schwer. Die schönen Frauen und jene besondere Art junger Mädchen, die sich durch den Mut ihrer Bewegungen und die Leidenschaftlichkeit ihrer Kleidung bestimmt von allen Frauen in Deutschland unterscheidet, spiegeln sich gern in ihren Schaufenstern, die amüsant wie eine Zeitschrift sind. Es kann sein, daß sie es gerade sind, die so viele Fremde erschrecken. Die Oberflächlichkeit, die man ihnen ansieht, weil sie nicht daran denken, sie etwa zu verbergen, will vielleicht verletzen. Aber es ist unmöglich in einer so großen und so von Leben und Ereignissen erfüllten Stadt, allein unter vier Millionen Menschen zu leben, ohne eine glatte und widerstandsfähige Oberfläche zu haben, an der wie Wasser an einer Glaswand alles herunterläuft, was anderswo sogar einen Regenschirm löchert. Es ist in Berlin eben unmöglich, das nackte

Leben *nicht* zu sehen. Das Elend wohnt direkt unter dem Reichtum. Der Tod geht wie ein Besatzungssoldat durch die Straßen. Ein Straßenbahnunglück beschäftigt dort mehr Menschen als ein Bürgerkrieg in China Chinesen.

Das *Vergnügen*, das von jeher von Arbeitgebern organisiert und von Arbeitnehmern absolviert wurde, hat, als es nicht mehr Gehör genug fand, kurzerhand den Himmel verdunkelt, indem es die Straßenecken mit flimmernden Sternen übersäte. Als größte unter den Tageszeitungen erscheint in ununterbrochener Ausgabe die Reklame. Sie sagt nur Gutes aus. Sie lobt sogar sich selber, und man kann nicht bestreiten, daß sie von ihrem Standpunkt aus lobenswert ist. Der Platz an der Gedächtniskirche, das Zentrum des Westens, ist ein Amphitheater geworden, in dem der Passant von sieben Uhr abends bis zwei Uhr nachts gratis das *Feuerwerk* der Mitteilungen geboten erhält, die rot und saftig sein sollen wie der Apfel Evas.

Einstmals war dieser Platz besonders häßlich. Seine Fläche war eng und kahl. Die ‹romanischen› Häuser, die ihn umstanden, sahen aus wie dressierte Fische. Mitten in dieser Leere hockte mit dem ganzen Gewicht seiner Steine, Türme und Kugeln das verlassene *Gotteshaus*. Da wurde zunächst die braune, niedrige Wand des Kapitols, eines Kinotheaters, über die eine Front gezogen. Aus allen Ecken hüpften Cafés und Restaurants auf die Straße, vordringend mit weißen Stühlen und mit den Lichtern ihrer Beschriftungen. Der Verkehr tat das Seinige. Vergebens protestierte die Kirche, die sich inmitten eines sehr irdischen Trubels isoliert, entweiht und verloren sah. Sie protestierte nicht nur vergebens, sondern auch zu Unrecht. Das Leben, das sie heute umbrandet, hat dieses hohle Gebäude zu einem festen Block zusammengefügt. Schweigend stehen ihre großen, dunklen Fenster allein im abendlichen Lichtertanz. Niemals werden sich ihre Türen drehen wie die gläsernen Kreisel, die ringsherum ununterbrochen Menschen schlucken und wieder ausspeien. Ihre Türen sind wieder *Portale* geworden, ihre Leere hat sich gefüllt und wurde Ruhe. Aus einer sich überstürzenden Bewegung drängender, hastender Menschen, schreiender Automobile und Wagen, fliehender, suchender Bürger weisen ihre heute alten Türme still zum Himmel, den man, auf dieser Insel stehend, wieder zu verehren wünscht. Es gibt Holzhütten in Deutschland, die schöner sind als dieser Prachtbau. Aber es war von jeher der Beruf einer Kirche, nicht schön, sondern stark zu sein und bei den Menschen zu stehen wie ein Brunnen beim Wasser.

Nicht Beschaulichkeit, sondern Arbeit ist die Bewegung aller Menschen, die dort vorübereilen. Sie brennen und brennen sich ab wie die elektrischen Birnen, die ihren Weg beleuchten und weisen. Das Tempo ist stark. Noch sind die schwarzen Buchstaben der Zeitungen feucht vom Schweiß der Setzer, da wirft sie der Leser schon verbraucht zu Boden. Man versuche nicht aufzuzählen, was die Menschen tun, die dort ebenso eilig sitzen wie sie gehen: etwa, daß sie essen, trinken, spielen, tanzen oder Geschäfte machen. Undurchschaubar sind die Fenster der hohen Häuser, aber man weiß, daß hinter jedem Fenster gearbeitet wird. Es gibt auf die Frage: was tun diese Menschen? nur eine treffende Antwort: sie kämpfen ums Dasein. Diese Antwort klingt weder schön noch erfreulich. Aber es ist so. (*Brentano 1981, S. 96–99*)

Der alte Westen – vom Tiergartenviertel abgesehen, das zwar auch viel gelitten, aber doch durchgehalten hat – der alte Westen hat verloren, wie man von Schönheiten sagt, die aus der Mode gekommen sind. ‹Man› wohnt nicht im alten Westen. Schon um die Jahrhundertwende zogen die wohlhabenden Familien dort in die Gegend des Kurfürstendamms und später noch weiter bis nach Westend oder Dahlem, wenn sie es nicht gar bis zu einer Grunewaldvilla brachten. Aber manche von uns, die im alten Westen Kinder waren, haben eine Anhänglichkeit an seine Straßen und Häuser, denen eigentlich nicht viel Besonderes anzusehen ist, behalten. Uns ist es ein Erlebnis, eine der Treppen hinaufzusteigen, die ehedem zu Freunden und Verwandten führten. Es haftet soviel Erinnerung sowohl an den nüchtern gediegenen Aufgängen mit braunem Holzgeländer, farbloser Wand und den graugeritzten Gestalten im Fensterglas als auch an gewissen Palasttreppen mit steil zu ersteigendem Hochparterre, falscher Marmorwand und pompöser Glasmalerei. Führt uns ein Anlaß oder Vorwand – zum Beispiel, ein möbliertes Zimmer zu besichtigen – in eine der altvertrauten Wohnungen, so finden wir unter neuer Schicht die frühere Welt wieder: hinter verbarrikadierenden Schränken die Glasschiebetür, die einst Salon und Berliner Zimmer trennte, im sichtbaren schrägen Diwan den Schemen des Flügels, der damals hier stand mit seiner Samtdecke und den Familienphotographien. Nahe dem Fenster ist in dem ärmlichen Topfblumengestell noch etwas von der Tropenwelt der Zimmerpalmen geblieben. Von dem Hautpas am Hoffenster des Berliner Zimmers sehen wir auf den Hof mit dem blassen Gras, das zwischen Steinen sprießt wie einst. Nur der Pferdestall und die Wagenremise des alten Generals aus der Beletage sind verdrängt durch eine Autoreparaturwerkstatt.

Ein paar Häuser der alten Zeit sind noch unverändert in Nebenstraßen der Maaßen-, Derfflinger- und Kurfürstenstraße, die führen in Gärten ein wunderbares Inseldasein. Andere sind trotz ihrer Gärten verkommen, in Karlsbad zum Beispiel nahe der Potsdamer Brücke. Die eine Brunnenfigur dort im Grünen zerfällt so sehr, daß bald ihre Trümmer fortgeschafft werden müssen. Die ähnliche im Vorgarten des alten Familienhauses mitten im lebhaftesten Geschäftsviertel, Potsdamer Straße nahe der Linkstraße, ist noch ganz wohlerhalten, obgleich schon eine Zeitung mit ihrem Riesenplakat oben den antikisierenden Fries des Hauses verdeckt und im ersten Stockwerk sich der Vorderräume bemächtigt hat.

Alter Westen – selbst in den rauchgeschwärzten Straßen nahe den Bahnhöfen bewahrt er noch hie und da einen Traubenfries, eine weibliche Maske zwischen nackten Jünglingen, die, den Thyrusstab an der Schulter, auf Ranken hocken, eine Türfassung wie Tempeltür, all das erbaut, modelliert in schlechtem oder mäßigem Material von den allerletzten Schinkelschülern, letzte Reste des preußischen Griechenwesens. (*Hessel 1984, S. 154f.*)

Berlin W. war noch nicht erfunden.

Da eines Tages war es da. Es war da, wie eine Seifenblase, die schillernd, gleißend, lüstern aus dem biederen, weißen, gediegenen Seifenschaum sich aufbläht. Tausende, abertausende zuckende Farben spielen in den Lüften und bilden die Kugel und tanzen den feurigen Tanz des gleißenden Scheines.

Berlin W. Draußen, wo die Protzenburgen des Geldes den Kurfürstendamm säumen, wo die «Jugendstil»-Architekturen des «bayerischen Viertels» sich in maßlosen Geschmacksverirrungen gefallen, da draußen, wo das Geld rollt, die Dienstmädchen weiße Häubchen tragen und die «Herren» Portiers auf hochherrschaftliche Ordnung halten, und wo Berlin eigentlich Charlottenburg, Schöneberg oder Wilmersdorf ist, da draußen liegt Berlin W.

Da draußen wohnt «man». Man hat acht bis zwölf Zimmer, man hat einen Fahrstuhl und ein amtliches Zeugnis, daß man denselben selbst bedienen darf, wofür man fünf Reichsmark bezahlt und das unsichere Gefühl hat, von Zeit zu Zeit stecken zu bleiben. Man hat warmes und kaltes Wasser zu seiner Verfügung, einen eingebauten Vakuumreiniger-Motor im Hause, und die Dienerschaft braucht nicht mehr wie früher die Lampen zu putzen, die Glühstrümpfe zu zerschlagen und die Oefen zu heizen. Man hat zur Erledigung der unbedingt notwendigen Leibesfunktionen zwei bis drei stille, aber dekorativ ausgestattete Räume, man hat eine «Diele», die je nach dem Geschmacke und den Sommerreisen des Inhabers in orientalischen, friesischen oder «Markiewicz»-Geschmack eingerichtet ist. Wenn man in seiner Familie Mitglieder mit höherem Fluge hat, so ist diese Diele im Biedermeyer-Stil weiß lakiert mit Darmstädter Korbmöbeln. Im übrigen ist die Wohnung stilvoll eingerichtet. Wenn man vor der Gründung der endgültig letzten Kunstrichtung geheiratet hat, schwanken die Formen der Möbel zwischen «Jugend» und «Pfaff», ist man jedoch in den letzten fünf Jahren in den heiligen Ehestand getreten, biegen sich die Büffets und die Bibliotheken, die Salonarrangements und die Ehebetten in den geistvollen Wellenlinien van de Veldes oder der Dresdener und Münchener Kunstwerkstätten. Im Herrenzimmer hat man Klubsessel zu seiner eigenen Bequemlichkeit, und weil irgendwo ein Plätzchen sein muß, wo man sitzen kann, und auf den vielen Etageren und Tischchen stehen französische Bronzen, Kopenhagener Porzellan, echt Meißen, die alle einen wirklichen Provenienzstempel auf der Rückseite haben und die gewöhnlich keine Hochzeitsgeschenke sind. Im Salon hängen in prachtvollen Goldrahmen richtige Oelgemälde, die man entweder bei Lepke auf der Auktion, bei Cassierer oder in Italien auf der Reise erstanden, oder die, die gnädige Frau vor ihrer Verheiratung «selbst» gemalt hat, und im Kinderzimmer hängen in weißen Leisten englisch-holländische Lithographien. Auf dem Arbeitstisch liegen Bücher und Zeitschriften, wie zufällig vergessen, sorgsam aufgeschnitten, und verraten die literarischen Neigungen der Bewohner: «Neue Rundschau», Maeterlinck, Skandinavien und Oskar Wilde und etwas derbdeutsche Erotik mit französischem Einschlag. Und das Telephon steht im schmucken, schwarzen Kästchen mit Nickelhörapparat neben dem elektrischen Cigarrenanzünder, neben der elektrischen Stehlampe mit roten und grünen irisierenden Gläsern und neben der Schreibmappe mit den englischen Silberbeschlägen. In der Bibliothek schlummern das Konversationslexikon, Nietzsche, Heines sämtliche Werke und die von der «Gnädigen» in den letzten Heringsdorfer-Saisons gelesenen «Engelhörner». (*Edel 1906, S. 6–8*)

Eine Straße? Ein Viertel? Eine besondere Menschensorte?
Jede Großstadt hat ihren Kurfürstendamm!
Moral? Unmoral?

Eure Maßstäbe, liebe Herren Pastoren vom taufrischen Land, reichen nicht.

Ich glaube, fiele ein Engel vom Himmel herunter auf den Kurfürstendamm, er bräche sich nicht nur die Flügel; hier verlöre er Kopf und Unschuld. (Obendrein würde er von einem Unternehmer sofort aufgegabelt und in Kastans Panoptikum als Kuriosum produziert und nebenbei als Modell an die Expressionisten vermietet.)

Aber käme der Satan auf den Kurfürstendamm, überall würde er hereinfallen, geneppt und geprellt, ein für solche Welt zu dummer Teufel, und er müßte mit eingezogenem Schwanz in die Hölle zurück. Links und rechts bekäme er von seiner Großmutter eine an die Löffel. Drei Wochen ununterbrochen müßte er ihr beim Wickeln der roten Strumpf- und Unterrockswolle die Stränge halten, als Strafe.

Der Kurfürstendamm hat seine Moral für sich. Sie steht sozusagen jenseits von Himmel und Hölle. Sie ist verzwickter, als daß sie je ein Richter des jüngsten Gerichts wägen könnte. Deshalb denkt der liebe Gott auch nicht daran, einen Schwefelregen auf Sodom-Kurfürstendamm regnen zu lassen. Hier wirken Moralgesetze, zusammengeschweißt aus Snobismen, Bluff, Paradoxie, Sensationslüsternheit, Abgebrühtheit, Überlegenheit. Aus Toleranz und Intoleranz. Aus Kultur und gröbster Unkultur. Vielfach aus verblüffend tiefem Menschenverstehn, getragen durch äußerste Vitalität. Moralgesetze jedenfalls, die durch keinerlei alte Überlieferungen kristallisiert und normiert sind. Gesetze, mehr, als anderswo, dem Hirn direkt entspringend, geboren aus dem Urteil oder der Laune der Minute. Trotzdem Gesetze.

Jemand sprach von einer Kultur der Unkultur.

Junger Reichtum, kaum zwei Generationen (bisweilen nur zwei Jahre) zählend, hat sich hier etabliert. Tobt sich aus mit allen grellen Farben jungen Wachstums.

Emporkömmlinge, Parvenüs, Snobs in Menge darunter. Dafür aber noch einiges Hirn im Kopf.

Es geht grell und schreiend zu. Ungebärdiger, als anderswo. Aber hier ist Leben! Leben wirft seine bunten Raketen in den Himmel. Sie zerplatzen mit Farben, die einem in die Augen stechen. Aber, – sie krepieren wenigstens. Das ist bei berühmten alten Kulturen nicht immer der Fall.

Hier sind Kulturblüten, die kaum erst erschlossen sind.

Hier ist Leben im Entfalten.

Most, Gärung, Ferment ... Wo aber eine Kraft emporschäumt, sprüht der Geist. Nach unten sinkt die Hefe. Oben tanzt der Geist.

Und der Geist des Kurfürstendamms, – hat ihn erst einer gekostet, er wird sich von ihm verwandelt fühlen und ihn nicht mehr entbehren können. Denn er ist jung, draufgängerisch und frei! (*Bouchholtz 1921, S. 7–10*)

Der Kurfürstendamm ist das, was der Berliner «feine Jejend» nennt. Wo Regierungsräte, Hochstapler, Bankdirektoren, Schieber, Schauspielerinnen und Kokotten wohnen; derjenige, der am Kurfürstendamm haust, und sei es auch nur im Gartenhaus vier Treppen hoch, gilt als feiner Mensch, als gutsituierter Mensch. Und wenn er einen telefonischen Nebenanschluß hat, ist er ein kreditfähiger Mensch. Für Leute, die vorwärtskommen wollen, ist es also notwendig, am Kurfürstendamm zu wohnen. Zumindest aber in Berlin W. Alle anderen Stadtteile werden nicht respektiert. Der Norden riecht nach Panke, das Zentrum nach Markthalle, der Osten nach Kommunistenaufstand. Der Geruch des Südens ist schwer zu definieren. Ich liebe starke Mischungen und wohne daher im Nordwesten. Panke, Charité und Kurfürstendamm. Ich werde diese groteske Mischung als R. G. M. [Reichsgebrauchsmuster] anmelden lassen und jetzt den Kurfürstendamm photographieren.

Also:

Sehr viel Autos. Sehr viel Droschken.

Frauen mit seidenen Strümpfen und gut geschnürter Figur.

Auch Frauen, die aussehen wie Bordellmütter.

Dickbäuchige Herren mit Hängebacken, schlanke mit langen Haaren. Gute Kaufleute, Intellektuelle, die Kommunismus aus sportlichem Ehrgeiz propagieren.

Viel Hunde, viel Backfische, Kriegsinvaliden, Dirnen, Kleiderjuden, Literaten. Dielen, Bars, Kabaretts, Lebensmittelgeschäfte.

Drei Bedürfnisanstalten.

Diese Beschreibung ist nicht lückenlos, aber sie genügt. Die Kaffeehäuser sind immer überfüllt. An den Tischen werden Geschäfte abgeschlossen und Schweinigeleien erzählt. Der Kapellmeister wirft seine Arme wie Windmühlenflügel umher. Die Geigen kratzen munter drauflos und freuen sich, daß es bald elf Uhr ist. Irgendein Chansonnier plärrt ein pseudopatriotisches Liedlein. Vom Kaiser und von der Zeit, wo die Straßenbahnfahrt noch zehn Pfennige kostete. Von der Armee, die man draußen eingescharrt hat. Weil die Chansons geschmacklos und kitschig sind, freut sich das Publikum und applaudiert.

Eine Dame blättert in einem Modejournal und schlägt ihre Beine übereinander. Sie weiß, daß der Herr, der ihr gegenüber sitzt, anbeißen wird.

Auf der Straße: geflüstertes Angebot verbotener Dinge. Kokain, Nachtbars, Spielklubs.

Auf der Straße: geflüstertes Angebot erlaubter Dinge. Brillanten, Frauenfleisch.

Am Wittenbergplatz stehen junge Männer in auffallender Kleidung. Sie haben gepuderte Backen, benehmen sich sehr graziös. Und werfen melancholische, stumpfsinnige Blicke in den Abend. Sie pfeifen manchmal oder stecken die Zunge heraus. Sie suchen Kavaliere.

Auf der Tauentzienstraße Damen in hohen Lackstiefeln. Damen mit Reitpeitschen. Eine kleine Flagellation gefällig? Ein bißchen die Haut aufritzen? Werden Sie Mitglied des Vereins zur Erforschung sexueller Ausschweifungen? Komm doch mit, Kleiner. Du sollst es gut haben. Der Kleine dankt. Er habe Sodbrennen und rieche aus dem Mund. Außerdem fahre gleich der letzte Stadtbahnzug. (*Worm 1981, S. 26f.*)

Der Kurfürstendamm, die schönste Prachtstraße von Berlin W., hatte außer den mit Terrassen geschmückten Bürgersteigen auch zwei Trambahnlinien und eine doppelspurige Fahrbahn aufzuweisen, eine Spur für Reiter und eine andere für Radfahrer. Die ihn säumenden Gebäude wurden in der hochherrschaftlichen Großzügigkeit der Vorkriegszeit gebaut, als Geräumigkeit für den größten Luxus gehalten wurde, den eine Hauptstadt zu bieten hatte. Glücklicherweise verfügte Berlin über die Weite der preußischen Ebenen, so brauchte man mit Boden nicht zu geizen.

Dr. Odemars schöne Wohnung bestand aus zwölf Zimmern, die wie eine Rosette kreisförmig um einen Saal angelegt waren, der einen Durchmesser von zwanzig Metern auswies. Ihn wählte man zum symbolischen und tatsächlichen Mittelpunkt der *Gesav*, und Nora war eifrig bestrebt, dem Raum das beeindruckende Aussehen zu geben, das seiner Bestimmung entsprach, denn Nora würde sich ein Vergnügen daraus machen, dort Empfänge zu geben, die Sahars Salon in den Schatten stellten. Sie bestellte eine radikal-verwegene Einrichtung in expressionistschem Stil, in der die immer wieder von den jungen Zeitschriften proklamierten Theorien zum ersten Mal ihre offizielle Verwirklichung fanden. Das waren übrigens Kunsttheorien, die ganz wie der Prospekt der *Gesav* auf der verlasenen Philosophie jener Zeit beruhten und natürlich die grundlegenden Prinzipien der traditionellen Architektur über Bord warfen.

Die Unruhe der Neuen Zeit spiegelte sich darin wieder. Der Störung der Symmetrie schien die ganze Aufmerksamkeit des Architekten zu gelten: Zunächst zerstörte er die glatte Oberfläche der Decke, die in ihrer reinen, runden Form einst ein stummer Spiegel der unter ihr befindlichen Dinge gewesen war. Jetzt wurde dieser ferne Zeuge in den irdischen Tanz mit einbezogen. Die Stuckreliefs, Kreise, Halbkreise, ins Unendliche geschraubten Spiralen und Kurven, verliehen ihr den Eindruck eines entfesselten Himmels, ein vollkommenes Chaos. Irgendwo hingen Stalaktiten herab und bildeten eine Grottendecke. Die Wände waren aus unterschiedlichsten Materialien, aber sie funkelten. Spitzbögen aus weißem Eisen, Kupferspiralen, Glassäulen, mit Silberpapier bezogene Tafeln und Wandschirme verwandelten den riesigen Saal in ein Labyrinth.

Die dazu passenden Möbel waren in einem ebenso verschrobenen Stil entworfen. Die Möbelkünstler brüsteten sich wahrhaftig damit, schlichte Modelle zum praktischen Gebrauch angefertigt zu haben, als wäre die einfachste, nämlich die Standard-Form nicht durch jahrhundertelangen Gebrauch abgesegnet. Die Stühle standen auf drei Beinen und waren vorn etwas tiefer, angeblich, damit man sich besser hinsetzen konnte. Doch der Unglückliche, der sich hier niederzulassen wagte, fühlte sich darauf nicht sicherer als auf einem Schlitten. Die Stuhllehne bildete ein Dreieck (der Symmetrie wegen), doch bot sie dem Sitzenden keine Stütze. Die Sessel waren nur ihrer Umrisse wegen da: Vernickelte Metallbarren ahmten mit Stoff bespannt ein herkömmliches Aussehen nach, doch boten sie wenig Oberfläche, auf der man sich hätte ausruhen können. Ihr vorzügliches Verdienst bestand darin, daß man sie leicht kombinieren konnte, und nicht darin, daß man weich auf ihnen ruhte. Schließlich standen Sofas an den Wänden. Ihr Skelett bestand aus weißem Marmor, und die Sitzflächen waren mit hundert regenbogenfarbenen Sitzkissen bedeckt. Die Sofas waren auf Schienen montiert und rollten von alleine, Miniaturschlafwagen, und wer auf ihnen saß, glaubte nach Kythera zu reisen. […]

Der Saal war sehr erfinderisch beleuchtet. Anstelle der Frontgiebel und antiken Friese befanden sich, wie in den Schaufenstern der Kaufhäuser, hellblaue und rosa Leuchtschriften, die einerseits angenehmes Licht verbreiteten, zum andern in strahlenden Lettern Maximen des

Evangeliums, der Upanischaden, des Koran, von Karl Marx, Darwin und Freud verkündeten. (*Goll 1975, S. 64–67*)

Die Tauentzienstraße und der Kurfürstendamm haben die hohe Kulturmission, den Berliner das Flanieren zu lehren, es sei denn, daß diese urbane Betätigung überhaupt abkommt. Aber vielleicht ist es noch nicht zu spät. Flanieren ist eine Art Lektüre der Straße, wobei Menschengesichter, Auslagen, Schaufenster, Café-Terrassen, Bahnen, Autos, Bäume zu lauter gleichberechtigten Buchstaben werden, die zusammen Worte, Sätze und Seiten eines immer neuen Buches ergeben. Um richtig zu flanieren, darf man nichts allzu Bestimmtes vorhaben. Und da es nun auf der Wegstrecke vom Wittenbergplatz bis nach Halensee soviel Möglichkeiten, Besorgungen zu machen, zu essen, zu trinken, Theater, Film oder Kabarett aufzusuchen, gibt, kann man die Promenade ohne festes Ziel riskieren und auf die ungeahnten Abenteuer des Auges ausgehen. Zwei große Helfer sind Glas und künstliches Licht und dies letztere besonders im Wettstreit mit einem Rest Tageslicht und Dämmerung. Da wird alles vielfacher, so entstehen neue Nähen und Fernen, und die glückhafte Mischung,

où l'indécis au précis se joint.

Die aufleuchtenden und verschwindenden, wandernden und wiederkehrenden Lichtreklamen ändern noch einmal Tiefe, Höhe und Umriß der Gebäude. Das ist von großem Nutzen, besonders an Teilen des Kurfürstendamms, wo von der schlimmsten Zeit des Privatbaus noch viel greulich Getürmtes, schaurig Ausladendes und Überkrochenes stehengeblieben ist, das erst allmählich verdrängt werden kann. Diese schrecklichen Zacken, Vor- und Überbauten der ‹Geschwürhäuser›, wie wir sie früher zu nennen pflegten, verschwinden hinter den Reklamearchitekturen. Den Fassaden der Paläste mit den zu hohen Gesellschaftsräumen nach der Straße und den dunklen Hinterräumen fürs Privatleben rückt man zunächst durch Ladeneinbauten zu Leibe, die das Erdgeschoß großzügig vereinfachen. Immer neue Läden entstehen, da die großen Geschäftshäuser der City hier ihre bunteren moderneren Filialen gründen und die schönsten Detailgeschäfte sich ihnen anschließen. Da ergeben sich für Glas, Metall und Holz neue Aufgaben und in das frühere Berliner Grau und Fahlgelb kommt Farbe. Und sobald eines der Häuser baufällig oder wenigstens reparaturbedürftig wird, schneidet ihm die junge Architektur den Bubenkopf einer einfachen linienklaren Fassade und entfernt alles Gezöpfte. Vor vielen Cafés gehen die Terrassen weit auf das Trottoir hinaus und machen Haus und Straße zu einer Einheit. Eins hat sogar schon in Pariser Art Kohlenbekken für die kalte Jahreszeit hinausgestellt, um diese Einheit auch im Winter nicht zu unterbrechen. (*Hessel 1984, S. 145 f.*)

[1944] Dann zogen wir los. Klaus, Henri, Philippa und ich. Halfen, wo wir konnten, bei den Nachbarn und gegenüber. Gingen schließlich auf den Kurfürstendamm. Die Gedächtniskirche eine leuchtende Brandfackel. Zum erstenmal wirkte sie wie ein romanischer Bau. ‹Rund um die Gedächtniskirche› hatten andere Gewalten die Lichtreklame angezündet als in den Zeiten der Vergnügungen. Es schien, als brenne der ganze Platz. Das Romanische Café, längst schon entseelt, seit die Nazis es seiner Bohème-Tradition beraubten, brannte auch. Der Zoo ist ebenfalls schwer getroffen, viele Tiere sollen umgekommen, andere ausgebrochen sein. Es ist ein unheimliches Gefühl, hier könnte plötzlich ein Tiger auftauchen. In einem Geschäftshaus, das schon in den oberen Stockwerken brannte, retteten wir aus einem Juwelierladen einen ganzen Sack voll Silbersachen, weil der Besitzer abwesend war und niemand löschte. Erst heute haben wir ihm den Sack zurückgebracht. Wir hatten es ganz vergessen. Ich behielt ein kleines rosa Porzellanschwein – als Talisman. (*v. Kardorff 1962, S. 89*)

Die Hohenzollern

Sein Vater hatte in Potsdam in einem armseligen Hause gewohnt; er [Friedrich II.] machte einen Palast daraus. (*Voltaire*)

Soviel aber darf gesagt werden: der Hof Kaiser Wilhelm II. unterscheidet sich auffällig von dem Hofe seines unvergeßlichen Grossvaters [...]. (*v. Nordegg*)

Das Stadtbild Berlins ist durch die Hohenzollern geprägt worden. Ihre Ansiedlungs- und Baupolitik sollte die Einfallstraßen zu Visitenkarten der Residenzstadt werden lassen. Dabei sahen sie, die sonst so sparsamen Regenten, nicht auf den Pfennig. In den Familienhäusern für ihre Soldaten schufen sie die ersten Mietskasernen, die dann das Vorbild für die Bebauung der Arbeiterviertel abgaben. Soldaten gehörten zum Straßenbild der Stadt, Kasernen und Exerzierplätze nahmen in der Stadtanlage einen bedeutenden Raum ein.

Erst Wilhelm II. befreite sich und die Stadt aus der preußischen Tradition nüchterner Bescheidenheit. Er, der sich zum Künstler berufen fühlte, wäre er nicht Kaiser geworden, setzt in der Hauptstadt des Deutschen Reiches die architektonischen Akzente, die Stuckschnörkel, Lorbeerkränze, bombastischen Balustraden, verspielten Erker usw., all das, was als «wilhelminischer Baustil» noch heute große Teile der um die Jahrhundertwende errichteten Gebäude charakterisiert.

Das militärische Gepräge und die Industrieexpansion gerieten unter dem letzten Kaiser in Widerspruch miteinander. Erst als Offiziere auch auf Straßenbahnperrons zu sehen waren, hatte die Vorherrschaft des militärischen Lebens ein Ende. Gleichwohl wird noch heute Unter den Linden die Parade im Stechschritt abgenommen.

Ausgerechnet der krankhaft sparsame Soldatenkönig Friedrich Wilhelm I., Vater Friedrichs des Großen, war der Begründer der Berliner Austernkultur. Es gab nur zwei Dinge, die stärker waren als sein Geiz: die Lust, sich immerzu die Hände zu waschen, und die Gier auf Austern. Sein Händewaschtick brachte ihn dazu, in die siebenhundert Zimmer und Säle des Berliner Schlosses eine Wasserleitung legen zu lassen, und seiner Austerngier zuliebe ließ er eine Extrapost Berlin–Hamburg–Berlin anlegen, die mit Eiswagen und Relaispferden ständig von Hamburg nach Berlin und zurück preschte. Von dieser Austernpost profitierten auch die Berliner. Preußen besaß eigene Austernbänke in den dänischen Gewässern, und diese ‹fiskalischen Austern›, wie man sie nannte, waren zwar klein, aber besonders schmackhaft und billig dazu. Natürlich wurden auch ‹Holländische Imperial› importiert. (*Kiaulehn 1981, S. 219 f.*)

Das Berlin Friedrichs des Großen hat nicht nur in seiner königlichen Spitze, sondern durch alle Stufen der Pyramide einen französischen Firnis. Zwei Jahre lang hat Berlin Voltaire zu seinen Bürgern gezählt. Im königlichen Schlosse, in dem Teil an der Spree, in der Taubenstraße hat er gewohnt. Die französischen Freunde des Königs, seine französischen Accise-Beamten waren bei den Berlinern nicht beliebt, aber dem Einfluß ihres Geistes und ihrer Bildung konnten sie sich doch nicht entziehen. Neben Paris ist Berlin die einzige Stadt der Welt, in deren Atmosphäre noch heute Voltaires Witz und Ironie, Spottsucht und Bosheit einen unverwüstlichen Bestandteil bilden: das Gastgeschenk, das er uns hinterlassen. Freilich hatte die Natur die Berliner von vornherein mit der scharfen Witterung für alles Lächerliche, Unvernünftige und Verstiegene begabt.

Noch aber ist von einer Anteilnahme der Frauen an geistigen und künstlerischen Dingen keine Rede. Überall führen die Männer allein das große Wort. (*Frenzel 1897, S. 12*)

Der König von Preußen hatte währenddessen seinen Mut gestärkt und Schlachten gewonnen: er machte Frieden mit den Österreichern. Maria Theresia überließ ihm zu ihrem größten Schmerz die Grafschaft Glatz mit Schlesien. Nachdem er sich unter diesen Bedingungen im Juni 1742 von Frankreich schonungslos losgemacht hatte, schrieb er mir, er sei geheilt und riete den anderen Kranken, sich zu erholen.

Dieser Fürst befand sich damals auf dem Gipfel seiner Macht: ihm standen 130000 Mann siegreicher Truppen zur Verfügung, aus denen er Kavallerie formiert hatte; er preßte aus Schlesien das Doppelte von dem heraus, was es Österreich geliefert hatte, befestigte seine neue Eroberung und war umso glücklicher, als alle anderen Mächte zu leiden hatten. Heutzutage richten sich die Fürsten durch den Krieg zugrunde: er war dabei reich geworden.

Nun verwandte er seine Mühe darauf, Berlin zu verschönern, eine der schönsten Opern Europas zu bauen und Künstler aller Art kommen zu lassen; denn er wollte auf allen Wegen und so billig wie möglich zum Ruhm gelangen.

Sein Vater hatte in Potsdam in einem armseligen Hause gewohnt; er machte einen Palast daraus. Potsdam wurde eine hübsche Stadt. Berlin wurde größer; man begann wieder, die angenehmen Seiten des Lebens kennen zu lernen, die der verstorbene König sehr vernachlässigt hatte: einige Personen hatten Möbel, die meisten trugen sogar Hemden; denn unter der vorhergehenden Regierung kannte man nur Vorhemdchen, die man mit Schnüren befestigte; und der regierende König war nicht anders aufgewachsen. Die Dinge änderten sich zusehends: Sparta wurde Athen. Einöden wurden fruchtbar gemacht, in trocken gelegten Sümpfen einhundertdrei Dörfer gegründet. Um Musik und Bücher kümmerte er sich nicht weniger: und so darf man es mir nicht schlecht anrechnen, wenn ich ihn den «nordischen Salomon» nannte. In meinen Briefen nämlich gab ich ihm diesen Beinamen, den er lange behielt. (*Voltaire 1921, S. 21f.*)

Auch Berlin ist wie jede andere Stadt der steinerne Ausdruck geistiger Kräfte; es ist die «Selbstdarstellung des Staates und seines Herrscherhauses». Der Beschauer spürt einen merklichen Unterschied zwischen dem Preußentum Schinkels, das seit 1815 sich in Bauten auszusprechen begann, und dem Preußentum der vorangegangenen Zeit, die 1806 zu Ende gegangen war. Carl Gotthard Langhans und die beiden Gilly, Vater und Sohn, sind die Architekten der dem Tode Friedrichs II. unmittelbar folgenden Zeit. Langhans, der in seiner schlesischen Heimat das mächtige Palais Hatzfeld in Breslau gebaut hatte, ist von Friedrich Wilhelm II. in bewußtem Gegensatz gegen den Geschmack des Vorgängers nach Berlin gerufen worden. Sein erster Auftrag war, das Innere des Knobelsdorffschen Opernhauses umzuarbeiten. Sein berühmtester Bau wurde das von 1789 bis 1793 errichtete Brandenburger Tor, mit dem die Straße Unter den Linden einen imposanten Abschluß fand – jene charakteristische Hauptlinie Berlins, die im kleinen die Ost-West-Linie der ganzen Monarchie wiederholt. Das strenge Dorertum des Baues erinnerte daran, daß man durch dieses Tor in die Hauptstadt eines kriegerischen Volkes eintrat, daß die Stadt der Soldatenkönige in der Tat ein Sparta war. Der kühle, überreife Verstand der klassizistischen Kunst war diesem Staate und dieser Stadt gemäß. Auf märkischer Erde war ja auch Winckelmann geboren, in diesem Staate war kein Raum für ein träumendes deutsches Gemüt, hier gab es kein Geheimnis und keinen Mythos. Was das Wesen dieser klassizistischen Kunst ausmachte, war auch das Wesen dieses Staates, in dem Schlüter und der Barock immer Fremdlinge geblieben sind. Der preußische Sinn für Ordnung und Sachlichkeit war dem Klassizismus verwandt und gab eine erste Vorahnung des kommenden Realismus. (*Schnabel 1933, Bd. II, S. 356 f.*)

Wenn man Seiner Majestät [Wilhelm I.] vorgestellt wird, ist der erste Blick ein abschätzender: Infanterist? Husar? Dragoner? scheint dieser sinnende Blick mechanisch zu fragen. Man steht vor einem prachtvollen, in eine schwarze Uniform mit roten Aufschlägen korrekt eingezwängten Kürassier, der vom Alter keineswegs gekrümmt, kaum gebeugt ist. Das Berliner Publikum meint immer, der Herrscher könne sich nur mit Hilfe eines Korsett-Panzers so gerade halten. Der Kaiser trägt aber nichts dergleichen: sein einziger Panzer ist die fast ein Jahrhundert alte Gewohnheit der Parade und der Disziplin. Das Gesicht ist außerordentlich pergamenten und faltig, der Blick leidend, aber der Mund lächelt, und die Handbewegung, mit der der alte Militär beim Sprechen seine weißen Schnurrbartspitzen zwirbelt, ist weder allzu forsch noch allzu senil. Der Kaiser spricht nur in kurzen Sätzen; er spricht mit Festigkeit, aber so abgehackt, daß es nahezu barsch wirkt – wie alte Militärs, denen ein kräftiger Händedruck lieber ist als schöne Reden. Die Hohenzollern sind mit dem Händedruck überaus freigebig. Der Kaiser spricht passabel französisch, hat aber nie den Ehrgeiz gehabt, es darin weiter zu bringen; seit langem braucht er nur noch stehende Redensarten in dieser Sprache zu sprechen. Englisch spricht er besser, aufgrund seines zwangsweisen Aufenthaltes in England im Jahr 1848. Diesen Aufenthalt hat der exilierte Fürst auch dazu benützt, ein wenig zu studieren und, vor allem auf dem Gebiet der Geschichte, seine Bildung, die niemals glänzend gewesen ist, zu komplettieren.

Der Kaiser war nie ein Mann der Wissenschaften und Künste, die

einen wie die anderen sind ihm verschlossen; er interessierte sich nicht einmal für die deutsche Literatur. Er hat einen einzigen französischen Roman gelesen, den *Juif errant* von Eugène Sue. Auf seinem Tisch liegen nur Broschüren militärischen Inhalts, und jede Woche blättert er einmal die Bilder der *Illustration*, des *Graphic*, der *London News* durch. Niemand hat den Kaiser (so wenig wie übrigens die Herren Bismarck und Moltke und die ganze übrige Heldengeneration) je in einem Museum gesehen; vergangenen Sommer konnte man ihn nur mit allergrößter Mühe in letzter Stunde dazu bewegen, die Berliner Kunstausstellung zu eröffnen, mit der das hundertjährige Bestehen der Berliner ‹Salons› gefeiert werden sollte. Der Kaiser geht niemals in ein Konzert. Wagner hat 1848 Barrikaden errichtet, das ist längst vergessen; aber Wagnerianer zu sein wie sein Enkel Prinz Wilhelm, der Bayreuth den ‹neuen Olymp› nennt, oder wie sein Minister Puttkamer, ist in seinen Augen blühender Blödsinn. Das Schauspiel und die Komödie interessieren ihn kaum; die Oper ist seine einzige Zerstreuung, er versäumt selten ein Ballett, und an den Abenden nach der Parade liefert er drei Viertel des Saales an die Offiziere in Berlin aus und läßt ihnen ein Monsterballett servieren. (*Laforgue 1970, S. 24f.*)

Bis zum Tode Kaiser Wilhelm I., der in den dankbaren Erinnerungen seines Volkes nicht als der «Grosse», sondern als der Tüchtige, Bescheidene, Pflichttreue fortlebt, der es verstand, die brauchbaren Menschen auf den rechten Fleck zu stellen und ihre Verdienste neidlos zu ehren – behielt der Berliner Hof, trotz aller Kaiserherrlichkeit, den soldatischen Stil, zu dem Friedrich Wilhelm I. die Anfänge gelegt hatte und der nur, dem veränderten Charakter der Zeiten entsprechend, Wandlung um Wandlung durchlebt hatte. Jetzt steht der Berliner Hof ebenbürtig in der Reihe der übrigen grossen europäischen Hofhaltungen. Mit voller Absicht hat Kaiser Wilhelm II. dies durchgeführt. Auf seinen Befehl kleidet der bejahrte General-Adjutant von Scholl, für den die ein wenig antiquiert anmutende Würde eines «General-Kapitäns der Schloss- und Leib-Garde» geschaffen wurde, sich zu jedem Hoffeste in fridericianische Tracht, mit Perücke und Dreimaster auf dem Haupte, und befehligt so den auf gleiche Weise travestierten Trupp der alten braven Schlossgardisten. Der simple Frack oder doch wenigstens die Frackhose, ist verschwunden. Bald nach seiner Thronbesteigung, am 1. Mai 1890, erliess Kaiser Wilhelm II. von der Wartburg aus eine Kabinetts-Ordre, die mit den Worten begann:

«Es ist Mein Wunsch, dass in dem Leben an Meinem Hofe in Beziehung auf die Trachten die schönen Sitten und Gebräuche früherer Zeit wiederum zur Geltung gelangen.»

Die Wiedereinführung dieser schönen Sitten und Gebräuche vergangener Tage bestand im wesentlichen darin, dass eine besondere Hofuniform für Civilisten eingeführt wurde, die eine starke Ähnlichkeit aufweist mit der, welche während des zweiten französischen Kaiserreiches in den Tuilerien vorgeschrieben war: ein schwarzes Hofkleid mit Kragen und Klappen von Atlas, eine lange Atlasweste, Kniehosen von schwarzem Kasimir, lange seidene Strümpfe, dazu Schnallenschuhe, Dreispitz und Degen. (*v. Nordegg 1907, S. 35–37*)

Am 22. März wurde das Denkmal Kaiser Wilhelms I. an einem prachtvollen sonnigen Tage am Schlosse zu Berlin enthüllt. Der Kaiser erschien in Gardedukorps-Uniform mit schwarzem Küraß. Alle Fürsten und Prinzen waren unter einem rotgoldenen Baldachin am Eosanderschen Portale versammelt. Das diplomatische Korps, von welchem die amtlich beteiligten Botschaften und Gesandtschaften geladen, die anderen zugelassen waren auf ihren Wunsch, war bis zur Zahl von 84 Plätzen anwesend. Die Musikchöre hatten gespielt. Ein Gebet war gesprochen worden, als der Kaiser den Befehl erteilte: «Präsentiert das Gewehr!», die Hülle des Denkmals fiel langsam, unter Einfallen der Musik, 101 Kanonenschüssen, Läuten sämtlicher Glocken von Berlin, begeisterten Hochs und Hurras des Volkes wurde das großartige Monument enthüllt. Hierauf fand Parade der Berliner Garnison, der Leibkompagnien der Gardedukorps und des ersten Garderegimentes zu Fuß mit Musikkorps statt. Es dauerte der Vorbeimarsch zwei Stunden und bot ein vollendet schönes militärisches Bild. Abends fand eine Galatafel für 650 Personen im Königlichen Schlosse statt. In den einzelnen Sälen hatten Herren des Hofes den Vorsitz an den Tafeln; im Apollosaale war dies meine Aufgabe. Als der Kaiser im Weißen Saale auf das Wohl des deutschen Vaterlandes und der deutschen Fürsten und Völker getrunken hatte, teilte ich dies meiner Versammlung mit, worauf der Abgeordnete Freiherr v. Erffa ein dreifaches Hurra ausbrachte. Am 23. März fand der Festzug der Veteranen und Bürger statt. 40000 Mann mit zahlreichen Musikkorps, Fahnen und Standarten, die Führer in der Tracht von 1797, zogen vorüber. Eine großartige Huldigung, die in ihrer Ruhe und militärischen Ordnung gewaltig imponierte. Die fremdherrlichen Offiziere, in deren Nähe ich dem patriotischen Schauspiele beiwohnte, waren höchst überrascht und eigentümlich berührt, daß die ganze deutsche Nation geschulte Soldaten seien. (*Mohl 1921, S. 311f.*)

Soviel aber darf gesagt werden: der Hof Kaiser Wilhelm II. unterscheidet sich auffällig von dem Hofe seines unvergesslichen Grossvaters – das kurze, leidvolle Interregnum des Kaiser Friedrich hat keine Spuren hinterlassen. Wäre man ein Freund billiger Symbolik, so könnte man sagen, dieser Unterschied sei versinnbildlicht durch das Aussehen, das der vornehmste Raum des alten Königsschlosses an der Spree, der «Weisse Saal», damals bot und das er jetzt bietet. Damals war er streng, ein wenig einfach in der Linienführung und in der Ausstattung, jetzt strotzt er von Gold und von Marmor, und die Bildnisse der Hohenzollernfürsten, Nachahmungen der fragwürdigen Denkmäler der Siegesallee, stehen an seinen Wänden. (*v. Nordegg 1907, S. 33f.*)

Der Kaiser [Wilhelm II.] versagte als Mensch. Er hatte das Hohenzollerngesicht ohne das Auge Friedrichs des Großen. Ein begabter Prinz suchte durch rastlose Arbeit nachzuholen, was ihm von Geburt versagt war. Das ist ihm in einem Grade gelungen, der oft an das Genialische reichte. Aber es blieb die Unzulänglichkeit, die ihn von dem Zeitalter unterschied und gleichzeitig mit ihm verband, das von ihm seinen wilhelminischen Namen empfangen sollte.

Er selbst stand zwischen den Generationen. Schon dies war eine Halbheit, daß er noch nicht einmal fest in seiner eigenen Generation stand. Zu den Generationen vor 1872 hatte er noch das Verhältnis der großen Tradition. Aber er hatte bereits nichts vom König mehr. Einen König von Preußen hat es nicht wieder gegeben, seitdem die Weihe der Vornehmheit verschwand, die Wilhelm I. umgab. Wilhelm II. hatte dafür das Kaiserliche. Und am wohlsten fühlte er sich doch in der Generation von 1888. Sie war seine Generation. Er war emporgekommen wie sie. Er brachte mit, was sie verlangte. Er besaß diesen erstaunlichen Sinn für alles Technische, dem sie ihre besten Erfolge verdankte. Ihre Großmannssucht war die seine, und im Grunde hatte auch er, bei aller Ritterlichkeit, sehr viel Großbürgerlichkeit. Nur besaß er nicht die Nüchternheit, die Sachlichkeit, die Gediegenheit des technischen Menschen, sondern besaß dafür diese Beweglichkeit, diese Begeisterungsfähigkeit, die ihn über seine materialistische Generation hinaushob und zu einem enthusiastischen Monarchen machte. Wir waren ein Volk von Spezialisten geworden. Der Kaiser war unser letzter Idealist. Er war es als Naturell. Er war es als Temperament. Er fühlte als Kaiser, daß ein Leben seines Volkes ohne Idealismus auf die Dauer nicht möglich sein werde. Aber als Idealist war er Epigone, wie er als Mensch ein Illusionist war. So wandte er denn den Blick zu den Generationen zurück, die in ihrer Klassizität irgendwie idealistisch gewesen waren, und glaubte wirklich, daß sich auf die romantische Weise die mancherlei guten Dinge erhalten ließen, von denen er immer sprach, und die doch, sogar dann, wenn es der Thron oder der Altar war, als Worte ohne Inhalt aus seinem Munde kamen, da er sie gar nicht von Grund auf erlebt hatte. (*Moeller v. d. Bruck 1933, S. 37f.*)

Sie können sich «nicht vorstellen, daß eine sozialistische Regierung dem weggelaufenen König von Preußen noch hundert Millionen und mehr nachwerfen wolle». Sie müssen. Was hier darüber gesagt wurde und Ihnen schon unglaublich scheint, war nur schüchterne Andeutung. Der Entwurf des «Gesetzes über die Vermögensauseinandersetzung zwischen dem preußischen Staat und dem preußischen Königshaus» (das gibt's also noch) bietet Ihrem Gaumen eine dicke Düte mit Lutschbonbons. Danach erhält *Unser Wilhelm* achtzig Paläste, Burgen, Jagdschlösser, Wohnhäuser, Krongüter, Forsten, Parks, Grundstücke, Allodialsitze, etc. pp.; alles mit allem Gerät, Zubehör, Wild- und Viehbestand, Edelmetallen, Möbeln, Juwelen (außer dem Szepter, Reichshelm, Reichsapfel, der Krone und Reichsfahne, denen aber auch sämtliche Edelsteine ausgebrochen und ins «Königshaus» geliefert werden), Tafelgeschirr, Küchenausstattung, Weißzeug. Uff! Eine Milliarde? Nach dem Wertmaß von heute viel mehr. Schlösser, Häuser, Grundstücke, Parks, Förstereien in Berlin, Potsdam, Hubertusstock, Charlottenburg, Paulsborn, Wildpark, Bornstedt, Wildau, Plön, Kiel, Schwedt, Stolzenfels, Oels, Cadinen, Rominten; sogar Urville, das Achilleion auf Korfu, den Besitz in Südwestafrika. Dahin wird die böse *Angtangte* wohl keinen aus dem Königshaus lassen. Rest: achtzig «bleiben», wie der Berliner sagt, recht stattliche. Genügt's? Nein. «Es entspricht einem Wunsch des Königshauses, für den vormaligen König und seine Gemahlin für den Fall der Rückkehr nach Deutschland eins der von ihm bevorzugten Schlösser auf Lebenszeit zur Benutzung überwiesen zu erhalten [...].»

Der einstweilen in die Provinz Utrecht Internierte, in Holland als

Gefangener hohen Ranges Behandelte gibt also die Hoffnung auf Heimkehr nicht auf und will «gegebenen Falles» doch leidlich wohnen [...]. (*Harden o. J., S. 304 f.*)

Die Garnisonskirche in Berlin ist gros und an den Wänden sind statt der Dekorationen Fahnen und Standarten angebracht. Die Monumente von Schwerin, Kleist, Winterfeld und Keith sind in dieser Kirche als Porträts aufgestellt. Das von Schwerin ist das schönste: es stellt den sterbenden Schwerin mit der blutigen Fahne vor [...]. *(v. Kniestädt/ Spittler 1776, S. 3)*

[1798] Es wäre unerlaubt, über Berlin zu sprechen, ohne seines zahlreichen Militairs zu erwähnen; in so fern es nämlich aufs gesellige Leben Einfluß hat. Dieser ist weniger bemerkbar, als sichs der Ausländer vorstellt; der, wenn er von mehr als zwanzig tausend Mann Garnison hört, sich Berlin wie ein immer stehendes Kriegslager denkt. Dieser respektable Stand bildet ein für sich bestehendes Ganzes: steht aber dennoch mit dem Civilstande im freundlichsten Vernehmen; ob man gleich eher sagen mögte: beide Stände leben vielmehr neben- als mit einander. Die erwerbende und die geringere Klasse sind es von Alters her gewohnt, die Würde und Bedeutsamkeit des Soldatenstandes anzuerkennen; überdem gewährt er Ersterer wesentliche Vortheile durch die starke Consumtion; daher denn der Garnison, wenn sie ins Feld rückt, manche Seufzer nachgeschickt werden, die nicht bloß von weiblichen Lippen herrühren. [...]

Der veredelte und gebildete Offizier hat für uns Weiber ein Interesse, das andern Männern fehlt, und welches wir aus dem Begrif der Gefahr, welcher sie ausgesetzt sind, und dem des Schutzes, welchen sie gewähren, abziehen. Auch schmeichelt der diesem Stande noch ganz leise beiwohnende Geist der alten Ritterschaft unsrer Phantasie. Ich sage nichts von der Festigkeit, Ordnung und Nettigkeit des Anzuges, die ihres Eindruckes auch nicht verfehlen. Du hast in Frankfurt den martialisch edlen Anstand der preußischen Prinzen und ihrer Krieger gesehen, und er hat Dich entzückt: so spotte denn der armen Töchter Evens nicht, wenn sie mit und für diese den Apfel brechen. An der Schönheit der Unteroffiziere der Berliner Garnison würdest du wirklich Deine Freude haben: bei diesen fällt es einem leicht ein, daß sie Söhne Theuts sind. *(Unger 1930, S. 19 f.)*

[1822] Ich bin zwar kein sonderlicher Freund vom Militärwesen, doch muß ich gestehen, es ist mir immer ein freudiger Anblick, wenn ich im Lustgarten die preußischen Offiziere zusammenstehen sehe. Schöne, kräftige, rüstige, lebenslustige Menschen. Zwar hier und da sieht man ein aufgeblasenes, dumm-stolzes Aristokratengesicht aus der Menge hervorglotzen. Doch findet man beim größern Teile der hiesigen Offiziere, besonders bei den jüngern, eine Bescheidenheit und Anspruchslosigkeit, die man um so mehr bewundern muß, da, wie gesagt, der Militärstand der angesehenste in Berlin ist. Freilich der ehemalige schroffe Kastengeist desselben wurde schon dadurch sehr gemildert, daß jeder Preuße, wenigstens ein Jahr, Soldat sein muß, und, vom Sohn des Königs bis zum Sohn des Schuhflickers, keiner davon verschont bleibt. Letzteres ist gewiß sehr lästig und drückend; doch in mancher Hinsicht auch sehr heilsam. Unsre Jugend ist dadurch geschützt vor der Gefahr der Verweichlichung. In manchen Staaten hört man weniger klagen über das Drückende des Militärdienstes, weil man dort alle Last desselben auf den armen Landmann wirft, während der Adlige, der Gelehrte, der Reiche und, wie z. B. in Holstein der Fall ist, sogar jeder Bewohner einer Stadt von allem Militärdienste befreit ist. Wie würden alle Klagen über letztern bei uns verstummen, wenn unsere lautmauligen Spießbürger, unsere politisierenden Ladenschwengel, unsere genialen Auskultatoren, Bureauschreiber, Poeten und Pflastertreter vom Dienste befreit wären. Sehen Sie dort, wie der Bauer exerziert? Er schultert, präsentiert und – schweigt. *(Heine 1969, Bd. 2, S. 12f.)*

Die damalige Leere und Öde der weiten Straßen war förmlich unheimlich, und außer dem herrlich majestätischen Schlosse selber wollten mir auch die Gebäude nicht behagen. Als ich beim Zeughaus vorgei ging, fragte ich einen mit großem Stock würdevoll einherschreitenden Philister, wo denn der König wohne. Er wies mir links das seither so berühmt gewordene Palais und sagte feierlich ernsthaft: Da wohnt unser aller Vater. Das kam mir, da ich mich schon in der hellsten Opposition gegen das ganze offizielle Deutschland befand, nahezu komisch vor, ich begriff noch nicht, welche Stärke dem Staat aus solcher Anhänglichkeit der Bürger an den Regenten erwächst [...].

Im übrigen glich Berlin damals einer einzigen großen Kaserne, mit seiner unsäglich erbärmlichen und langweiligen Bauart, die jedes individuellen Charakters entbehrte in ihrer tödlichen Einförmigkeit und ihrer grenzenlosen Nüchternheit. Nur daß Zeughaus, Universität und Akademie neben einander und dem Königspalast gegenüber standen, das imponierte mir als ein Beweis der Achtung vor den geistigen Waffen. *(Pecht 1836, S. 145 f.)*

Neuerdings trifft man sogar Offiziere in Uniform auf dem Autoomnibus. Das ist immerhin wieder ein Fortschritt, der verdient registriert zu werden. Aber man darf annehmen, daß der Offizier, der im Schmuck der Waffen die dritte Klasse der Stadtbahn oder Hochbahn benutzte, als einer milden Verletzung der Standesehre schuldig angesehen werden würde.

Und nun bedenke man, wie knapp die Mittel vieler Offiziere, die in Berlin in Garnison stehen oder kommandiert sind, beschnitten sind. Gerade für die letztgenannten bildet die Zeit ihres Kommandos oft eine Oase in der langen Wüste gleichförmigen Gamaschendienstes an der Ost- und Westgrenze, fernab von den Segnungen und Annehmlichkeiten der Kultur. Zu den Kulturgaben zählt in erster Linie ein gutes Theater, und Berlin besitzt gewiss eine grosse Zahl recht guter Theater. Aber in Bezug auf sie besteht noch immer die geradezu unglaublich altmodische, schwerlich jemals niedergeschriebene, doch um so strenger befolgte Regel: dass eine Offiziersuniform sich nicht im Parkett oder auf noch billigeren Plätzen sehen lassen darf. Die Regel ist um so unsinniger, als die Parkettplätze vielfach ebensoviel, oder noch mehr kosten als die des ersten Ranges. Jedenfalls leidet der Offizier unter dem Zwange, ganz gleich wie seine Geldverhältnisse sind, nur die teuersten Theaterplätze benutzen zu dürfen. *(v. Nordegg 1907, S. 228 f.)*

Der Nationalsozialismus und die Folgen

Wildes «Heil»geschrei setzt ein, die Arme gehen hoch, auch meiner. Hitler! *(Petersen)*

Zunächst verkündet der Voralarm, daß feindliche Flugzeuge sich in der allgemeinen Richtung auf Mitteldeutschland nähern. [...] Einige Minuten später, wenn das Ziel mit größerer Wahrscheinlichkeit Berlin ist, wird Vollalarm gegeben. *(Laqueur)*

«Die Deutschen haben kapituliert. Berlin hat sich ergeben.» Die Verzweiflung wich vielfältiger Hoffnung. *(Weber)*

Kaum sind die Nationalsozialisten an die Macht gekommen, wird die Kulturmetropole Berlin demontiert. Das weltoffene, anregende Klima von Auseinandersetzung und Provokation weicht einer dumpfen Atmosphäre von Ressentiment und Verbot, von Bespitzelung und Machtdemonstration. Die Bauplanung Speers ist symptomatisch für den neuen «Geist» der großen Geste, mit der Berlin aufgerüstet werden soll. Kaum einer aus der nationalsozialistischen Regierung hatte, wie Speer in seinen Erinnerungen erwähnt, Auslandserfahrungen. Wenn einer einen Italien-Besuch unternahm, fand er für diesen Akt von Weltläufigkeit schon die uneingeschränkte Bewunderung der anderen. Dies mag die provinzielle Enge der nationalsozialistischen Ideologie, den Fremdenhaß und die daraus folgende Vertreibungs- und Vernichtungspolitik Hitlers und seiner Anhänger mitbestimmt haben.

Die Menschen und die Stadt werden ihren Machtgelüsten unterworfen: Die Geheime Staatspolizei drängt den spitzen, kritischen Verstand der Berliner in den Untergrund von Witz und Anspielung ab. Das anregende Kulturklima erstarrt. Und bevor noch die Baupolitik der Nationalsozialisten der Stadt endgültig ihren Stempel aufdrücken kann, wird Berlin Stück für Stück zerstört, wird das kulturelle Klima vergiftet.

Die Bombenangriffe setzen dem Traum von Weltherrschaft und Weltstadt ein vernichtendes Ende: Nicht nur Hitlers neue Hauptstadt «Germania» wird dem Erdboden gleichgemacht, die Hauptstadt Berlin wird in Trümmer gelegt und unter den Siegern aufgeteilt.

Die Zeitungen bringen lange Artikel über die Vorfälle, die sich in der Nacht der Kanzlerernennung Hitlers in unserer Straße abgespielt haben. Der Schupo, den wir vor der schießenden SA plötzlich zusammenbrechen sahen, heißt Zauritz. Der SA-Mann aber ist der Sturmführer Maikowski vom Sturm 33! Sie sind beide tot.

Die Dreiunddreißiger haben mit ihren sinnlos vor Angst abgefeuerten Revolversalven einen Polizisten getötet – sie haben ihren Sturmführer erschossen! Wir haben es mit eigenen Augen gesehen – und jetzt lesen wir in den Zeitungen, daß die beiden Opfer der Kommunisten seien! In den Zeitungsartikeln steht kein Wort davon, daß die Dreiunddreißiger in unsere Straße einmarschiert sind, daß sie unsere Straße in dieser Nacht im Sturm «erobern» wollten. Die Nazizeitungen schreiben wüste Hetzartikel. Sie bezeichnen Maikowski als «neues Blutopfer der Kommune». Es scheint, als ob der Tod Maikowskis der Anlaß zu einer verstärkten Terrorwelle gegen unsere von ihnen so gehaßte rote Straße werden soll, denn gestern abend hat diese Pressehetze sich schon ausgewirkt. Die gesamte Standarte West der Berliner SA ist durch unsere Straße marschiert. Es war eine Rachedemonstration wegen der «Ermordung» Maikowskis. Lange vor Beginn derselben kam die Polizei in unser Verkehrslokal Werner und forderte den Wirt auf, das Lokal zu schließen. Dann besetzte sie alle Ecken, sperrte die Straße für den Verkehr. Ein Überfallauto fuhr ununterbrochen hin und her, leuchtete mit seinem Scheinwerfer zu den Fenstern der Wohnungen hinauf. Sogar die Dächer suchte die Polizei nach eventuell verborgenen «Schützen» ab. In unserer Straße brannte in den Wohnungen an der Straßenfront kein Licht. Es war, als ob alles Leben erstorben sei. Dann zogen die Braunen in langen Reihen, mit brennenden Fackeln durch die Straße. Ihr Rachegeschrei, ihre gebrüllten Lieder empfing Grabesstille. Diese erzwungene Stille sprach trotz alledem am lautesten. *(Petersen 1947, S. 43)*

Wo die ersten Häuser beginnen, sind links und rechts von der Straße große Holzmasten eingerammt. Sie sind mit grünen Girlanden umwickelt, tragen ein riesiges Transparent: «*Siemensstadt grüßt den Führer!*»

Auf den Bürgersteigen stehen Menschenschlangen. Zwei, drei Reihen hintereinander. Gerade hier hätte ich noch mehr erwartet. Zu beiden Seiten der Straße stehen lange Absperrungsreihen der SA. Die SA-Leute haben die Koppel abgeschnallt, halten sie von Mann zu Mann in den Händen. Vor einem Radiogeschäft steht eine Menschenmenge. Ich stelle mich dazu. Über der Tür ist ein Großlautsprecher angebracht. Achtzig Prozent Frauen, Schulkinder mit ihren Lehrern stehen hier. Sie haben sicher deshalb schulfrei. Die Frauen sind ausnahmslos gut gekleidet. Das schmale Gehalt wird den Monat über langgezogen. In den letzten Tagen ißt man Margarinebrote. Aber auf jeden Fall muß man «anständig» aussehen.

«Dicht, ganz dicht wird er vorbeifahren», sagt eine vollbusige Blondine mit verklärter Stimme zu ihrer Nachbarin. Die lächelt ölig. Die tun, als sei dies die Verheißung ihres Lebens! Aus einem Fleischerladen kommt der Inhaber mit seinen Verkäuferinnen. Sie tragen weiße Schürzen, weiße Hauben mit eingesticktem Monogramm auf dem Haar. Der Fleischer hat einen Hängebauch. «Für die Zeit wird geschlossen. Das sehen wir nicht alle Tage», sagt er laut zu einem der Mädchen und gestikuliert mit seinen Wurstfingern. Alle sollen das hören, nicht wahr, mein Lieber. Die Viertelstunde Nationalbewußtsein ohne Kasseneinnahme wird sich dann hier später gut verzinsen.

Von vorn kommt plötzlich Bewegung. «Sie kommen ... sie kommen!» geht es von Mund zu Mund. Die SA-Leute fassen ihre Koppelriemen fester, drängen die Menschen zurück. «Heil»rufe. Es ist nur *ein* Auto. Goebbels! Er hebt lässig dankend den Arm – vorbei. Einige Minuten später kommt seine Stimme aus dem Lautsprecher. Einleitende Worte über den Sinn der heutigen «Führerrede», an der Stätte «seiner deutschen Arbeiter». Während er noch spricht, drängt wieder alles zum Rinnstein. Wildes «Heil»geschrei setzt ein, die Arme gehen hoch, auch meiner. Hitler! Er steht aufrecht im Auto und grüßt. (*Petersen 1947, S. 163*)

Ein kalter Februarabend. Am Bahnhof Friedrichstraße: «Für den Wahlfonds der NSDAP» – «Für den Wahlfonds der Deutschnationalen Partei» – «Gegen Bolschewismus, für den nationalen Aufbau!» – «Für den Wahlfonds der KPD» –

Etwa sechs SA-Männer in ihren Uniformen umstanden den Sammler der NSDAP. Der Andrang zur Sammelbüchse war gering; hie und da warf eine elegante Dame oder irgendein Kleinbürger eine Münze hinein.

«Juden nach Palästina!» – «Für den Wahlfonds der NSDAP!»

Der Menschenstrom, der vom Bahnhof Friedrichstraße kommt, reißt alles mit. Der Verkehr bleibt für einen Moment still. Autobusse werden abgestellt. Jemand ruft: «Es brennt! Feuer! Feuer!» Von der Ferne ertönen die Alarmsignale der Feuerwehr.

Wo brennt's? Eine Stimme ruft: «Man sagt, der Reichstag brennt!» Ein SA-Mann: «Die Schwatzbude brennt.»

Man geht nicht mehr, man wird vom Menschenstrom getragen, der sich in Richtung des Reichstags wälzt. [...]

Es ist eine Stunde nach Mitternacht. Dumpfe und schwere Dunkelheit lagert über Berlin. Ich befinde mich in der Untergrundbahn, Richtung Seestraße. Man spricht. Nein, es ist kein Sprechen, es ist ein Flüstern. Es ist, als spüre jeder, daß in dieser Nacht dem Volke die Sprache genommen, über Deutschland Stummheit verordnet wurde.

Ausgang des Bahnhofs Seestraße. In Gruppen stehen Menschen und flüstern: «Da lachen die Hühner – die Kommunisten sollen den Reichstag angezündet haben?» – «Den möchte ich sehen, der daran glaubt.»

Ein Faustschlag ins Gesicht. Blut strömt aus Nase und Mund. Die Arbeiter nehmen sich ihres geschlagenen Genossen an. Sie werfen sich auf den Braununiformierten.

Wie aus dem Boden gestampft, taucht eine Gruppe SA auf. Fünf Arbeiter werden verhaftet. Verhaftet, geschlagen, geschunden auf der Straße. Schupos jagen hin und her.

In der nächsten halben Stunde entwickelt sich das Bild dieser Nacht.

Ein Flitzer kommt die Müllerstraße heraufgerast, biegt in die Seestraße ein. Ein anderer kommt von der Seestraße, vollbeladen mit Gefangenen. Menschen, nur notdürftig bekleidet, aus dem Schlafe gerissen.

«Heil Hitler!» – schreit ein Trupp SA, der aus der Utrechter Straße herauskommt und drei Menschen, die kaum ein menschliches Aussehen noch haben, mit sich schleppt.

Einer der drei fällt auf der Straße um. Ein SA-Mann stößt ihm seinen schweren Stiefel in den Bauch.

«Laß ihn doch hier verrecken, Karl!»

«Ach nee, – der Hund stellt sich nur tot. So sind die Bestien immer. Wenn wir ihn liegen lassen, trägt ihn das Gesindel gleich fort und morgen hat er wieder das große Wort bei der Kommune.»

Ein Fenster wird aufgerissen. Es ist im vierten Stock: «Hilfe! Hilfe! – Sie schlagen uns alle tot!»

«Wirst du schweigen!» – schreit ein SA-Mann von unten herauf.

«Heil Hitler!»

«Wird heute auch mit Hugenberg aufgeräumt?» – höre ich einen SA-Mann fragen.

«Schweig, Erich. Hast du nicht gehört, was der Standartenführer gesagt hat? Über Politik darf heute nicht gesprochen werden.»

Die Frau wird vom Fenster weggezerrt. Das Licht erlischt. Die Fenster werden geschlossen.

Von einer anderen Seite wird ein Röcheln hörbar. Ein Mensch wird am Fuß gezogen, eine Blutspur bezeichnet den Weg. Die Straße ist wieder menschenleer.

Die Straßen hinter dem Weddingplatz liegen im tiefen Schlummer. Aber je mehr die Nacht dem Morgen zuschreitet, desto öfter wird das Geräusch der Flitzer hörbar. Immer sind es zwei bis drei Schupos, die von einem Dutzend oder mehr SA-Leuten begleitet werden.

Die Menschen, die hier wohnen, scheinen von dem, was sich am vergangenen Abend abgespielt hat, noch keine Ahnung zu haben. Heftiges Pochen an den Haustoren, ja Aufbrechen von Haustoren, bringen immer wieder erstaunte, erschrockene und verschlafene Gesichter ans Fenster. Ein Stadtviertel wird gewaltsam aus der Ruhe gerissen.

Kinder und Frauenschreie durchdringen bald die Straßen weit und breit. Lärmszenen, dumpfe Schläge, unheimliche Töne hallen im Echo der Nacht wider.

Einzelne Gestalten schleichen die Häuserfronten entlang und machen an den Haustoren verschiedene Zeichen. Anscheinend werden auf diese Weise der SA und der Polizei die verfemten Wohngebäude bezeichnet.

Weiter nördlich befindet sich die sogenannte «Weiße Stadt» in Reinickendorf. Hier bietet sich dem Beobachter ein eigenartiges Bild dar. Um 3 Uhr morgens – vielleicht hat es schon viel früher begonnen – werden viele Fenster, die bisher das gewöhnliche Aussehen hatten, mit Hakenkreuzen beklebt. Aus anderen Fenstern werden Hakenkreuzfahnen gehißt. Aus anderen Fenstern wieder wehen noch trotzig die roten Fahnen mit Sichel und Hammer in der nächtlichen Straße. Aus einer Ecke dringt ein markerschütternder Schrei. Zwei Schupos, die in der

Straße auf und ab patrouillieren, beginnen im Laufschritt sich nach der Richtung des Schreis zu bewegen.

Plötzlich ergreift einer den anderen an der Schulter, ihn am Lauf hemmend. Ich höre, wie einer zum anderen sagt: «Es hat keinen Sinn; helfen können wir doch nicht. Bleiben wir lieber hier.»

«Es ist fürchterlich» – antwortet der andere.

«Daß man so hilf- und machtlos dem Wüten der Banditen zusehen muß. Wozu sind eigentlich wir noch da?»

«Na ja, lange wird man ja auch uns nicht halten!»

Es klirren Scheiben: «Die roten Fetzen einziehen! – Ihr Schweinehunde! – Ihr Pack!»

Irgendwo in der Ferne ertönen einzelne Schüsse. *(Weiss 1934, S. 46–49)*

Um fünf Uhr früh war ich auf dem Nachhauseweg [...] in der Nähe des Bayerischen Platzes. [...] Frühlingsblumen schmückten die Portraits von Hindenburg und Hitler im Schaufenster eines Ladens, in dem Bilderrahmen und kolorierte Fotografien verkauft wurden. In den Fliederbüschen und Linden hielten linksorientierte Spatzengruppen laute Morgensitzungen ab. Das klare Morgenlicht hatte die eine Seite der leeren Straße völlig entblößt. Auf der anderen Seite sahen die Häuser noch blau aus vor Kälte, und verschiedene lange Schatten wurden nach und nach teleskopartig zusammengeschoben, nüchtern, wie es die Art eines jungen Tages ist, wenn er in einer gepflegten, reichlich bewässerten Stadt die Nacht ablöst, in einer Stadt, wo unter den kräftigen Düften der Schattenbäume der durchdringende Geruch geteerter Straßendecken liegt; mir jedoch schien die visuelle Seite der Sache ganz neu, wie irgendeine neue Art und Weise, den Tisch zu dekken, da ich jene Straße nie zuvor im Morgengrauen gesehen hatte, obwohl ich doch – kinderlos – an sonnigen Abenden oftmals dort vorübergekommen war.

In der Reinheit und Leere der weniger vertrauten Tageszeit befanden sich die Schatten auf der falschen Seite der Straße und verliehen ihr das Aussehen nicht uneleganter Umkehrung, wie wenn man im Spiegel eines Friseurladens das Schaufenster sieht, zu dem der melancholische Friseur beim Abziehen des Rasiermessers hinblickt (wie sie es in solchen Augenblicken alle tun), und eingerahmt von jenem gespiegelten Fenster ein Stück Gehsteig, der eine Prozession unbeteiligter Fußgänger in die falsche Richtung schiebt, in eine abstrakte Welt, die unversehens aufhört, lustig zu sein, und einen Sturzbach des Schreckens entfesselt. (*Nabokov 1984, S. 299f.*)

Ich gehe langsam durch die Straßen. Es ist schon warm. Die Sonne liegt noch auf den Fensterreihen der Häuser. Die Tage sind ja schon länger. Auf der Tauentzienstraße gehen die Fußgänger in dichten Reihen. Wie immer. Die Frauen tragen Frühjahrskleider. Die Lokale sind überfüllt, viele SS-Offiziere sitzen zwischen den Gästen. Hinter den Schaufenstern der Läden stehen Schilder: «Deutsches Geschäft!», «Deutsche Waren! Rein deutsche Wertarbeit!» Hitler-Bilder, in schweren Gold- und Silberrahmen, teilweise grün umkränzt, stehen hinter den Schildern. Viele Ladenbesitzer grenzen sich gegen die plötzliche «Schmutzkonkurrenz» ab. Ihre Schilder sind größer:

«Altes nationalsozialistisches Geschäft seit...»

In einem Schaufenster sieht Hitler ernst, mit verschränkten Armen, auf die um ihn gruppierten, seltenen (entsprechend teuren) Blumen. Hinter ihm steht eine große, rot beleuchtete Glaskugel, in der Schleierschwänze und Goldfische schwimmen. Auch dieser Ladeninhaber beteuert auf einem Schild, daß seine Blumen und Fische schon immer deutsch gewesen seien. (*Petersen 1947, S. 81*)

Ein Erlebnis anderer Art hatte ich in der Steglitzer Schloßstraße. Dort führten ein kleiner, grauhaariger dünner Mann und seine pummelige Frau ein Papierwarengeschäft, das auch ein wenig Künstlerbedarf anbot. Ich kaufte bei den Leuten seit Jahren Fixativ und Papier, Zeichenstifte und andere Utensilien für meine Liebhaberei. Umgeben von Farbstiften in dekorativen Gestellen, zeigte sich der Ladenbesitzer immer umgänglich. Er ließ mich geduldig die Weichheit der Kreide erproben und tat so, als nähme er mein fachliches Getue ernst. Ob es sich bei dem Ehepaar um Juden oder Nichtjuden handelte, hatte mich nie interessiert.

Im Sommer 1934 ging ich dorthin, um etwas zu kaufen, und sah einen riesigen Davidstern quer über das ganze Schaufenster geschmiert. Dahinter erkannte ich den Besitzer: schattenhaft, ein wenig gekrümmt stand er hinter dem Ladentisch und blickte traurig zur Straße. Er hatte nichts zu tun. Es kamen keine Kunden. Er erkannte mich. Ich konnte es nicht über mich bringen, vorüberzugehen, und betrat das Geschäft. Als wäre nichts, kaufte ich Zeichenpapier und Bleistifte. Seine Frau erschien im Hintergrund. Sie stand, gleich einer Statue, ohne sich zu bewegen, und sie beobachtete uns. Der Mann tat ebenfalls so, als wäre nichts. Dennoch empfand er sicherlich genau wie ich das Besondere dieser banalen Kaufhandlung, bei der jede Bewegung gleichsam einen überhöhten, fast symbolischen Sinn erhielt.

Ich verließ den Laden. Da stellte mir jemand ein Bein. «Judenknecht», klang es in meinen Ohren, «Judenknecht!» Ich stolperte, fing mich, hielt krampfhaft meinen Einkauf fest und eilte mit rotem Kopf und langen Schritten um die nächste Ecke in die Markelstraße hinein, damit ich aus dem Blickfeld des Aufpassers geriet. Ich wußte nicht, wie er aussah, ob jung oder alt, ob in Zivil oder in SA-Uniform, und ich war nicht gewiß, ob ich in den Laden gegangen wäre, wenn ich den Mann zuvor bemerkt hätte.

Einige Wochen später geriet ich nicht mehr in Verlegenheit, das Geschäft zu betreten. Den Judenstern hatte man entfernt, den Laden enteignet. Ein Fremder, ein «Arier» stand vor den dekorativ angeordneten Farbstiften. Meine Einkäufe tätigte ich fortan im Kaufhaus des Westens am Wittenbergplatz. (*v. Kügelgen 1983, S. 287f.*)

Ein junger Leutnant sprach mich an und fragte mich nach dem Café Kranzler. Wir gingen ein paar Minuten nebeneinander her. Er kam aus dem Osten und meinte, wir hier in der Heimat hätten das große Los gezogen. Wir hätten keine Ahnung, wie es an der Front aussehe. Dann verbesserte er sich. Dort draußen hätte er nichts davon gewußt, daß die deutschen Städte bombardiert würden. Ob ich nahe Verwandte hätte, die an der Front stünden. «Nein», sagte ich, «ich bin Jude.» Dann fügte ich hinzu, die Schrecken des Krieges seien mir trotzdem nicht ganz fremd. Mein Begleiter wurde merklich zurückhaltender und sah mich verlegen von der Seite an. Dann sagte er: «Es tut mir leid. Ich hätte Ihnen diese Frage nicht stellen sollen.» Er fügte noch hinzu, der Krieg sei ganz anders, als er ihn sich vorgestellt habe. Es komme vieles vor, was eigentlich nicht passieren dürfte, und er bezweifle stark, daß der Führer davon wisse. An der Ecke der Friedrichstraße verabschiedete er sich. Ein netter, sympathischer junger Mann mit guten Manieren. (*Laqueur 1982, S. 165*)

Das Reichssicherheitshauptamt der SS hatte sich in der Kurfürstenstraße niedergelassen. Sicherheitsdienst, das war die harmlose Bezeichnung für den Machtapparat, der über unbeschränkte Mittel verfügte, niemandem Rechenschaft schuldig war, für den es kein Gesetz gab und der jedes Gericht ignorierte, dessen einzige Aufgabe darin bestand, die Macht der nationalsozialistischen Partei mit allen Mitteln zu sichern und alle Gegner rücksichtslos zu vernichten. Der Sicherheitsdienst streckte von hier aus seine Fühler aus, vertikal, horizontal, in jede Richtung, in jede Dimension.

Es gab kein Gebiet des Lebens in Deutschland und namentlich in Berlin, das nicht von hier aus überwacht wurde. Von hier aus wurde das Heer der Spitzel ausgesandt und in alle Kanäle des öffentlichen und privaten Lebens geschleust, hier sammelte sich die Flut aller Berichte, Anzeigen und Denunziationen, nichts war den Buchhaltern und Rendanten des Todes zu unbedeutend oder zu gering, um hier nicht registriert, in Karteien vermerkt oder zu Akten verarbeitet zu werden, von hier aus wurden die Konzentrationslager mit immer neuem Menschenmaterial gespeist, wurden den Gesetzesbrechern des Volksgerichtshofes immer neue Opfer zugeführt. In diesem Hause war die Würde des Menschen ein unbekannter Begriff, wurde die Freiheit des Individuums ersetzt durch den Zwang in die Gemeinschaft, wurden die Menschen eingeteilt in solche, die für, und solche, die gegen den nationalsozialistischen Staat waren, wobei alle diejenigen, die nicht für ihn waren oder auch nur in diesem Verdacht standen, ohne weiteres als Gegner angesehen und entsprechend behandelt wurden. Hier wurden unter Hinzuziehung gefügiger technischer Experten alle Prozeduren ersonnen, deren sich auch der grausamste Richter der Inquisition nicht hätte zu schämen brauchen, und die technischen Monstrositäten ausgeklügelt, die eine ebenso gewinnbringende wie rückstandslose Vernichtung von Millionen minderrassigen und daher lebensunwerten Kreaturen ermöglichten.

Die Kurfürstenstraße, bisher eine der vielen Straßen des alten Berliner Westens ohne jede Besonderheit, wurde zum Begriff. Es gibt viele Berliner Straßen, deren Namen zu einem, mitunter auch falschen, Begriffe geworden sind. So ist die Ritterstraße Synonym für Export- und Importhandel geworden, die Ackerstraße für Lumpenproletariat, die Tauentzienstraße für mondäne Halbwelt, die Münzstraße für Unterwelt, die Lindenstraße für die Sozialdemokratie und die General-Pape-Straße für Aushebungen und Musterungen. Dem Nationalsozialismus blieb es vorbehalten, Straßennamen zu Synonymen für tödliche Furcht werden zu lassen, Prinz-Albrecht-Straße, Burgstraße, Kurfürstenstraße, Große Hamburger Straße, Vorladungen von hier verbreiteten Angst und Schrecken, denn Beschuldigung war meist gleichbedeutend mit Verurteilung zu KZ-Haft, Zeugenschaft mit Mittäterschaft. (*Rein 1980, S. 63 f.*)

Ab neun Uhr abends galt für Juden eine Ausgangssperre. Wer danach auf der Straße erwischt wurde, mußte mit schweren Geld- und Gefängnisstrafen rechnen. Es standen ihnen kleine Rationen einiger Grundnahrungsmittel zu, aber keine Luxusgüter wie Obst, Tomaten, Käse, Tabak oder Alkohol. Einkaufen durften sie nur zwischen vier und fünf Uhr nachmittags, wenn die Läden so überfüllt waren, daß ein Jude kaum mehr als zwei Geschäfte pro Tag schaffen konnte. Ihre Lebensmittelkarten waren mit einem kleinen roten «J» gekennzeichnet, um zu verhindern, daß sie außerhalb dieser Zeit einkauften; aber selbst innerhalb ihrer Stunden waren die Ladeninhaber gehalten, arische Kunden zuerst zu bedienen, egal wie lange ein Jude schon in der Schlange vor der Tür gewartet hatte. Im Krieg durften sie keine Kleider mehr kaufen; und nur wenn sie nachweisen konnten, daß es für ihre Arbeit zwingend notwendig war, durften sie alle sechs Monate für zwanzig Pfennig billiges Nähgarn erstehen. Ihre Existenz glich einem Vegetieren – im strengen Winter und auf steinigem Boden. Jegliche Abwechslung war strikt verboten! Kein Kino, kein Theater, keine Gaststätte, kein Radio, kein Telefon. Aber all diese Dinge brauchten sie auch gar nicht, denn man ließ ihnen ohnehin keine Zeit dafür. Die wenigen freien Stunden, die ihnen zwischen dem Ende und dem Beginn ihres Arbeitstages verblieben, nutzten sie dazu, ihre abgearbeiteten und hoffnungslos unterernährten Körper zu einem unsteten Schlaf zu zwingen.

Sonntags durften sie weder Straßenbahnen, noch Busse noch die U-Bahn benutzen; so kamen sie nie aus Berlin heraus und konnten nie einen Spaziergang in frischer Luft unternehmen. (Zum Schluß durften sie auch ihren Stadtbezirk nicht mehr verlassen.) Nicht einmal in den Parks innerhalb der Stadt durften sie spazierengehen. In der Nähe des U-Bahnhofs Zoo ließen ihnen die Nazis einen Treffpunkt, wo sie sich sonntags versammeln und miteinander reden konnten. Aber die meisten Juden, die ich in Berlin kannte, verzichteten auf dieses zweifelhafte Privileg, weil es sie zu sehr deprimierte, wenn sie sich am einzigen freien Tag der Woche auch noch die tausend Klagen ihrer Leidensgenossen anhören mußten, die – nach acht Jahren Verfolgung – über gar nichts anderes mehr reden konnten.

Das Leben dieser Berliner Juden war elend, aber es war gerade noch auszuhalten. Für diese armen, alten Menschenwesen waren die ersten beiden Kriegsjahre tatsächlich so etwas wie eine Schonfrist ohne aktive Folter und Verfolgung. Die Nazis waren am Siegen. Die Vorratsregale der arischen Nation wurden durch die Eroberungen laufend wieder aufgefüllt. Die arische Mittelklasse, für die man die Judenfrage in erster Linie erfunden hatte, war nicht unzufrieden; ja, ein glänzender, leicht errungener Sieg lag zum Greifen nahe vor ihnen. Der alte Blitzableiter durfte im Regen vor sich hinrosten, denn es drohte kein Gewitter. (*Smith 1982, S. 154f.*)

Die Große Hamburger Straße war die Hauptsammelstelle für die Juden, die deportiert werden sollten. Hier war der Ausgangspunkt des großen Trecks. Das Ziel war unbekannt. Alles, was wir wußten, war, daß bisher noch keiner wieder zurückgekommen war. Als ich weiterging, wurde ich plötzlich Zeuge einer Szene, wie ich sie in Deutschland viele Jahre lang nicht mehr erlebt hatte: einer spontanen Demonstration.

Sie kam folgendermaßen zustande: Am 27. Februar hatte man die Juden in ganz Berlin zusammengetrieben, um sie nach dem Osten zu deportieren und soviel mir bekannt war, war die Aktion noch im Gange. Es war kaum anzunehmen, daß der Luftangriff einen Einfluß auf den Zeitplan haben würde. Gewöhnlich tauchte plötzlich vor der Fabrik, in der Juden arbeiteten, oder auch vor dem Haus, in dem Juden wohnten, ein Lastwagen auf, und sie wurden ohne Vorwarnung in eines der Sammellager gebracht. Manchmal sprach es sich irgendwie herum, und dann erschienen an einem solchen Tag einige nicht zur Arbeit. Ich werde an späterer Stelle noch mehr über das Schicksal dieser Menschen zu sagen haben. Diesmal waren auch etwa hundert Juden aus Mischehen verhaftet worden, und man hatte sie, von den übrigen getrennt, in die Rosenstraße gebracht. Offensichtlich bestand die Absicht, auch sie zu deportieren, was völlig im Gegensatz zu der üblichen Handhabung gestanden hätte.

Da ereignete sich etwas Merkwürdiges – es kam mitten im Krieg in Deutschland zu einer kleinen Rebellion. Die nichtjüdischen Ehefrauen und Kinder der Verhafteten fanden schnell heraus, worum es ging, und begannen, sich vor dem Sammellager in der Rosenstraße aufzustellen.

Am ersten Morgen war es nur ein Dutzend. Sie verlangten, mit ihren Männern sprechen zu dürfen. Ihr Verlangen wurde nicht erfüllt, aber sie blieben. Gegen Abend kampierten einige hundert vor dem Tor und riefen: «Wir wollen unsere Männer wiedersehen» und «Gebt uns unsere Väter frei!» Am nächsten Tag wuchs ihre Zahl auf etwa tausend an, und sie wurden zu einem beträchtlichen Ärgernis, da sie Delegationen zum nahegelegenen Polizeirevier und sogar ins Hauptquartier der Gestapo schickten. (*Laqueur 1982, S. 167f.*)

In der Sedanstraße, in der Gustav-Müller- und Naumannstraße und zugleich auch noch in der Torgauer Straße war Etzien treppauf, treppab gelaufen. Jedes Haus in diesem Schöneberger Viertel hatte jetzt die Flugblätter in den Briefkästen stecken. Die Tarnung als Flaschenaufkäufer war gut gewählt und auch die Zeit. Von den Männern, sofern sie nicht arbeitslos waren, mit Bittgesuchen die Warteräume aller möglichen Ämter frequentierten und auf den Stempelstellen herumlagen, war selten einer schon zwischen ein und vier Uhr nachmittags zu Hause. Und viele Frauen drückten sich um diese Zeit im Zentrum oder im Westen der Stadt herum, in den Warenhäusern und großen Spezialgeschäften, auch wenn sie nichts kauften. Sie wollten wenigstens sehen, was es an neuen modischen Dingen zu kaufen gab und was man sich zulegen würde, morgen, übermorgen, wenn die Gehälter und Löhne ein Stück weiter reichen würden als heute. An diesen kommenden Tag, der das bessere Leben endlich wahr machen wird, glaubten sie jetzt felsenfest. Weil es ihnen noch niemand so felsenfest versprochen hatte wie neuerdings dieser Adolf Hitler, der erklärte, der vergötterte Liebling der Portiersfrauen und Milchhändlerinnen, der kleinbürgerliche Gigolo all dieser jungen und alten «Mädchen für alles», der Schwarm von Frauen der unteren Beamten, Handwerkern, Angestellten, Zwischenagenten und Arbeitern in staatlichen und städtischen Betrieben.

Solch eine Gemischt-Gesellschaft bevölkerte das ganze Viertel mit Ausnahme der Sedanstraße. Und hier hingen auch die wenigsten Hakenkreuzfahnen. Hier sah man vielmehr, als eine stille, aber wirksame Demonstration, vom frühen Morgen bis zum späten Abend die roten Inlette der Betten auf den Fenstersimsen. Hier, besonders in den Hinterhäusern, waren in jeder Familie ein paar Arbeitslose. Bis hierher reichte das schleichende Gift der «Morgenpost» nicht mehr; sie gehörte nicht zu den täglichen Bedarfsartikeln, denn Zeitungen konnte man sich schon längst nicht mehr halten. Hier war man in einem gewissen Sinn auch noch ganz unter sich, wohnte Tür an Tür, ein jeder wußte von jedem alles, und die vielen Äußerungen der Not brachten es mit sich, daß man aufeinander angewiesen war. Oft bildete so ein baufälliges, schäbig-schmutziges Haus, voller Wanzen und in einem ewigen Halbdunkel, eine einzige Familie, die aber zwanzig, dreißig verschiedene Familiennamen trug. Die Alten schon waren zusammen aufgewachsen, und die Kinder kannten sich meist nur mit den Vornamen.

Hier hatte es Etzien bisher auch am leichtesten gehabt mit seiner illegalen Arbeit. Er gehörte zu einer dieser großen proletarischen Familien. In der Sedanstraße war er geboren. Ein Mädchen aus der Sedanstraße hatte er geheiratet. Die halbe Sedanstraße war mitgegangen, als die Frau im ersten Wochenbett starb und das Kind eine Stunde danach. Die Trauer der Leute vor dem offenen Grab war gewiß nicht geringer gewesen als die des Witwers und der leiblichen Geschwister der Frau. Sie kümmerten sich um Etzien, bis er das Unglück endlich weit genug hinter sich gebracht hatte.

Und hier nahm man ihm auch die Flugblätter aus der Hand, als wären sie etwas, wonach man schon lange gehungert hatte und was man sich für die Bettelgroschen der Wohlfahrt nicht kaufen konnte. Man wußte, was Etzien riskierte, aber niemand machte ein Aufhebens davon, am wenigsten er selber. Er tat seine Pflicht, und das nahm jeder als selbstverständlich hin.

In der Naumannstraße hingegen wimmelte es von Nazis. Hier, in den sogenannten besseren Häusern mit Vorgärten und Erkern, brüstete man sich bei jeder Gelegenheit mit dem braunen Hemd. Hier führte man es spazieren wie einen neuen Pfingstanzug von der Stange oder auf Abzahlung von einem der armen Maßschneider. Man las zwar immer noch den «Lokalanzeiger» und selbstverständlich die «Morgenpost» und die «Illustrierte». Aber diese Blätter unterschieden sich jetzt nur noch wenig vom «Angriff». (*Zech 1981, S. 34f.*)

Wir haben jetzt häufig Luftangriffe, und da der Alarm gewöhnlich zehn bis zwanzig Minuten im voraus gegeben wird, bleibt Zeit, in den großen Luftschutzraum zu gehen, der in der nahegelegenen U-Bahnstation eingerichtet ist. […]

Mit der Zeit hat sich eine gewisse Routine entwickelt: Zunächst verkündet der Voralarm, daß feindliche Flugzeuge sich in der allgemeinen Richtung auf Mitteldeutschland nähern. Ihr Ziel könnte auch Magdeburg oder Stettin sein; welche Stadt es endgültig sein wird, weiß man noch nicht. Einige Minuten später, wenn das Ziel mit größerer Wahrscheinlichkeit Berlin ist, wird Vollalarm gegeben. Dies geschah zunächst in Form eines lange auf und abschwellenden Sirenengeheuls, wobei sich eine der Sirenen in nächster Nähe unseres Hauses befindet. Neuerdings hat man eine Veränderung vorgenommen, weil zu viele Leute die Vorwarnung mit dem richtigen Alarm verwechselt haben. Von jetzt an besteht die Warnung aus drei kurzen Warntönen. Etwa eine Viertelstunde später hören wir dann das Dröhnen von Flugzeugen; die Aufklärer bringen in ihrem Gefolge die großen Viermot-Bomber, Welle auf Welle, heran. (*Laqueur 1982, S. 156f.*)

Am 23. August 1943 empfing die Stadt die erste Wunde, als zwölfhundert Flugzeuge der britischen Luftwaffe zum ersten großen Schlage ausholten. Die südlichen Vororte Lankwitz, Südende und Lichterfelde wurden zu einer rauchgeschwärzten Todesinsel im Meere des Lebens, aber diesmal verschlang das Meer nicht die Insel, sondern die Insel verdrängte das Meer, denn bald war sie nicht mehr allein, überall, in Moabit und in der Friedrichstadt, um Ostkreuz und in Charlottenburg, am Moritzplatz und um den Lustgarten entstanden Todesinseln, sie trieben ihre Ufer immer weiter vor und wuchsen zusammen, bis die ganze Stadt schließlich ein Todesland wurde, mit einigen Wassern, in denen noch Leben war. Jeder Angriff brach ein Stück aus dem Gefüge der Stadt heraus, vernichtete Eigentum und verschlechterte die Lebensbedingungen.

Ganze Stadtteile wurden zertrümmert und verödeten. Ausgedehnte Fabrikgelände, flankiert von erkalteten Essen, wurden eine Wildnis von niedergebrochenen Hallenkonstruktionen und verrosteten Maschinen, Röhren, Stangen, Drähten, Trägereisen, zahlreiche Straßen, in denen aufrechte Fassaden noch wie lebensvolle Häuser die Bürgersteige säumten, wurden zu zynischen Attrappen. Andere Bezirke sind bis zur Unkenntlichkeit verstümmelt und mit hart keuchendem Leben angefüllt, die Torsos ihrer verunstalteten Häuser erheben sich nackt und häßlich zwischen Ruinenhaufen, sie ragen wie Inseln aus dem Meere der Zerstörung, sie sind gerupft und zerzaust, die Sparren der verwehten Dächer sind wie Rippen, denen das Fell abgezogen wurde, die Fenster sind blind wie Augen, deren Lider ständig heruntergeklappt sind und die nur hin und wieder gläsern blinzeln, die Mauern sind kahl und haben den Putz verloren, wie alternde Frauen, von deren Gesicht ein unbarmherziger Schwamm Rouge und Schminke gewischt hat.

In anderen Stadtteilen ist die Zerstörung nicht so vollständig, in ihre Häuserzeilen hat die Pranke des Krieges zwar gewaltige Lücken geschlagen, sie geben oft einen überraschenden Blick auf Hinterhäuser frei, die dem Schlage entgangen sind und so zum ersten Male in das Blickfeld der Straßen rücken, sie können ihre häßlichen Fassaden nicht mehr hinter dem billigen Prunk der Vorderhäuser verbergen, da der Orkan der Explosionen gewissermaßen den Vorhang gelüftet hat. In diesen Straßen gibt es alle Grade und Spielarten der Zerstörung, von der vollkommenen Vernichtung bis zu den Papp- und Cellonglashäusern, Häuser, deren Dachstühle abgebrannt, und andere, die bis zum ersten Stockwerk von den Bränden verzehrt worden sind, und solche, die der Luftdruck leergefegt und ihnen die Fensterkreuze, Jalousien und Türen aus den Leibern gerissen hat und über denen sich die dürren Skelette der Dachstühle wie Knochen aus Kadavern aufsteilen. Es gibt Wohnungen, die wie Schwalbennester über den weggesprengten Fassaden hängen, weil die Bomben schräg einfielen, und Keller, die dem Drucke der einstürzenden Häuser standhielten, und nur rauchende Ofenrohre zwischen meterhohen Schuttbergen lassen erkennen, daß dort Menschen wie in einem Fuchsbau vegetieren. Die Anatomie der Häuser bietet sich unverhüllt dar, die Aufgänge und Zwischenwände, die Fahrstuhlschächte und Schornsteine sind wie Knochen, die Gas- und Wasserleitungen wie Arterien, die Radiatoren und Badewannen wie Eingeweide. Die Überreste des Lebens siechen inmitten des Ruinendschungels dahin, und nur die Natur beginnt die nackte Zerstörung zu bekleiden, indem sie die Schuttberge mit Unkraut überwuchert.

Das weitverzweigte Netz des Verkehrs, gewebt aus den zahlreichen Linien der Straßenbahnen und Autobusse, der Hoch- und Untergrundbahnen, der Stadt- und Ringbahn, der S- und Vorortbahnen ist zerrissen, notdürftig geflickt, behelfsmäßig hergerichtet, die Fahrpläne wechseln von Tag zu Tag, weil Zerstörungen an Geleisen, Oberleitungen, Stromschienen, Signalkabeln, Tunnels, Viadukten, Brücken und Bahnhöfen zu Einschränkungen, Stillegungen, Umleitungen zwingen. (*Rein 1980, S. 12f.*)

Neudorf – Montag, 30. August 1943
Täglich dreieinhalb Stunden Bahnfahrt nach Berlin. Täglich viereinhalb Stunden Rückreise aus Steglitz. Fahrrad durch den Wald, Fernbahn – umsteigen. Vorortbahn – umsteigen. Stadtbahn – umsteigen. Ein viertes Mal umsteigen und zwanzig Minuten Fußweg bis zur zer-

trümmerten Wohnung. Seit sieben Tagen machen wir es so. Verlassen das Dorf beim Morgengrauen, fahren in die Stadt, räumen ein paar Stunden und kehren am Nachmittag aus den Ruinen unseres Vorortes ins Dorf zurück. Der ganze Südteil Berlins ist betroffen. Lankwitz, Südende, Steglitz, Tempelhof. Bis nach Schöneberg hinein ziehen sich rauchende Trümmerhaufen. Am Abend sitzen wir auf dem grünen Sofa der geschmacklosen Gaststube und schütten literweise Malzkaffee in die verdorrten Kehlen. Die Wirtsleute stehen feindselig herum. Man betrachtet uns als Eindringlinge. Städter interessieren hier nur, wenn sie Hamstergüter bringen. Man ist sehr hochmütig auf dem Lande rings um Berlin. Hochmütig, parteiverrannt und egoistisch. Wenn nur wir nicht in Not sind, denken die Bauern. Tauschen Speck gegen Kleiderstoffe, Eier gegen Schmucksachen, Butter gegen Seidenstrümpfe. «Heil Hitler!» sagen sie. «Wie immer es auch kommen mag, wir bleiben wertbeständig!»

Berlin – Mittwoch, 1. September 1943

Wir haben es nicht mehr ausgehalten. So riesengroß wuchs unsere Sehnsucht nach den Berliner Trümmern, daß wir gestern unsere Rucksäcke schnürten und nach Hause zurückgekehrt sind.

«Fein, daß Sie da sind!» sagt unsere Nachbarin, als wir mit Sack und Pack in die Siedlung am Wasserturm einbiegen. «Ich habe Kaffee gekocht. Echten Bohnenkaffee. Wenn Sie raufkommen, kriegen Sie eine Tasse.» Zwanzig Minuten später vernageln wir gemeinsam die Fenster im Treppenflur. Dem Himmel sei Dank! Wir sind wieder zu Hause! (*Andreas-Friedrich 1962, S. 74f.*)

Aus der Ferne sah ich die Uhr der Kaiser-Wilhelm-Gedächtniskirche. Die Zeiger standen auf halb acht, aber das taten sie schon, seit die Kirche bei einem Luftangriff getroffen worden war. Als ich in die Budapester Straße einbog, hörte ich einige Schüsse. Ich achtete zuerst nicht darauf, doch dann feuerte ein Maschinengewehr in nächster Nähe, und ich suchte im Eingang des Romanischen Cafés Schutz. Jemand neben mir rief: «Feindliche Fallschirmjäger!» Dann herrschte wieder Stille, die aber plötzlich von einem herzzerreißenden, durchdringenden, unmenschlichen Geheule unterbrochen wurde. Ich blickte auf. Mitten auf der Straße kam ein Rudel Hunde auf die Kirche zugelaufen. Einer war blutüberströmt und kam nicht mit. Weiter in der Ferne galoppierten zwei Zebras heran, die offensichtlich völlig durcheinander waren, und hinter ihnen kam eine riesige Giraffe. Eine weitere Salve, und die Giraffe sank in die Knie und war tot. Die Leute, die neben mir Schutz gesucht hatten, standen jetzt wieder auf den Füßen. «Da kommen Wölfe», rief jemand. «Hyänen!» rief ein anderer. Auch diese wurden von SS-Leuten niedergemäht, die an der Straßenecke Stellung genommen hatten.

Beim letzten Luftangriff waren Bomben in den wenige hundert Meter entfernten Zoologischen Garten gefallen. Einige Tiere waren durch Türen entkommen, die beim Angriff aufgegangen waren. Andere, die in Freigehegen gehalten wurden, waren in Panik geraten. Irgendwie war es ihnen gelungen, über den breiten Graben zu entkommen, der sie vom Publikum trennte. Einige pflichtbewußte Tierpfleger hatten vergeblich versucht, die Tiere zurückzuhalten; sie waren ihnen in die nächste Straße entlaufen. Die Maschinengewehrschützen hatten sie innerhalb weniger Minuten erschossen, nur ein einsamer Orang-Utan war ihnen entkommen. Mit der Vorsicht eines erfahrenen Straßenkämpfers rannte er an den Häuserwänden entlang, von Deckung zu Deckung, und verschwand schließlich in den Ruinen der Kirche. Ich schaute der Szene fasziniert zu. Meine Sympathie gehörte dem Affen, und ich seufzte erleichtert auf, als er verschwand. Die Menge begann sich zu zerstreuen, obwohl Gerüchte umliefen, daß es in dem Viertel noch nicht sicher sei, da sich angeblich Tiger und Giftschlangen in den Ruinen verborgen hielten.

Der Karneval der Tiere war in ein Gemetzel ausgeartet. (*Laqueur 1982, S. 256f.*)

Der Kampf um Berlin ist in ein Stadium eingetreten, das später einmal als das Sodom und Gomorrha einer modernen Großstadt bezeichnet werden wird. Der Morgen bricht herein, fahl sickert sein trübes Licht auf die Ruinenfelder herab: ein neuer Tag zieht herauf. Die Geschütze werden wieder aufbrüllen und Tod und Verderben über die Stadt schütten, die Flieger werden wieder wie vorsintflutliche Pterodaktylen über die Dächer rasen und mit eisernen Schnäbeln auf alles Leben einhakken, wieder werden Soldaten in einen sinnlosen Kampf getrieben, getötet oder verstümmelt werden, Frauen in bitterster Sorge um ihre Kinder nach Milch und Brot durch die zertrümmerten Straßen irren und von der Sense des Todes niedergemäht werden, Millionen Menschen weiterhin frierend, hungernd, fiebernd, angsterfüllt in Kellern und Untergrundbahnschächten kauern, werden Häuser zerspalten und Brände sich durch die Straße fressen, Brücken wie gefällte Riesen in das Wasser

der Flüsse und Kanäle sinken, wird die erste Blüte des Frühlings von Pulver, Rauch und Qualm überstäubt werden, werden Gebete, Flüche, Schreie, Wimmern, Todesröcheln in einen Himmel steigen, der eine dichte Wolkenwand vor sich und die Gestirne gezogen hat. Obwohl das Trümmermeer Berlin bereits in zwei Zonen zerfallen ist, in einen von den Russen eroberten und einen noch von den Deutschen verteidigten Teil, sind die Schrecken auch für die dem Kampfe bereits entrückte Bevölkerung nicht geringer, denn die deutsche Artillerie nimmt befehlsgemäß die Häuser ihrer eigenen Stadt unter Beschuß, und die deutsche Luftwaffe wirft Bomben gleichermaßen auf die bolschewistischen Feinde wie auf die deutschen, eben noch von ihr angeblich verteidigten Volksgenossen, aber während dort die letzten kläglichen Reste der einstigen Gewaltordnung im blutigen Chaos verröcheln, sind hier bereits die ersten Ansätze einer neuen Ordnung zu erkennen, wird das erste Brot wieder gebacken und von den Lastwagen der Roten Armee herab verteilt. Aber die russischen Soldaten sind nicht nur Befreier, viele sind auch Plünderer und Vergewaltiger.
Das alles geschieht, weil ein irrsinniger Hysteriker in seinem Vernichtungstrieb beschlossen hat, die Stadt rücksichtslos zu opfern, um sein Ende um wenige Tage hinauszuschieben und dann ‹*in heroischer Haltung auf den Ruinen Berlins zu fallen*›. Er kauert in seinem Bunker und steht durch Funk, Fernschreiber und Telefon mit Generaloberst Jodl, Chef des Wehrmachtsführungsstabs, General der Artillerie Weidling, Wehrkreisbefehlshaber, Generalleutnant Reymann, Kampfkommandant von Berlin, General Braun, dem Chef des Heeresnachrichtenwesens, Generaloberst Schörner, Führer der Heeresgruppe Mitte, und Generaloberst von Henrici, Führer der Heeresgruppe Weichsel, in Verbindung, und obgleich die Aussichtslosigkeit der Lage mit jeder neuen Meldung deutlicher wird – in Berlin sind die Russen von Norden her bis zum Gesundbrunnen, von Süden bis Tempelhof und Friedenau, von Westen bis Spandau und Charlottenburg, von Osten bis zum Schlesischen und Görlitzer Bahnhof vorgedrungen, die Reichskanzlei liegt unter direktem Beschuß, um Berlin herum wird eine Division nach der anderen zerschlagen, Rathenow, Wittenberg, Prenzlau, Stettin werden von den Russen, Regensburg, Ingolstadt und Augsburg von den Amerikanern, Bremen von den Engländern erobert –, unternimmt es niemand, dem Tobsüchtigen in die Arme zu fallen. (*Rein 1980, S. 528f.*)

«Wir können nach Hause!» rief ein alter Mann.

Die Nachricht verbreitete sich, und die Menschenmengen aus Westend strömten zurück in die Richtung ihrer heimatlichen Straßen.

Auf ihrem Weg fanden sie einen Häuserzug in Flammen. Sie betrachteten das Schauspiel, wie sie es so viele Male in den vergangenen Jahren mit angesehen hatten; immer war ein heimliches Entzücken dabei gewesen, falls sie nicht selber es waren, die in den Feuern alles verloren.

Aschendunst und Geröllstaub verfinsterten den Tag. Asche färbte die Haare der Frauen schwarz, ölig hingen die schmutzigen Locken in ihre schmutzigen Gesichter. Löschwasser spülte in hohen Lachen an die Rinnsteine. Blaue und grüne Flämmchen schlugen aus der Flut hoch, gebrochenen Gasrohren steil entweichend. Koffer, Bündel, Schüsseln, Stühle, Kommoden standen auf den Bürgersteigen. Russische Lastwagen hielten und luden auf, was den Soldaten gefiel. Alte Frauen saßen in Sesseln und sahen ins Feuer. Prozessionen von Menschen näherten sich, dunkel und schweigend. Manche suchten Sachen, die sie brauchen konnten.

Das Feuer streckte sich hinter den Häuserfassaden in die Höhe und wuchs über die sinkenden Dächer. Es fächerte sich auf zum Ballett, schlug in großen Solofiguren hoch, die mit gelben Händen über sich griffen, in roten Gewändern tosten, unter sich ein festliches Gold, das durch alle Fenster leuchtete. Die Glut fraß sich von Tür zu Tür, eroberte Tapeten, riß Dielen auf, waberte hervor, grüßte die Menge, streute schwarze Konfetti, warf schwarze Fetzen in die Luft. Das Feuer fraß Klaviere und nagte sie ab bis auf die glühenden Saiten. Es öffnete Schränke und tanzte mit Kleidern und Anzügen, und die Seelen der Sachen fuhren auf zum Himmel. Herdplatten, Nähmaschinen, Ofentüren sanken von Fußboden zu Fußboden, rissen in jedem Stockwerk andere Herdplatten, Ofentüren mit sich und versammelten sich auf glosendem Boden in der Asche. Eisenträger glühten in trüber Röte und ließen ihre Steinlasten fallen.

Die Menschen, die in langen Reihen aus Siemensstadt nach dem westlichen Charlottenburg strebten, wagten nicht zu glauben, daß sie frei waren. Aber der Weg wurde ihnen nicht verstellt.

«Die Deutschen haben kapituliert. Berlin hat sich ergeben.»

Die Verzweiflung wich vielfältiger Hoffnung. (*Weber 1985, S. 65f.*)

Wenige Stunden nach der deutschen Kapitulation im Mai 1945 landete ich mit der ersten schweren viermotorigen US-Militärmaschine, einer Douglas DC 4, auf dem bombenzerklüfteten Flughafen Tempelhof. Unsere Passagiere waren hohe amerikanische Militärs und Diplomaten.

Als wir auf das zurollten, was von den ehemals so imposanten Gebäuden übrig war, schleuderten russische Soldaten Granaten wie Feuerwerkskörper in die Luft. Einige landeten unerfreulich nahe bei unserer Maschine.

«Mein Gott, Skipper! Die beschießen uns ja!» schrie der Copilot auf.

Offenbar war das die russische Vorstellung von Humor. Sie zerschossen die wenigen erhaltengebliebenen Fensterscheiben und Wände der Flughafengebäude rücksichtslos mit ihrer Artillerie. Ich mußte daran denken, daß ich beim Richtfest dieses Bauwerks im Jahr 1937 dabeigewesen war… (*Bennett 1982, S. 128*)

Die amerikanischen Offiziere auf dem Flughafen Tempelhof hatten uns geraten, nicht ohne Begleitung und nur in Uniform auf die Straße zu gehen und unsere 38-Kaliber-Pistolen stets bei uns zu haben.

Vorsichtig gingen wir die Belleallliance-Straße (heute Mehringdamm) in nördlicher Richtung.

Wilde, verschmutzte mongolische Gestalten, behängt mit den verschiedensten russischen Uniformteilen, ballerten mit ihren Maschinenpistolen herum und zielten auf alles, was ihre infantile Phantasie erregte oder ihren Unwillen hervorrief. Ich habe mit eigenen Augen gesehen, wie russische Soldaten auf einen aus einer Ruine herausgeschleppten Heizkörper schossen, weil er ihnen keine Wärme spendete.

Es gab nicht mehr viel, was man hätte zerstören können. Die einst so breite, großzügige Straße war durch Ruinenberge auf einen schmalen Trampelpfad reduziert. Ausgebrannte Panzer, Flugzeugteile, Blindgänger, verrostete Stahlgerippe und Schutt häuften sich auf dieser und allen anderen Straßen Berlins.

Aus den Fenstern der wenigen noch intakten Häuser hingen traurige, aus Flicken zusammengeschusterte amerikanische und rote Fahnen. Mitleiderregende Zeichen der Unterwerfung gegenüber den Siegern. (*Bennett 1982, S. 130*)

Spandau war Endstation. Die Menschen entquollen dem Zug, überfluteten die Bahnsteige, sahen sich plötzlich von einer Hundertschaft britischer Soldaten umringt. Der endlosen Fahrt folgten endlose Verhöre. Berliner, die nur vom Hamstern kamen, durften passieren, allerdings wurden viele ihre kostbaren Vorräte los. Es gab Tränen, Flüche, Prügeleien. Wer keine Aufenthaltsgenehmigung hatte, kam in ein Lager.

Der Zuzug nach Berlin war noch immer gesperrt. Die Hauptstadt hatte sich eingeigelt, weil sie ihre Bewohner nicht ernähren konnte. Ich zeigte meinen Ausweis.

«Was wollen Sie hier?»

«Sehen, ob es meine Wohnung noch gibt.»

«Das ist kein Einreisegrund.»

Als der deutsche Beamte im alten Telefonbuch meine Angaben bestätigt fand, einigten wir uns: zehn Tage Aufenthaltsgenehmigung ohne Lebensmittelkarten. Das genügte mir. Ich hatte im Rucksack Brot und Speck und die Hosentaschen voller Süßstoff. Mit der S-Bahn fuhr ich nach Berlin hinein. Es war eine Horrorfahrt.

Vor einem halben Jahr, als ich sie zum letztenmal als Soldat besucht hatte, war diese Stadt trotz aller Luftangriffe noch zu erkennen gewesen. Jetzt schien sie nur aus Ruinen zu bestehen. Bizarr aufgerissene Fassaden, denen man nicht zu nahe kommen durfte, neben Schutt- und Trümmerbergen. Luftminenkrater, auf deren Grund man die U-Bahn fahren sehen konnte. Viele Straßen noch durch Panzergräben gesperrt. Als wir die S-Bahn irgendwo verlassen mußten, weil eine Brücke fehlte, führte ein Trampelpfad durch Hinterhöfe, Treppenhäuser und Reste ehemaliger ‹Berliner Zimmer› auf die andere Seite des Damms, wo auf freier Strecke ein Pendelzug wartete. Ausgebrannte Geschütze, Panzer, Pkws und Straßenbahnen als gefahrvolle Kinderspielplätze. Provisorische Gräber in Parks und auf Höfen, kaum beachtet, nur hier und da ein welker Blumenstrauß am rohen Holzkreuz ohne Namen, manchmal noch ein Stahlhelm daran.

Wie war es möglich, daß in dieser Stadt des Grauens noch zwei Millionen Menschen lebten? Wo lebten sie, wie und wovon?

Daß sie arbeiteten, war zu sehen. Tausende von Männern und Frauen bemühten sich, mit Schaufeln, Hacken und Händen die Straßen passierbar zu machen. Ausgemergelte, ernste Menschen mit sonnenzergerbten Gesichtern. Wer nicht enttrümmerte, zog hochbeladene Karren oder Handwagen hinter sich her, trug Rucksäcke oder schleppte schwere Taschen. So viel stumme, graue Emsigkeit inmitten des Chaos verwirrte den Besucher ‹vom Lande›, er fühlte sich auf einen anderen Stern versetzt, wo niemand seine Gedanken, seine Sprache zu verstehen schien.

Als ich endlich in der S-Bahn nach Wannsee saß, in einem Abteil ohne Fenster, mit demolierten Türen und Bänken und aufgebrochenem Dach, stand mein Entschluß fest: Nicht nach Berlin zurück! (*Borgelt 1980, S. 14f.*)

Ruinen, nichts als Ruinen, hier und da unterbrochen von einzelnen beschädigten Gebäuden. Als die Dämmerung anbrach, verwandelte sich die Gegend um den Alexanderplatz in eine gespenstische Landschaft. Still und menschenleer war es, wie auf einem riesigen Friedhof. Aus dem Dunkel der Trümmer ragte ein zerschossener Kirchturm hervor und die Skelette ausgebrannter Hochhäuser. Schatten schlichen auf Trampelpfaden durch die Ruinen. Dann und wann suchte ein Kraftwagen über den aufgerissenen Asphalt seinen Weg. Der Motorenlärm hallte lange nach. In den kalten Kellern der eingestürzten Häuser, in Schlupfwinkeln unter dem Steinschutt hausten Menschen, Tausende, Zehntausende. Eine silberne Mondsichel stand darüber, traumhaft friedlich [...] Das Hotel in einer schmalen Nebenstraße des Alexanderplatzes mochte früher ein Absteigequartier gewesen sein. An der zerfetzten Fassade war noch die Aufschrift «Hotel 27» zu erkennen. Nach der Hausnummer hatte es seinen Namen. In dem schmalen Zimmer standen ein Bettgestell und eine abgeschabte, verwaschene Plüschcouch. Von der Tapete hingen Streifen herab. Auf dem Drahtgestell des Bettes lagen rotgestreifte Matratzen, Bettwäsche gab es nicht; die Wolldecke hatte große verkrustete Kleckse; es ekelte ihn, sie auch nur anzufassen. Nicht eine Stunde Schlaf würde er finden. (*Bredel 1981, S. 239*)

Kuhherden trieben den Spandauer Berg hinab. Züge gefangener deutscher Soldaten und Zivilisten wurden durch die Straßen getrieben, lange graue Heere. Einen ganzen Tag lang schleppte sich die müde wakkelnde, formlose Menschenschlange vorüber.

Die Gefangenen sahen an den Häuserwänden empor, wo Balkone in der Sonne hingen und den leichten Wind der Freiheit kosteten. Die Freiheit stand zu beiden Seiten des Gefangenenzuges, freie Menschen sahen ihm nach. Der Drogist vernagelte sein Schaufenster und zählte heimlich seine Lippenstifte und Nagellackflaschen. Freie Menschen standen mit Eimern an den Pumpen an. Die Frauen hatten sich das Haar grau gepudert und Asche im Gesicht verrieben. Sie sahen den Gefangenen nach. Eine sagte: «Unsere haben es genauso getrieben. Da können wir uns jetzt nicht wundern.»

«Die will unsere deutschen Männer beschimpfen. Ist das unerhört!»

«Seien Sie still! Wir erfahren ja jetzt, was die Deutschen in Rußland gemacht haben. Die haben auch gehaust wie die Bestien.» (*Weber 1985, S. 77f.*)

Je mehr sie sich dem Stadtkern Berlins näherten, um so trostloser wurden die Ruinenfelder. Waren in den Vororten nur einzelne Villen ausgebrannt, deren verkohlte Stümpfe im sommerlichen Grün der Gärten und Parkanlagen verschwanden, so glich der Tiergarten einem Schlachtfeld. Die Bäume waren von Bomben zerfetzt; nur wenige schwarze Stämme streckten angekohlte Äste von sich. Denkmäler waren von den Sockeln gestürzt oder von Granaten zertrümmert. Die Prachtvillen, in denen die internationale Diplomatie gewohnt hatte, waren ausgebrannt. Opernhaus, Reichstag, Bahnhof, Brandenburger Tor – alles, was das Auge durch den verstümmelten Tiergarten mit einem Blick übersah: kalte Ruinen mit klaffenden Wunden im Gemäuer, mit leeren Fenstern, zusammengebrochenen Säulen, zerfetzten Eingängen. Nur die Siegessäule stand unversehrt inmitten all der Zerstörung, und über ihrer in der heißen Julisonne golden glitzernden Viktoria wehte die Trikolore. Am andern Ende der breiten Ausfallstraße grüßte vom zerhackten Steinkoloß des Brandenburger Tors die rote Fahne. Immer wieder wich ihr Wagen tiefen Granatlöchern im Straßenpflaster und großen Steinblöcken aus, die von der Wucht der Bomben auf die Fahrbahn geschleudert worden waren. Im ausgebrannten Tiergarten, an der Siegessäule und am Brandenburger Tor parkten Personenwagen, Jeeps und andere Militärfahrzeuge. Vor einigen Tagen waren Truppenkontingente der Alliierten in Berlin eingezogen; die Stadt war in vier Sektoren aufgeteilt. In Gruppen gingen Soldaten der sowjetischen, amerikanischen, englischen und französischen Armee vorüber. Viele fotografierten die historischen Gebäude und Denkmäler. (*Bredel 1981, S. 235f.*)

Am Reichskanzlerplatz stehen abends Mädchen in bunten Gruppen und sehen zum Naafi-House hinüber. Die hellblaue Leuchtschrift ist die erste Lichtreklame, die wir wieder sehen. Sie verbreitet blasses Licht und scheint auf die Mädchengesichter mit den violetten Mündern. Die Mädchen tragen ihr Haar in hohen Lockengebäuden, von denen zu beiden Seiten nochmals Locken in gedrechselter Fülle herabfallen. Es sind die Frisuren barocker Kurfürsten, aber die Gestalten der Mädchen sind klein und schmächtig. Sie warten auf die Soldaten, die nach dem Tee aus dem Naafi-House kommen. Sie sprechen sie an und suchen sich einen Wohltäter, für länger oder für eine Stunde. Sie kommen von weit her, sie sind nicht aus Westend. Viele Mädchen von Westend haben feste Freunde, andere blieben allein, oder sie kämpfen noch mit sich, wie sie den Winter überleben, wie sie der Versuchung widerstehen sollen. Eltern sehen entsetzt, daß ihre Töchter in der Lage sind, ihnen Zigaretten und Schokolade zu bringen, die Ernährung der Familie aufzubessern, und sie merken, wie ihr Entsetzen nachläßt, um stillschweigendem Dulden zu weichen. Verstört lassen sie sich von ihren Töchtern die erste Zigarette anbieten, ohne zu fragen, woher sie kommt.

Einmal bekam ich etwas Gin von einem unserer Engländer. Auf dem Flügel ist ein kleiner Rand, den das Glas hinterlassen hat. (*Weber 1985, S. 186f.*)

Tante Lisbeth läßt Dich grüßen. Sie wäre jetzt sehr arm, steht im Briefe aus Berlin. Sie frieren erbärmlich und hungern. Hungerödeme brechen aus – man ist immer schläfrig, seit vorigem Mai keinerlei Fette. Wunden und Eiterbeulen blühen aus an Beinen, im Genick usw. und heilen nicht zu. Man zieht sich nicht mehr an oder aus. Sitzt dösend und schläfrig mit angezogenen Beinen und mit stinkenden Wollumpen gegen die schneidende Kälte. Oz und Lotte sind nach tagelanger Irrfahrt von Finow aus der gefürchteten russischen Zone nun nach Savignyplatz 4 übersiedelt. Todmüde natürlich. Kein Feuer, kein Licht. Kein Wasser, keine Seife mehr. Gestank allüberall. Fast alle über 50 zum langsamen Absterben und Dahinsiechen verurteilt. Meine Mutter und ihre Schwester, Tante Lene, umgekommen bei einem jener letzten großen Bombenangriffe. Haus Savignyplatz steht nur noch halb. Fenster mit Kistenbretter vernagelt und mit Wollumpen verstopft, kein Papier zu haben. Papierreste und alles, was sich nur eventuell verheizen läßt, wandert in einen winzigen Kanonenofen. Man sitzt vergnazt um diesen «Herd», Haß in den Augen, aber zu todmüde, um noch einmal zu zanken. Bei jüngeren Mitgliedern, soweit es Frauen sind, bleibt die Periode aus. Unter den Haustrümmern liegen noch viele Bombenleichen. Ein ekelhafter Verwesungsgestank fällt einen an. Armdicke und braungraue sogenannte Russen- oder Leichenratten huschen und flitzen ungeniert in den Trümmern herum – kommen in die Trümmerstuben und versuchen die schmierigen stinkenden Wolldeckenlumpen der apathischen Bewohner anzunagen – schreibt Tante. De la Mara, Illustrator und ehemaliger USA Infanterist in Berlin gewesen, gab's auch ganz offen zu. Sagte er neulich abend: «You can't help it, goddam: nur ein kleines Stückchen Brot mein Herr» – goddam sagte er wörtlich, «they starve slowly to death». Dos (Dos Passos) sagte, 30 hübsche Fräulein gebildeter Stände umringten seinen jeep – «Komm mit schlafen, guter Soldat, make love, come make love, for five cigarets, soldier. At my plaess, itt is neis ent warm» – berichtete Dos. Die, die nicht mehr love machen können, verhungern allmählich. Annelieschen floh vor den gefürchteten Russen aus Finow nach der Odenwaldschule. Dos gab ihr Geld und etwas Schokolade. Sie fleht uns an, ihre 2 Kinder hierherzunehmen. Hat alles verloren, nichts gerettet, außer sich selbst und die zwei Kinder. Kein Papier, keine Seife; Dreck & Jauche wird nicht abgeholt. Dies nur kurzer Bericht von Berlin [...]. (*Grosz 1979, S. 362f.*)

Mittwoch, 20. November 1946

Der Berliner Bürger schlägt vor Kälte den Kragen hoch, bläst in die Hände und schiebt das letzte Stück Holz in den Ofen. Die Berliner Westpresse streitet über die Frage, ob es in Deutschland eine Widerstandsbewegung gegeben habe oder nicht. Gabriele Strecker, die als erste deutsche Frau im Oktober nach Amerika reiste, hat dort diese Frage mit Nein beantwortet. Auch der ‹Tagesspiegel› beantwortet sie mit Nein. Und die Welt zieht aus diesem Nein die entsprechenden Konsequenzen. Bis heute gibt es in Deutschland keinen Zusammenschluß der Kämpfer gegen den Nazismus. So, wie sich die Widerstandskämpfer in Polen zusammenschlossen. In Frankreich, in Holland, in Polen und Norwegen. Was man bei uns bisher zustande brachte, ist nur ein Bund der Opfer des Faschismus. Verein der Dulder, Sozialverband der Opferlämmer. (*Andreas-Friedrich 1962, S. 231.*)

Kaum, daß der Krieg zu Ende war, haben sie wieder angepackt und Berlin zu einer sauberen Stadt gemacht. Die Haltung der Arbeiter und Büromädchen, der Schaffnerinnen und Trümmerfrauen – die Haltung des ganzen arbeitenden Berlin ist bewundernswert. Zu sehen, daß Fabriken und Werkstätten trotz Hunger und Trümmer arbeiten; daß der Schulunterricht reformiert wird; daß die Universitäten neuen Begabungen ihre Tore öffnen; daß die Theater ihr Werk mit Ernst und Spiellust als eine Mission begreifen; daß Hand und Kopf der Berliner zu einer wenn noch dumpfen aber schon wieder starken Arbeitersymphonie sich gefunden haben, – das ist ein großes Erlebnis für einen, der im Ausland vorwiegend von in Deutschland herrschenden chaotischen Zuständen gelesen hat.

Es ist wahr, daß die Zustände weit davon entfernt sind, normal zu sein. Aber der Anfang, aus den von Verbrechern zurückgelassenen Ruinen herauszufinden, ist gemacht. Kein Deutscher braucht zu befürchten, daß Berlin nicht wieder zum materiellen und geistigen Arbeitszentrum Deutschlands wird. Schon heute wird Berlin von Fremden, die hier und in ausländischen Hauptstädten gelebt haben, als eine der geistig lebendigsten, vielfältigsten und interessantesten Städte Europas bezeichnet.

Aber es bleibt die Frage, ob die geistigen Manifestationen Berlins nur die Oberfläche berühren oder in die Tiefe gehen; ob sie die Gehirne streifen oder befruchten. Kultur strömt aus geistiger Verbundenheit, geistiger Gemeinschaft. Berlin scheint menschlich und geistig zersplittert. Die Menschen scheinen Lasten zu schleppen, auch wenn die Last nicht sichtbar ist. Sie lachen selten. Sie schweigen einer an dem anderen vorbei. Einander Fremde kommen fast nie ins Gespräch. Einander Bekannte sprechen von Zuteilung, Mangel, Feuerung, Kälte, Ruinen. Sie scheinen geistigen und politischen Diskussionen auszuweichen. Ein eiserner Vorhang scheint sich vor ihre Münder gelegt zu haben. Ich fahre fast täglich in U- und S-Bahnen und habe in drei Monaten meines Hierseins nur ein einziges Mal eine laute Bemerkung politischen Charakters gehört. (*Scheer 1948, S. 64f.*)

Von Berlin, wo der Schlußakt der Kapitulation Deutschlands unterzeichnet wurde, ist wenig übrig geblieben. Warum sollte überhaupt etwas davon übrig bleiben?

Die Alliierten, die die absoluten Herren Deutschlands sind, könnten Berlin sehr wohl das Schicksal Karthagos zufügen – als ein dramatisches Merkmal des Endes des preußischen Militarismus, der sich von Berlin aus gleich einer bösen Seuche über Deutschland verbreitete und Deutschland in seinen gegenwärtigen Zustand der Zerstörung und Scham brachte.

Die Deutschen würden es verstehen, wenn die Hauptstadt Friedrichs des Großen von der Erdoberfläche weggewischt würde, so daß nicht einmal Trümmer, nicht einmal Ruinen übrig blieben. Soweit solche Schätze wie Skulpturen in dem Pergamon-Museum erhalten sind, könnten sie in zivilisiertere Gemeinden überführt werden. Man mag Bedauern empfinden angesichts der Zerstörung von Köln, Frankfurt, München und Dresden, die das zivilisiertere Deutschland charakterisierten und von der preußischen Seuche zerstört wurden. Aber sehr wenige würden das Verschwinden dieses unliebenswerten Parvenus unter den europäischen Hauptstädten bedauern – des Parvenus Berlin.

Es ist zweifellos gut, individuelle Kriegsverbrecher zu bestrafen, aber das wirkliche Übel liegt jenseits des Individuums und reicht in Deutschlands Geschichte zurück. Berlin ist mehr als jede andere Stadt das Symbol dieses Übels. Eine Politik des «Berlin muß zerstört werden» würde mehr als ein dramatischer Akt der Gerechtigkeit sein. Sie würde der Beginn jener Erziehung Deutschlands sein, die notwendig ist, wenn Deutschland wieder ein zivilisiertes Niveau erreichen soll. (*Callender 1948, S. 87*)

Berliner: Ihr Arbeiter von Berlin, Jugend Berlins, und ihr Übriggebliebenen aus unserer Zeit, die ihr nicht alles und auch uns nicht ganz vergessen habt: Wir sprechen zu euch als Zugehörige, wir sind euch nicht entfremdet, trotz langer Abwesenheit. Über Länder und Meere sind wir euch verbunden.

Berlin war unsere Stadt, wie es eure war. Noch immer wären wir dort und bei euch, wenn wir nicht dem Haß und der Rache hätten weichen müssen. Wir wären heute alle ermordet. Unseresgleichen, die von den herrschenden Mördern gefaßt wurden, leben nicht mehr.

Wie viele aus euren, unseren Reihen sind gefallen – nicht erst in dem Krieg, der von jeher das Ziel und der Sinn der blutigen Tyrannei gewesen ist. Furchtbar blutig war sie gleich anfangs. Der Richtplatz, die Lager, die Folterkeller werden im Gedächtnis der Menschen lange zeugen von dem Unheil, das 1933 über Deutsche, eure Brüder, euch selbst und uns hereingebrochen ist. Die anderen Völker bekamen es nach uns zu fühlen. Wir sind die ersten.

Mancher hätte gewünscht, er wäre tot, mancher hat wirklich abgeschlossen, lieber als sein Berlin sterben zu sehen. Glaubt nicht, Berliner, eure Leiden seien unbekannt, die Mitwelt achtete ihrer nicht, mit euch teilte sie niemand. So steht es nicht. Die Gegner im Krieg haben getan, was sie mußten, als sie Berlin zerstörten. Der verhängnisvolle Hitler hat es nicht anders gewollt. Der Schrecken, den er über die Welt brachte, war unerträglich. Aber er hatte sich Berlin als seine Hauptstadt angemaßt: so wurde es die Hauptstadt weltweiten Schreckens.

Als sie endlich, gegen euren Willen, die Macht erschlichen hatten, fanden sie, es sei «wieder eine Lust zu leben»: lügen im Dunkeln, und im Dunkeln morden. Ihr habt es ertragen mit Zorn und Verachtung. Berliner, ihr habt reichlich euren Anteil beigebracht zu der ehrenvollen Menge der Märtyrer, die Deutschland einer Übermacht des Schreckens entgegensetzte. Die sechs Jahre, bis Krieg war, habt ihr wahrhaftig nicht nur Mitschuldige des öffentlichen Verbrechens unter euch gehabt, in verhältnismäßig hoher Zahl fielet ihr ihm zum Opfer.

Dann war Krieg, die letzten sechs Nazijahre war nur Krieg: da bekamen zuletzt alle Deutschen, die gleichgültigen, die schlechten, ihren abgezählten Lohn dafür, daß sie es so weit hatten kommen lassen, dafür, daß sie es gewollt hatten.

Berlin, die tiefen Schichten Berlins, die Profitierer und die Verrückten weggelassen, haben es am wenigsten gewollt, haben das Unternehmen der Weltunterwerfung, Weltausplünderung mit entschiedenem Zweifel begleitet. Wir müßten Berlin nicht kennen!

Musterhaft befunden wurde bei zahllosen Kennern das geistige Leben Berlins. Es beschränkte sich keineswegs auf die Tätigkeit der Denker und Künstler, enge Kreise allein haben das geistige Leben Berlins weder getragen noch dargestellt. Die Massen waren es, sie hatten teil, hatten Anrecht.

Die Intellektuellen, die noch da sind und zurückdenken, wissen sich in einer langen Laufbahn keine bessere Genugtuung als ihre einstige Verbindung mit den Massen Berlins. Stimmen, Briefe, Zulauf der Menschen und ihr Vertrauen; unser Auftreten in Warenhäusern, am Hermannplatz oder Wedding, zuletzt noch eure Aufzüge, Demonstrationen und Straßenschlachten, damit das allzu gewisse Unheil dennoch ausbleibe! (*Heinrich Mann 1971, S. 351–353*)

ELLIOTT FISHER
Quantmeyer Ecke
1
Nationalsozialisten
1
Nationalsozialisten
Mikado
Mikado
Parken verboten
TEE

GARBÁTY

Mit Hitler gegen den Rüstungswahnsinn der Welt!
Scherls Reisebüro
FILM A.G.
Berliner Lokal-Anzeiger
Der Tag
Der Montag
Berliner Nachtausgabe

ZUM SPORTPLATZ
TIERGARTEN

Stadtbank

Die Teilung Berlins

Sie war das, was die Deutschen im kommunistischen Teil Deutschlands den «Antifaschistischen Schutzwall» und die anderen «Schandmauer» nannten. (*Mielke*)

Die «Mauer» hat eben auch den Aspekt, daß sie dazu beigetragen hat, daß Berlin denn doch nicht wie andere Metropolen sich in ein Umland ergossen hat [...]. (*Schwarz*)

Auf die Nachfrage, ob es nicht merkwürdig sei, in einer von Zement und Stacheldraht eingeschlossenen Stadt zu wohnen, antworte ich längst wie die meisten Berliner: Es lebt sich dort nicht anders als in jeder anderen Stadt. (*Peter Schneider*)

Die Mauer ist das wohl bekannteste Bauwerk Berlins aus der Nachkriegsgeschichte. Symbol der Teilung und zugleich der unauflösbaren Verklammerung zweier sich immer mehr auseinanderentwickelnder Stadthälften. Auf der einen Seite makellos reingehalten und gepflegt, auf der anderen Seite eine fortlaufende Wandzeitung mit Graffiti, Propagandaformeln, persönlichen Bekenntnissen...

Unterhalb dieser sichtbaren Trennungslinie insistieren Kanalisationsanlagen und U-Bahnlinien zwar auf dem Zusammenhang der Stadt, bekräftigen das Widersinnige zertrennter Straßenzüge, blockierter Brücken, doch die Grenze und die hinter ihr liegenden Befestigungsanlagen werden auch über eine mögliche Wiedervereinigung hinaus Einschnitte in dem organischen Stadtzusammenhang hinterlassen.

Die Mauer ist nur das sichtbarste Mal aus der Hinterlassenschaft des Deutschen Reiches. Berlin wird von einem Netz verwirrender Rechtsverhältnisse und Verfügungslinien überzogen, ist ein überaus komplexes und anfälliges politisches Gebilde, dessen Sonderstatus es zu einer sensiblen Schlüsselfunktion für die denkbaren Zukünfte der deutschen Staaten befähigt.

Berlin besteht heute als zwei Städte unter sieben Flaggen, und wir wissen wirklich nicht zu sagen, ob dies ungewöhnlich oder alltäglich zu nennen ist. Das nahm seinen Anfang am 2. Mai 1945 früh um sechs. Die Truppen der Armee Hitlers kapitulierten in dieser Stunde vor den einrückenden Einheiten der sowjetischen Armee. Zwei Monate später zogen aufgrund eines alliierten Abkommens, das in London bereits 1944 unterzeichnet worden war, Amerikaner, Briten und Franzosen mit je 25 000 Mann in Berlin ein. Die Grundlagen für die vier Besatzungszonen waren geschaffen, die ersten vier Flaggen wehten über der besiegten deutschen Hauptstadt. Vier Jahre danach kam es zur Gründung zweier höchst verschiedenartiger Regierungen auf deutschem Boden, von denen jede eine eigene Staatsfahne hißte, so wurden es ihrer sechs. Was aber von Berlin geblieben ist und bleiben wird, das drückt sich in der städtischen Fahne mit dem Bären als Silhouette aus, die als siebtes Tuch für beide Teile den gemeinsamen historischen Ursprung symbolisiert. (*Reinfrank 1986, S. 10f.*)

Berlin ist das letzte Stück des Deutschen Reiches, über das die Nachkriegspolitik noch nicht endgültig disponiert hat. Staatlich wie völkerrechtlich stellt die Stadt ein Absurdum dar, das sich mit nichts in der bisherigen Geschichte vergleichen läßt. Politisch wie geographisch liegt sie als Pufferzone zwischen den Interessensphären der beiden Supermächte der zweiten Hälfte des zwanzigsten Jahrhunderts. (*Ohff 1985, S. 25f.*)

Sonntag, 22. August 1948
Am Potsdamer Platz, dem Schnittpunkt der amerikanischen, britischen und sowjetischen Sektorengrenze, verläuft die Trennungslinie zwischen der östlichen und der westlichen Ideologie. Dort schossen vor drei Tagen zum erstenmal Deutsche auf Deutsche. Berliner auf Berliner. Schon vor längerer Zeit hatte der Polizeipräsident Margraf erklärt, daß er Befehle nur noch von der sowjetischen Besatzungsmacht entgegennähme. Darauf hatten die Westalliierten als Erwiderung in ihren Sektoren eine eigene Polizeitruppe bewilligt. Die «illegale Westpolizei» – sagt der Osten, «Die illegale Ostpolizei» – sagt der Westen. In Moskau verhandelt man – ohne Kommentar. Auf Herrenchiemsee arbeitet man einen westdeutschen Verfassungsentwurf aus. Die Luftbrückenflugzeuge bringen innerhalb 24 Stunden 3000 bis 4000 Tonnen Versor-

gungsgüter nach Berlin. Und die Berliner Selbstmordziffer, in normalen Zeiten pro Tag 1,5, ist auf etwa 7 Fälle täglich gestiegen. (*Andreas-Friedrich 1962, S. 264*)

Unter den Bedingungen der Blockade fristete die Stadt durch das Nebeneinander der beiden Währungen während des Winters 1948/49 ihr armes, hartes Leben, das fast ganz erloschen wäre, hätte die nahezu unkontrollierte Verbindung der Westsektoren zum Ostsektor und zur Ostzone nicht mehr bestanden. Ohne die ergänzende Versorgung von dorther, allein auf die Lufttransporte angewiesen, wäre in West-Berlin eine Hungerepidemie ausgebrochen oder, was wahrscheinlicher ist, hätten die Amerikaner die Landverbindung mit Panzern wieder hergestellt, mit welchen Folgen, stehe dahin. (*Kuby 1984, S. 125 f.*)

[17. Juni 1953] Im Regen kamen die Panzer. Sie rollten von den Linden her die Friedrichstraße hinunter zum Checkpoint Charly und bogen zum Potsdamer Platz. Es waren Dutzende, gewiß donnerten bis zum Abend Hunderte in den Grenzbogen vom Ulbrichtstadion über das Brandenburger Tor, den Potsdamer Platz bis zur Warschauer Brücke hinein, und Kuba und Zimmering, Armin Müller und Loest traten auf die Straße und begrüßten die Panzer mit erhobener Faust. Das geschah nachmittags gegen zwei. Die Fahne auf dem Brandenburger Tor war – von einem Westberliner – heruntergerissen worden, die Schüsse am Alexanderplatz und vor allem auf dem Potsdamer Platz, wo Volkspolizei versucht hatte, einen Kordon vor den eigenen Sektor zu legen, verhallten, die Westberliner Trupps hauten ab und nahmen ihre Toten mit. Der stellvertretende Ministerpräsident Nuschke war aus dem Auto gezerrt und nach Westberlin verschleppt worden – Berlin hatte seinen wildesten Tag seit dem Mai 1945 erlebt. Nun kamen wieder die roten Panzer. (*Loest 1981, S. 205*)

Nun marschierten die Arbeiter. Gewiß hatten ihnen an diesem Morgen so manche Funktionäre ‹Neues Deutschland› vorgehalten: Seht her, das Politbüro schlägt vor, die obligatorische Normenerhöhungen aufzugeben, alles wird gut! Doch der Topf kochte schon. Noch ein Scheit darunter von denen, die merkten: Jetzt geht's gegen den Kommunismus, ein Scheit von alten Nazis und von jenen, die unter dem alten Kurs zu leiden gehabt hatten, noch ein Scheit von den Störtrupps aus Westberlin: Da kochte der Topf über. Rauschhaftes Begreifen: Alle Räder stehen still, wenn! Da zeigten sie: Wir sind da! Sie warnten: Rechnet gefälligst mit uns! L. sah sie und begriff erschreckend ihre Zahl, und noch so klügelnde Rechnerei in den nächsten Wochen konnte dieses Bild in ihm nicht löschen. Er sah sie Unter den Linden und in der Friedrichstraße, in der Leipziger Straße und am Marx-Engels-Platz, die Männer trugen abgeschabte Aktentaschen, die Frauen Einkaufsbeutel, so waren sie des Morgens zur Arbeit gegangen, bereit, sich danach in den Geschäften nach ihren Rationen anzustellen. Nun zeigten sie sich in der Wucht ihrer Masse. Ihr Bild vergaß L. nie.

Eine Woge, wer wollte da noch diskutieren? Armin Müller versuchte es, da sagten Arbeiter zu ihm: Zeig deine Hände her! Er tat es, sie konterten: Du bist kein Arbeiter, hau ab! So kehrten Müller und L. niedergeschlagen, geschlagen in ihr Verbandshaus zurück. Ein Gewitterguß prasselte nieder und trieb die Demonstranten in Haustüren und U-Bahn-Schächte, er zerrieb sie so, daß sie nicht wieder zusammenfanden. Wo ist die Rolle der Gewittergüsse am 17. Juni in der Berichterstattung berücksichtigt worden? Sie paßt in keines der beiden Bilder. Wie, Volksaufstand im Osten, und die malträtierten Arbeiter, sich gegen Willkür reckend, das eigene Leben in die Schanze schlagend für Freiheit und die Einheit des Vaterlandes gar, liefen vor dem Regen auseinander? Wie, die Sturmtruppen des Imperialismus, die bezahlten Agenten des Pentagon, die Weltbrandstifter verkrochen sich vor Blitz und Wolkenbruch? Das paßt in kein Propagandabild, und so wurde es gar nicht erst eingezeichnet. Der Chronist hält die geschichtsbildende Rolle der Gewitter des 17. Juni für erheblich. (*Loest 1981, S. 202 f.*)

Gadebusch stand auf und begab sich, mißmutig und voll innerer Zweifel, zum Brandenburger Tor, von wo sich unter den handgreiflichen Drohungen einer gemischten Menge die Grenzwachen und Zollbeamten der Ostberliner Regierung längst zurückgezogen hatten. Wie vor ihm schon Tausende westlicher Schlachtenbummler schritt auch er ungehindert und unkontrolliert zwischen den etwas zu stämmigen Säulen des von dem berühmten Schinkel entworfenen, triumphbogenartigen Baus hindurch in den Ostsektor der Stadt und gelangte auf die Straße Unter den Linden.

Auf dieser Straße bewegte sich um die Zeit, etwa 14.30 Uhr, eine Gruppe sowjetischer Panzer, dahinter Panzerwagen mit aufgesessener

Infantrie, von der Friedrichstraße her auf das Brandenburger Tor zu. In einem der Panzer befand sich Oberstleutnant Nikolaj Nikolajewitsch Bjelin. Um die Ereignisse besser beobachten zu können und die Volksmenge abzuschätzen, die das Fortkommen der Fahrzeuge doch recht behinderte, stieg er auf das Trittbrett im Panzer und steckte erst den Kopf, dann den ganzen Oberkörper durch die geöffnete Luke; so, beide Fäuste auf den Lukenrand gestützt, fuhr er die Straße entlang, möglichen Wurfgeschossen ein bequemes Ziel. [...]

«Mensch», rief er, «was 'ne Schießbudenfigur!» Ein Haufen Ziegelsteine, in freiwilligen Aufbauschichten einer nahebei stehender Ruine entrissen und sauber aufgeschichtet, lag handlich. Der Schüler und ein vierter junger Mann fingen an, Bjelin zu bombardieren. Die Mehrzahl der Ziegel prallte am Stahl des Panzers ab, aber das Beispiel veranlaßte die andern in der Gruppe und weitere Jugendliche, die sowjetischen Fahrzeuge, und besonders Bjelins Panzer, ebenfalls mit Steinen zu bewerfen. Bjelin wurde getroffen. Einen Moment lang wurde ihm schwarz vor Augen, dann hob er die Hände, beschwichtigend; doch das fruchtete nichts, und er zog sich ins Innere des Panzers zurück. Der Schüler betrachtete das als Sieg, stürmte wild schreiend vor und suchte sich auf den Panzer hinaufzuschwingen, bevor Bjelin die Luke schließen konnte. Der MG-Schütze des Panzers gab eine Salve von Warnschüssen ab, gezielt schräg nach oben, hoch über die Köpfe der Menge.

Eines der Geschosse flog hinauf zur zweiten Etage der Ruine, prallte gegen die blecherne Jalousie vor einem nicht mehr existierenden Fenster, wurde im entsprechenden Winkel nach unten abgelenkt und schwirrte mit einem merkwürdigen Pfeifen zur Straße zurück. Es besaß noch die Kraft, Goodies rechte Schläfe zu durchbohren und ihr ins Gehirn zu dringen.

Gadebusch bemerkte, daß Goodies Widerstand plötzlich nachließ, und vermutete zunächst, sie hätte sich ihrem Schicksal gefügt. Er packte sie fester und tat ein paar Schritte in Richtung Brandenburger Tor. Dann spürte er einen Tropfen warmer Flüssigkeit auf seinem Handrücken.

Er blieb stehen. Der Einschlag der Kugel war ein sehr sauberer; nur ein dünnes Rinnsal zeigte sich auf der Wange.

«Mensch, Goodie», sagte er, «Goodie!» (*Stefan Heym 1977, S. 247–249*)

Sie begutachteten die Kaugummibilder; zwei hatte Kalle schon: Anita Ekberg und Richard Burton. Großzügig wollte er sie an Volker abtreten, aber der konnte erst später übernehmen. Mit solch heißer Ware aus Berlin zurückkehren – ein zu gewagtes Unternehmen; sein Vater würde ihn grün und blau schlagen, wenn er das Corpus delicti eines Westberlinabstechers bei ihm fände. «Du weißt, was wir ausgemacht haben», erinnerte er Kalle vorbeugend. «Zu niemandem ein Wort! Zu keinem aus der Klasse. Auch deinen Eltern nicht. Wenn du auch nur ein Sterbenswörtchen verrätst!»

Ganz vorn lag die Grenze. Ein VW-Käfer schlich dicht am Bürgersteig in Richtung Friedrichstraße. Über dem Ostteil der Stadt war der Himmel lichtgerötet. Nach den überschwenglichen Schilderungen über Leuchtreklamen, pulsierenden Verkehr, hatte er es umgekehrt erwartet; das lag eben an dieser Gegend. Tote Hose, hatte Kalle gesagt.

Volker kramte ein schmales Päckchen hervor, der große Augenblick war eine Carmen wert. Hinter schützenden Händen flammte ein Streichholz auf. Die weißen Stäbchen zwischen den Lippen tippelten sie der Grenze entgegen.

«Zwei Jahre wohnste jetzt in Lankenhagen», sinnierte Kalle, «und heute das erste Mal in Westberlin... Du bist ne Type!»

Ja, heute das erste Mal. Es hatte so kommen müssen. Irgendwann mußte es doch so kommen; es war ja nicht mehr auszuhalten gewesen, wenn die anderen in den Schulpausen ihre Erlebnisse berichteten, Kinobesuche; Schmöker tauschten, Schauspielerbilder; Niethosen mitbrachten, weiche, flauschige Mohairschals, längsgestreifte Strümpfe, metallene Uhrenarmbänder – oder Blackis, schwarze Zigaretten mit goldenem Mundstück; und er hatte dabeigestanden, von Tuten und Blasen keine Ahnung, einer aus der Siedlung, einer, der eben nur bedingt dazugehörte, von dem sich ganz gut abschreiben ließ, der auch mal einen Jokus mitmachte, aber im Grunde ein Heini war, Streber oder noch was Schlimmeres, mit Vorsicht zu genießen. – Nee, das ist mir dann schon so lieber jetzt!

Und während er fröstelnd die Hände in die Manteltaschen vergrub, wußte er, daß er wieder fahren würde, seinem Vater zum Trotz, und immer mal wieder. Er schnickte die Kippe über die Fußwegplatten, ließ sich den scharfen Dezemberwind ins Gesicht blasen. So mußte sich Amundsen gefühlt haben, als er vom Pol zurückkehrte.

Ein Schild, neben den Bordstein gerammt: Achtung! Sie verlassen den britischen Sektor! Dahinter, auf der Gegenseite vertrat sich ein

Volkspolizist die Füße. Hoffentlich machte der keine Schwierigkeiten, bisher war alles so gut gelaufen... Vorbei mußten sie.

«'n Abend», sagte Volker.

«Guten Abend», der Posten tippte kurz gegen den Mützenschirm.

«Bist du blöd? Spinnst du?» stieß Kalle hervor, kaum, daß sie ein paar Schritte entfernt waren.

Volker sah ihn fragend an.

«Na Mensch, man grüßt doch keinen Vopo! Damit biste doch sofort verdächtig!» Kalle wurde nicht wieder. «Ich denke, mir bleibt die Luft weg, grüßt der den Polypen... Also bei dir muß es manchmal aushaken...! Du bist und bleibst eben ein Sachse.» Das hörte sich an wie ein abschließendes Urteil. (*Höpfner 1982, S. 15–17*)

Ich ging ins Labor. Alles stand so, wie ich es gestern verlassen hatte. Ich weiß noch, daß ich dabei so etwas wie Befriedigung empfand, wie wenn man etwas entdeckt, das sich als unverrückbarer, absolut sicherer Wert herausstellt. Ich sah aus dem Fenster. Unter mir lag der Park zwischen der Chirurgie und der Neurologie. Der Rasen wirkte verstaubt, die Blätter der Bäume waren gelb an den Spitzen. Auf dem Weg stapfte eine Kolonne Grenzsoldaten in Richtung des S-Bahn-Traktes, der das Klinikgelände westlich abschloß und auch Grenzlinie war. Die Soldaten hatten Marschgepäck, Maschinenpistolen hingen über ihren Schultern. Bei jedem ihrer Schritte wirbelte eine Staubwolke über den Weg. [...]

Wir schwiegen eine Weile, pusteten auf die Gläser, um den Tee abzukühlen. Dann begann Doktor Schnabel zu reden. Er war, wie wir, durch die Stadt gelaufen, seit dem frühen Morgen schon, war die ganze Grenze abgelaufen, von Wilhelmsruh bis zum Potsdamer Platz. In Pankow hatte er gesehen, daß man vergessen hatte, ein Eckhaus zu besetzen, und die Leute eine ganze Stunde lang durch die Tür auf unserer Seite hinein und durch die andere Tür drüben wieder hinausgegangen waren.

Der Doktorand hatte gehört, daß in der Bernauer, in der die Häuserfront der einen Straßenseite noch zu uns, der Gehsteig davor aber schon zum Westen gehörte, Leute aus dem Fenster gesprungen waren, auf Matratzen und Federbetten, einer sogar aus dem vierten Stock, allerdings daneben. [...]

Ich stand auf. [...]

Wir gingen hinüber in die Radiologie, die im nordwestlichen Teil des Klinikgeländes lag, unmittelbar an der Grenze. Grombal hatte sein Zimmer im Erdgeschoß, war aber noch nicht dort, und so liefen wir im Flur auf und ab, er mußte ja gleich kommen.

Wir gingen langsam an den leeren elfenbeinfarbenen Bänken, auf denen an Sprechtagen die Patienten saßen, vorbei, rauchten und schnippten die Asche in die kastenförmigen Behälter, die an der Wand angebracht waren, standen dann im hinteren Teil des Ganges, genau vor der Tür, die auf die Straße führte. Ich drückte auf die Klinke, die hart war und kühl. Ich weiß bis heute nicht, was mich dazu veranlaßte. Jeder wußte doch, die Tür war versperrt. So wie jeder wußte, daß es von dort nur wenige Schritte bis zur Grenze waren. Heute frage ich mich oft, ob ich die Klinke heruntergedrückt hätte, wenn mir klar gewesen wäre, was dann folgte.

Ich drückte also auf die Klinke und öffnete die Tür. Sonnenlicht traf mich so überraschend, daß ich die Augen zusammenkniff. Ich spürte Martins Hand in meinem Rücken, die mich sanft nach vorne schob, trat hinaus, stockte aber schon nach wenigen Schritten, so daß Martin an meine Seite kam, mich überholte, die zwei Stufen, die auf das Straßenpflaster führten, hinabschritt und dort stehenblieb. Ich folgte ihm zögernd und begriff erst jetzt, in welcher Situation wir uns befanden. Ich sah rechts von uns, vielleicht sechs oder sieben Meter entfernt, die stahlgrauen Uniformen der Kampfgruppenleute, die geschulterten Maschinenpistolen, den LKW, der mit dem schwarzen Schlund seiner Hinterfront uns zugewandt war und von dem einige Männer Gitterzäune abluden und sie quer über die Straße aufzustellen begannen, genau zwischen sich und der Menge schauender Menschen; ich sah links von uns die Brücke, die über den trüben, ölschlierigen Kanal führte, sah eine Gruppe grünuniformierter Polizisten, einen französischen Jeep und lässig herumstehende Reporter, denen Fotoapparate vor der Brust und an den Handgelenken baumelten, und vor uns, hoch und grau, die Seitenfront eines Amtsgebäudes, und, gelbgrün und spärlich belaubt, die Bäume davor und die Menschen hinter dem Gitterzaun, der sich langsam komplettierte, ein frischgelackter Metallzaun, grasgrüner Strich auf steingrauer Straße, und der Geruch nach Staub, Kanalwasser und Spätsommer, der mich so plötzlich traf wie die Ahnung, ich stünde an einem Platz, den einzunehmen ich gar nicht in der Lage war, gezwungen etwas zu tun, nach links zu gehen oder nach rechts, ein Zwang, der sich von selbst ergab und dem nachzukommen es nur ein paar Bewegungen des Körpers bedurfte, zehn oder zwölf Schritte vielleicht, nicht mehr. Wir standen dazwischen, standen genau zwischen den stahlgrauen Uniformen der Kampfgruppenleute auf dieser und den grasgrünen Uniformen der Polizisten auf der anderen Seite! Es war ein Platz oder besser: eine Situation, bei der ich instinktiv wußte, sie war so gewaltig für mich, daß ich ihr nicht in gleicher Größe gegenübertreten konnte, ja ich empfand ein körperliches Gefühl der Kleinheit, und es traf mich mit einer solchen Heftigkeit, daß ich mich sekundenlang nicht bewegen konnte, als der uns nächststehende Kampfgruppenmann den Kopf drehte, uns bemerkte und eher erschrocken als drohend, aber nichtsdestoweniger mit scharfer Stimme rief: Treten Sie zurück, Bürger!, wodurch er sofort die Aufmerksamkeit der Menschengruppe links von uns erregte, und ich spürte die Blicke der Grünuniformierten, wache, gespannte, beinahe suggestive Blicke, während die Reporter ihre Kameras vor die Augen rissen, und auch rechterhand starrten drei, vier Dutzend Augenpaare auf uns, mit ebenso wachen, ebenso gespannten, ebenso suggestiven Blicken.

Ich weiß nicht, wie lange das alles dauerte, sicher nicht länger als ein paar Sekunden; ich war mir sicher, daß alles gleich zu Ende sein würde, meine Lähmung, dieses merkwürdige Gefühl der Nichtigkeit, sicher war das alles gleich vorbei, dachte ich, und ich konnte schon meine Schultern bewegen, als Martin losging. Er ging einfach los! Erst langsam, als zögerte er, dann schneller und entschlossen. Ich stand und begann zu schrumpfen. Alles in mir zog sich zusammen. Etwas Unbekanntes, Fremdes legte sich über meine Haut, sog meinen Kopf leer, schlug auf meinen Magen, riß an den Därmen und zog die Hoden unerträglich schmerzhaft zusammen. Ich stand, schnappte nach Luft und sah Martins Rücken sich entfernen, hatte den Gedanken, daß ich jetzt meine Beine bewegen müßte, ganz mechanisch ihm folgen, wie ich es immer getan hatte, sah plötzlich [meine Frau] Marie und ihren berghohen Bauch, hörte Rosenbergs polternden Triumph und das schnarrende Schnappen der Objektivverschlüsse wie hundertfach verstärktes Maschinengewehrhämmern; vor mir das Amtsgebäude wuchs mitsamt seinen spärlich belaubten Bäumen ins Riesenhafte, und tatsächlich schien mich niemand zu bemerken, alle standen und starrten auf Martin, die einen auf seinen Rücken, die anderen auf sein Gesicht, alle auf Martin, als wäre ich nicht vorhanden, so daß ich, meiner Glieder plötzlich wieder mächtig, langsam mich rückwärts zu bewegen begann, im Krebsgang schlich ich, hob vorsichtig, als ich den Widerstand der ersten Stufe an meinem Hacken spürte, erst das rechte, dann das linke Bein, und weiter zurück, zur zweiten Stufe, ließ meinen Kopf unbewegt, nur meine Augen schossen nach links und nach rechts, jetzt war ich ganz wach, und noch immer sah keiner zu mir hin, und als ich die

Tür in meinem Rücken spürte, hinter mich griff und tastend die Klinke erreichte, wagte ich meinen Kopf nach links zu drehen, sah Martin die Brücke überqueren und sich umdrehen, suchte seine Augen, aber da war er schon umringt von Reportern und Polizisten und versank in einem Gewühl heftig gestikulierender Menschen, während ich mich unbemerkt durch die Tür schob, im langen Gang der Klinik stand und wie betäubt und ohne etwas zu bemerken hinauslief. (*Schlesinger, in: Wildermuth 1982, S. 96–100*)

[13. August 1961] Den ganzen Sonntag hatte ich am Radio gehangen. In hektischen Dauerreportagen wurde von der Grenze berichtet, seit sie in den frühen Morgenstunden geschlossen worden war. Angst bekam ich aber erst, als die sich überschlagenden Reporter von Panzern in der Friedrichstraße berichteten, die auf die Grenze zufuhren. Ich hatte Angst vor dem Krieg, konnte aber nur ohnmächtig an meinem rauschenden und knatternden Selbstbauradio sitzen und hoffen, daß es nicht soweit kommen würde. Gegen Abend waren die Berichte aber schon ruhiger, die Amerikaner fuhren mit ihren Panzern nur zur Patrouille an der Grenze entlang. Die Anspannung des Tages hatte sich gelegt, und ich hörte mir sogar wieder etwas Musik an.

Am Montag mußte ich um 5 Uhr 30 wieder raus, ging dann rasch durch den Sommermorgen zum S-Bahnhof Großgörschenstraße. Auch in der Nacht hatten sich die heißen Steine der Stadt nur soweit abgekühlt, daß durch die frische Morgenluft bereits wieder die kommende Hitze des Tages zu spüren war.

Schon von weitem konnte man sie erkennen, weil um diese Zeit sonst nur Eilige, die zur Arbeit mußten, zu sehen waren. Ein paar Männer standen mit Pappschildern am Bahnhof umher. Näherkommend konnte ich schon lesen: «Berliner, fahrt nicht mit der S-Bahn» und «Wer mit der S-Bahn fährt, zahlt Ulbrichts Stacheldraht». Ich ahnte nichts Gutes, vor allem waren die Schilderträger nicht schwächlich gebaut, würden sicher auch handgreiflich werden. Aus der Position des Schwächeren bleibt einem sowieso nur das Diskutieren. So fing ich lieber aus sicherer Entfernung an: «Mensch, Leute, ick muß um sieme uff Arbeet sint!»

«Nee, meen Lieber, is nischt mehr, hast die Brüder lange jenuch ausjehalten, vazisch da lieber, eh'et zu spät is!» Ich dachte: «Mit meine 5 Mark für die Studentenmonatskarte wärn se ja nich sehr reich jeworden, keen Wunder, det se't noch nich so weit jebracht ham!» Aber das behielt ich lieber für mich, die sahen mir gar nicht nach Morgenwitzen aus.

Von der Katzlerstraße her kam eilig eine ältere Frau, wollte wohl auch mit der S-Bahn zur Arbeit. Während sie mit ihr diskutierten, bin ich rasch durch, die Monatskarte kurz hochgerissen, aber da bekam ich auch noch einen Schlag mit einem dieser Schilder auf den Rücken.

In meinem Zug – gähnende Leere. Und auf dem Bahnhof Schöneberg, oben am Ring, wo man um diese Zeit vor 7 Uhr schwarze Trauben von Menschen sah, vertraten sich verschüchtert einige Unentwegte die Beine. Am S-Bahnhof Schmargendorf ging ich sehr vorsichtig die Treppe hoch, der Schlag war mir doch ein Denkzettel. Aber hier standen keine, es war ja wohl auch nicht die Gegend, wo früh um 7 Uhr schon viel los ist.

In der Baubude machte der Polier ein betretenes Gesicht: Von sieben Mann waren nur vier auf Arbeit erschienen. Er wußte auch warum; die vier, die fehlten, waren «Grenzgänger» gewesen. Von Willi wußten wir das ja alle, aber von den anderen wußte nur er es. Die bekamen wohl eine andere Lohntüte oder so etwas. Auch zu viert fing die Arbeit um 7 Uhr an, aber das ging natürlich langsamer: ebnen, Bettung schütten, Mörtel mischen, Platten ranschleppen und verlegen. Als unsere Elegante kam, war noch nicht viel zu sehen von unserer heutigen Arbeit, auch wurde bei der Arbeit diesmal viel zuviel geredet. Ob sie jetzt ihre «Termine» halten könnte?

Beim Frühstück und in der Mittagspause im zugig-kühlen Schatten des Hauseingangs gingen natürlich die Gespräche hin und her:

«Wer weiß, wat die jetzt machen, die armen Hunde!»

«Na, so arm warn se nu ooch wieder nich, immerhin hamse zwee Drittel in West jekricht. Wenn se't hier nich ausjeben wollten, konnten se't ja immerhin noch eins zu fümfe oder sechs umtauschen und drüben allet im HO koofen, wat se wollten.»

«Außerdem hamse billijer jewohnt.» (*Apel 1979, S. 23–25*)

Ein Rückzug vor der Mauer setzt ein auf Westberliner Gebiet; ein Rückzug, den auch einige forcierte Neubauprojekte hart an der Sektorengrenze nicht aufhalten können; die steppenhafte Verlorenheit, die der Todesstreifen aussendet, schlägt sich nicht nur im Atmosphärischen nieder, sondern sie drängt auch das Leben zurück.

Es ist Nacht geworden inzwischen; hoch über unseren Köpfen gleiten auf Rasterschienen eilige Leuchtbuchstaben dahin: westliche

Nachrichten für den wahrheitsentwöhnten Ostsektor drüben. Aber wer hier, auf dem Leipziger und dem Potsdamer Platz soll diese Leuchtschrift dort oben noch lesen? Dies ist die menschenleerste, schrecklichste Mondlandschaft, die sich je in einer bewohnten und nicht unter direktem Kriegseinfluß stehenden Großstadt aufgetan hat. Qualvoll erleuchtete Ödnis hinter der Mauer, wohin man nur blickt; gezackte Laufgräben, Spanische Reiter, aus gekreuzten Elektrischenschienen zusammengestückt; die schlundhaft schwarzen U-Bahn-Schächte mit Gittern verschlossen; hinter der ersten stacheldrahtgekrönten noch eine angefangene weitere Mauer. Und eine Stille weithin, daß man deutlich in den beiden Pappelgruppen an der Leipziger Straße den Wind rascheln hört.

Ich denke zurück, sehe die funkelnde Autoflut kreisen um den Potsdamer Platz, höre die Straßenbahnen klingeln, die ihn überqueren, die heiseren Blumenfrauen ihre letzten Veilchen anpreisen, gewahre, wie im Haus Vaterland die Fenster erstrahlen, der Fußgängerstrom sich vor den Fahrdämmen staut und geschmeidig wieder ins Gleiten gerät, sehe mich selbst auch, klein, eine Matrosenmütze im Nacken, an der Hand meiner Großmutter drüben, Ecke Leipziger Straße vor den gewaltigen Auslagen des jetzt verrotteten Kaufhauses Wertheim stehen, lächelnde Kleiderpuppen in feierlicher Tanzstundenkleidung, Obst- und Konservenbüchsenberge, drapiert mit blauschwänzigen Fasanen und glasig blickenden Rehen hinter den hell erleuchteten Scheiben, spüre die U-Bahnen rollen unter dem unversehrten Pflaster ringsum und auch den lauen, nie zu vergessenden Hauch aufsteigen aus den strahlenden Schächten, wenn die Züge einfahren und dort, mitten auf dem Leipziger Platz, ist jetzt auch wieder als ruhender Pol der ampelgeschmückte Verkehrsturm mit der Normaluhr zu sehen, um den jeden Morgen, wenn ich zur Schule fahre, mein Autobus kreist.

Nein, nichts ist zu sehen jenseits der nächtlichen Mauer am Potsdamer Platz hier, nur jene unmenschliche, mondhafte Leere weitum und das tief gestaffelte Befestigungssystem, das dieses tödlich versehrte Herzstück Berlins wie mit einer gewaltigen, schon fast metaphysisch wirkenden Kralle umgreift. Aber den Himmel kann man auslassen hier, obwohl es über allem ausgestorbenen Potsdamer und Leipziger Platz heute mehr von ihm gibt, als dieser heillosen Gegend zuträglich wäre. Sondern was man hier sieht, ist irdischen Ursprungs; und hier läßt es sich nun auch nicht mehr länger verleugnen, man muß es sich eingestehen, ob man will oder nicht; und wer von uns Deutschen und besonders von uns Berlinern hat es schon gern, an Hitlers Angriffskrieg gegen die

Sowjetunion erinnert zu werden? Aber die Ähnlichkeit der tödlichen Versehrtheit des Potsdamer Platzes und seiner versteppten Straßen ringsum mit dem gnadenlosen Bild, das die russischen Städte nach den deutschen Einmärschen boten, sie ist zu suggestiv, als daß es noch möglich wäre, sich dieser unerwünschten Erinnerung zu entziehen. (*Schnurre 1963, S. 42f.*)

Dort, wo die doppelte Mauer die Straße unterbrach, stand ein Gerüst aus Stahlrohren in touristenfreundlichen Farben. Eine Aussichtsplattform für West-Berliner.

Das Gerüst wirkte auf Peter viel obszöner als die Mauer und der Wachturm auf der anderen Seite. In seiner Scheinheiligkeit kam es ihm wie die Tribüne einer politischen *Peep-show* vor. Für ein paar Augenblicke konnte hier jeder Besucher West-Berlins Ernst und Entrüstung zeigen, ehe die Stadtrundfahrt weiterging. (*Mielke 1985, S. 48*)

Auf dem westberliner Stadtplan läßt sich die Mauer kaum finden. Nur ein zartes, rosa gestricheltes Band zerteilt die Stadt. Auf dem ostberliner Stadtplan hört die Welt an der Mauer auf. Jenseits des schwarzumrandeten, fingerdicken Trennstrichs, den die Zeichenerklärung als Staatsgrenze ausweist, beginnt die Geographie. So sah die märkische Tiefebene vielleicht zur Zeit der Völkerwanderung aus. Der einzige Hinweis auf die Existenz einer Mauer findet sich unter dem Stichwort ‹Sehenswürdigkeiten›: dort wird auf die Reste der historischen Stadtmauer von Berlin aufmerksam gemacht, in der Nähe der alten Klosterkirche.

Als ich nach Berlin zog, wurde die neue Mauer gerade fertiggestellt. Nachdem der erste Schrecken vorbei war, verdünnte sich das massive Ding im Bewußtsein der Westdeutschen immer mehr zur Metapher. Was jenseits das Ende der Bewegungsfreiheit bedeutete, wurde diesseits zum Sinnbild für ein verabscheutes Gesellschaftssystem. Der Blick nach drüben verkürzte sich zu einem Blick auf die Grenzanlagen und schließlich zum Gruppentherapeutischen Selbsterlebnis: die Mauer wurde den Deutschen im Westen zum Spiegel, der ihnen Tag für Tag sagt, wer die schönste im Lande ist. Ob es ein Leben gab jenseits des Todesstreifens, interessierte bald nur noch Tauben und Katzen. (*Peter Schneider 1982, S. 12f.*)

West-Berlin ist wie Israel ein Vorposten des amerikanischen Imperiums. Wären sie es nicht, so existierte Israel nicht mehr, gäbe es West-Berlin nicht. Für den Vorposten Israel muß Washington finanziell aufkommen, die Kosten von West-Berlin sind der Bonner Staatskasse angelastet. Sie werden von ihr ohne Wenn und Aber getragen, eben deshalb, weil die Frage, was dieses West-Berlin eigentlich wirklich ist, niemals eine von Sentimentalität ungetrübte Antwort gefunden hat. Das war auch deshalb nicht gut möglich, weil die Amerikaner alles darangesetzt haben, den Freiheitsglockenrummel zu inszenieren, der einen amerikanischen Präsidenten sogar dahin brachte, den Propaganda-Satz zu sprechen: «Ich bin ein Berliner.» Nur als oberster Kriegsherr der USA sprach er die nackte Wahrheit, aber die nackte Wahrheit verschwand in dem künstlich gezüchteten deutschen Frontstadtpathos. (*Kuby 1984, S. 154f.*)

Noch zwanzig Meter und Sie befinden sich auf dem Gebiet des zweiten Schauplatzes, noch zehn Meter und Sie verlassen den atlantischen Sektor von Berlin West, um sich Berlin Ost zu nähern, das wie sein westlicher Zwilling eines besondere politisch-psychologisch-geographische doppelte Einheit darstellt. Sie stehen fünf Meter vor dem Schlagbaum, rechts die in die grobe Zementmauer eingelassene Ampel zeigt rot, hinter dem Schlagbaum oben im Wachtturm nehmen die Späher Ferngläser vor die Augen, die Ampel schaltet auf Grün, der Schlagbaum geht hoch. Sie fahren zwischen den Schlagbäumen hindurch, bei dem Stoppschild rechts steht heute kein Uniformierter. Sie fahren weiter, Sie sind schon innerhalb der Demarkationslinie, haben die Slalomstrecke hinter sich, Sie haben vergessen das Licht auf Parklicht zu schalten, holen Sie es schleunigst nach, Sie sind in die Gerade eingemündet, bringen den Wagen zwischen den grauen Schuppen zum Halten, reichen die Papiere durch das heruntergekurbelte Fenster, stellen den Motor ab, steigen aus. Warten auf Ihre Papiere, die in einem der grauen Häuschen verschwunden sind. Nun das tote Inventar. Handschuhkasten auskramen, Handtasche ausräumen, einen Blick hineinwerfen lassen. Wie? Nein, hineinfassen ist laut Dienstvorschrift nicht gestattet den Obhütern der Immobilie.

Die A. sagt: «Trotzdem du es nicht willst, dein Herzschlag beschleunigt sich.» [...]

Schon sind wir im Kontrollgebiet und befinden uns auf dem Gebiet der Hauptstadt der Deutschen Demokratischen Republik oder dem

Teil von Berlin, der sich auf keinen Fall Ostberlin nennen lassen möchte. Hier ist der zentrale Punkt des (von Osten aus gesehenen) Westwalls, der zwoundvierzig komma fünf Kilometer lang die beiden Städte Berlin und die Kontinente voneinander trennt. Wir überblicken den Arbeitsplatz von zirka zehn Männern in Uniform. Ihnen obliegt die Regelung von Verkehr und Umgangston. In einer Baracke wird die Kontrolle der Personaldokumente vorgenommen, in einer anderen sitzt die Zollbehörde, befindet sich vor allem die Umtauschkasse mit den beiden Währungen, mit denen der ganze pazifisch-atlantische Zank anfing. Mittels eines Sicherheitsschlüssels entsichert der Zollmann den Nibelungenhort, falls ein Umtauschakt anfällt.

Das Harren auf Abfertigung gibt Gelegenheit, uns die – wenn wir Ansorges Formulierung für öffentlichen Gebrauch bereitstellen wollen – Modellimmobilie einzuprägen. Sie ist ausgeführt in Beton, Eisen, Kunststoff, sowie mit allem, was das Leben freudlos macht.

Wir wenden uns nunmehr dem Personal, das heißt dem menschlichen Faktor zu. Der Uniformierte leitet den Abfertigungsvorgang. Sein Ton ist dabei herablassend, leise, wie beiläufig:

«Mal in meine Richtung sehen. Übrigens, haben Sie nicht das Stoppschild gesehen? Hat man bei Ihnen keine Stoppschilder? Mal die Brille absetzen.» Und so fort. Späht. Der kramt auf dem Rücksitz herum, hält etwas hoch, sagt: «Was ist denn das, was ich in der Hand halte? Na? Ist Ihnen bekannt, daß die Einfuhr von Druckerzeugnissen untersagt ist?»

Da tut aber Betge verwundert. [...]

«Druckerzeugnisse sind verboten. Fahren Sie rechts ran.»

Sie lenkt den Kraftwagen einige Meter weiter, bis zum zweiten Schlagbaum, daneben zwei Mörser, ein Häuslein für den Portier, das erwähnte Drahtgitter. Seitlich der Fußweg für diejenigen, die sich nebst Taschen voller Gebrauchsgüter wie Zündkerzen, Rückspiegel, in Richtung Ost begeben. Ohne Auto.

Das hier aus Platzgründen nur mit den notwendigen Einzelheiten beschriebene Ensemble, auf das sich leicht das bei westlichen Politikern beliebte Wort inhuman anwenden ließe, wurde jedoch im Gegenteil mit viel Überlegung von Menschen als sinnvolle Einrichtung, ja, als segenbringender Ordnungsfaktor angelegt und betrieben. Weil aber an diesem Ort leicht Befangenheit den Blick kürzt, Wahrnehmungen einschränkt, könnten wir eine Einzelheit übersehen haben, wie zum Beispiel die klobigen, aus der Erde aufragenden, zu Kreuzen verschweißten Eisenbahnschienen. Sie sind weiß gestrichen in der Farbe der Unschuld, zu beiden Seiten des Gevierts verankert und dazu bestimmt, den Lauf von durch Verbrennungsmotoren angetriebenen Fortbewegungsmitteln jäh aufzuhalten. (*Eichholz* 1982, S. 135–137)

Sie war das, was die Deutschen im kommunistischen Teil Deutschlands den «Antifaschistischen Schutzwall» und die anderen «Schandmauer» nannten.

Die 165,7 Kilometer lange Konstruktion aus Hohlblocksteinen, Betonplatten, Drainagerohren in dreieinhalb Meter Höhe samt Vorfeld aus Gräben, Zäunen, Kolonnenwegen, aus Stacheldraht, Panzersperren, Wachtürmen und Bunkerkuppeln sollte die eigentliche Hauptrolle in de Lucas Film spielen.

Die Mauer – das war nicht einfach eine Betonsperre, sondern ein tiefgestaffeltes Verteidigungssystem, das von Ost nach West immer raffinierter wurde und schließlich dort aufhörte, wo die graue Wand noch auf Ost-Terrain den letzten Abschluß bildete. Auf der westlichen Seite reichten manchmal private Schrebergärten bis ins Niemandsland.

Kinder warfen ihre Bälle gegen den Rand ihrer Welt, an manchen Stellen hatte Farbe aus westlichen Discount-Läden das kommunistische Grau zumindest ansehnlicher gemacht, und überall verkündeten Grafitti aus Sprühdosen Überzeugungen, Weltanschauungen oder lustvollen Nonsens. (*Mielke* 1985, S. 34 f.)

Die «Mauer» hat eben auch den Aspekt, daß sie dazu beigetragen hat, daß Berlin denn doch nicht wie andere Metropolen sich in ein Umland ergossen hat, an den Rändern ausgefranst und im Innern ausgeblutet ist. Die künstliche Konservierung einer an sich überholten Industriestruktur hat bei aller Erosion der Arbeitsplätze bewirkt, daß immer noch ein relativ hoher Anteil an Industriearbeiterschaft erhalten ist und damit jedenfalls eine spannungsreichere Bevölkerungszusammensetzung als etwa in Paris [...]. (*Schwarz* 1986, S. 91 f.)

«Wir besuchen euch», schrieben Freunde. Aber sie haben es selten getan. Wir lebten zu abgelegen. Als wir in Europa in Südfrankreich lebten, kamen alle. Westberlin, hundert Meilen hinter dem Eisernen Vorhang, das ist etwas anderes. Auf der Landkarte zugänglich, aber unzugänglich in der Vorstellung der Leute, ein Gefängnis wegen der

Mauer als psychologischer Barriere. Aber für die Stadt Berlin ist die Mauer ein Bonus, denn die Russen an der Stadtgrenze treiben die Leute zurück ins Zentrum. Kaum zu glauben, wie lebendig dieser Ort ist, wie dicht besiedelt. Die Mauer gibt dieser Stadt, die eigentlich nur eine Provinzstadt ist, das Gesicht einer wimmelnden Metropole, die es fertigbringt, in ihrem Zentrum eine Konzentration urbanen Lebens zu produzieren, das bis in die frühen Morgenstunden reicht. Berlin ist um Mitternacht so hellwach wie am Mittag und am Sonntag so geschäftig wie an einem Werktag. Alles spielt sich im Zentrum ab. Moderne Städteplaner überall in der Welt zerbrechen sich die Köpfe, um Städte zu entwerfen, die die Leute dazu bringen, im Zentrum zusammenzukommen, vergeblich. In einer Stadt mit einer Mauer drumherum geschieht das von selbst. (*McNeish 1986, S. 31*)

West-Berlin ist ein bequemes Exil.

Ich lebe unter dem Schutz dreier Stadtkommandanten, dennoch nicht ganz erreichbar für sie, zwischen Verwahrlosung und Freiheit. Lebensfeindlichkeit und Lebensvielfalt, zwischen obrigkeitsgestützter Brutalität und den Versuchen Nichtprivilegierter, miteinander auszukommen, zwischen grüner Farbenfreude und grauer Ödnis. Umgeben von Brandmauer-Silhouetten, wie es sie nirgend sonst gibt, sitzt eine ganze Stadt auf dem Altenteil. [Abschreibungsobjekt der Wirtschaft der Bundesrepublik, unproduktiv, arm aber glitzernd, und gleichzeitig voller Menschen, die in den dunklen Seitenstraßen energisch von einem Leben träumen, das die Bundesrepublik nicht kennt.] Daß dort nach 45 ein Neuanfang, ein Aufbruch stattgefunden haben soll, wird von der Wirklichkeit des Nachkriegsprovisoriums, während die Bundesrepublik sich schon wieder eine alte solide Vorkriegsordnung gegeben hat. Hier wäre es gefährlich, Probleme lösen zu wollen. Gelöste Probleme würden das empfindliche Gleichgewicht der Stadt auf der Ost-West-Schaukel stören. [Weil daher alle verantwortungsbewußten Politiker sorgfältig auf Nichtlösungen oder allenfalls Scheinlösungen achten, überlebt die Stadt von Tag zu Tag, besonders nachts.] Und auf S-Bahn-Gleisen diskutieren Krähen und Möwen.

Unverwüstbar ist nur die Urbevölkerung, die in ihren Berliner Dörfern einige deutsche Reiche und Untergänge überlebt hat. An den Drähten ihrer Schrebergartenzäune reiben sich mindestens drei deutsche Vaterländer, fast alle deutschen Muttersprachen kompostieren hier, einschließlich der türkisch-deutschen. Und im zugeschütteten Bunker unter dem Fichteberg sitzt Ernst Reuter neben Rosa Luxemburg am steinernen Tisch, wartet, bis auf keinem Kontinent mehr ein Bürgermeister aufzutreiben ist für [die unheilbar leuchtende, blinde, zersprungene Spiegelstadt deutscher Geschichte] wartet, bis alle seine Nachfolger vom hiesigen Parteiensumpffieber dahingerafft sind, um dann endlich wiederauferstehn und sagen zu können: Seht auf diese Stadt. Während Rosa inzwischen ihre Haare unter der Erde bis Kreuzberg wachsen läßt und weiter, unter Landwehrkanal, Spree und Mauer hindurch, aber die Haarspitzen, die in Ost-Berlin an die Oberfläche kommen, schneiden ihr dort natürlich die staatlichen Sicherheitsorgane ab und machen Alarmklingelleitungen daraus für den antifaschistischen Schutzwall. [...]

Eine junge Frau, die gelegentlich als Call-Girl einspringt, erzählte mir, ein Kunde aus der Bundesrepublik, aus dem Schwäbischen, wie sie meinte, habe sie gefragt: «Nehmen Sie hier auch Westgeld an?» Und ein Kunde aus der DDR habe darauf bestanden, in Dollars zu zahlen. Das läßt einen Schluß zu auf die geographische Lage West-Berlins. [Von der Bundesrepublik aus gesehen liegt die Stadt exotisch weit im Osten, irgendwo Richtung Ural. Von der DDR aus gesehen liegt sie im heißesten Westen, irgendwo zwischen New York und San Francisco.] Solange ich morgens am Lietzensee aufwache, solls mir recht sein. (*Hey 1984*)

Bildlegenden und Bildquellen

S. 73: Fidiciusstraße 4 in Kreuzberg, 1908 (Landesbildstelle Berlin)

S. 74 oben: In den Zelten 21 a im Bezirk Tiergarten, um 1935 (Landesbildstelle Berlin)

S. 74 unten: Lübbener Straße in Kreuzberg, 1926 (Landesbildstelle Berlin)

S. 75: Hinterhof in der Saarbrückerstraße 7 im Bezirk Prenzlauer Berg, 1933/34 (Landesbildstelle Berlin)

S. 76 oben: Am Krögel und Spandauer Straße im Bezirk Mitte. Im Hintergrund: Rotes Rathaus und Turm der St. Marienkirche, 1903 (Landesbildstelle Berlin)

S. 76 unten: Städtisches Asyl für Obdachlose in der Fröbelstraße im Bezirk Prenzlauer Berg, um 1920 (Landesbildstelle Berlin)

S. 77 oben: Saure-Gurken-Stand am Stettiner Bahnhof, 1928 (Archiv für Kunst und Geschichte, Berlin)

S. 77 unten: Wachposten am Grenzübergang Friedrichstraße (Checkpoint Charlie), 1961 (Archiv für Kunst und Geschichte, Berlin)

S. 78 (Marianne Strohmeyer)

S. 79 (Marianne Strohmeyer)

S. 142 oben: Droschkenkutscherin während einer Pause, 1916 (Archiv für Kunst und Geschichte, Berlin)

S. 142 unten: Pferdeomnibus in der Leipziger Straße, um 1890 (Landesbildstelle Berlin)

S. 143 oben: Generalstreik der Berliner Verkehrsangestellten vom 1.–14. Juli 1919, Potsdamer Platz (Archiv für Kunst und Geschichte, Berlin)

S. 143 unten: Busunglück am Kanalufer, 6. Juni 1914 (Archiv für Kunst und Geschichte, Berlin)

S. 144 oben: Bahnhof Friedrichstraße, um 1900 (Landesbildstelle Berlin)

S. 144 unten: Gleisdreieck im Bezirk Kreuzberg (Landesbildstelle Berlin)

S. 145 oben: Alexanderplatz, um 1935 (Landesbildstelle Berlin)

S. 145 unten: Anhalter Bahnhof, um 1902 (Landesbildstelle Berlin)

S. 146: Oberbaumbrücke, um 1920 (Archiv für Kunst und Geschichte, Berlin)

S. 147 oben: U-Bahnhof Hermannplatz, 1929 (Landesbildstelle Berlin)

S. 147 unten: In der U-Bahn, um 1930 (Landesbildstelle Berlin)

S. 176 oben: Unter den Linden, um 1910 (Archiv für Kunst und Geschichte, Berlin)

S. 176 unten: Jubiläumsdekoration in der Leipziger Straße, 1908 (Archiv für Kunst und Geschichte, Berlin)

S. 177 oben: Alexanderplatz mit der Berolina, von der Königstraße aus gesehen, 1898 (Landesbildstelle Berlin)

S. 177 unten: Alexanderplatz, 1980 (Landesbildstelle Berlin)

S. 178 oben: Potsdamer Platz, um 1920 (Archiv für Kunst und Geschichte, Berlin)

S. 178 unten: Potsdamer Platz, 1936 (Landesbildstelle Berlin)

S. 179 oben: Potsdamer Platz, um 1930, links das Kaufhaus Wertheim (Archiv für Kunst und Geschichte, Berlin)

S. 179 unten: Potsdamer Platz im August 1956, links die Ruine des Kaufhauses Wertheim (Landesbildstelle Berlin)

S. 180 oben: Café Josty am Potsdamer Platz, um 1914 (Landesbildstelle Berlin)

S. 180 unten: Café Kranzler am Kurfürstendamm, um 1935 (Landesbildstelle Berlin)

S. 181 oben: Kurfürstendamm, Ecke Brandenburgische und Wilmersdorfer Straße, um 1925 (Landesbildstelle Berlin)

S. 181 unten: Tauentzienstraße vom Wittenbergplatz, im Hintergrund die Kaiser-Wilhelm-Gedächtniskirche, 1935 (Landesbildstelle Berlin)

S. 210 oben: Kaiser Wilhelm II. und Herzog Ernst zu Braunschweig, 1913 (Landesbildstelle Berlin)

S. 210 unten: Kaiser Wilhelm II. an der Spitze der Fahnenkompanie, um 1910 (Landesbildstelle Berlin)

S. 211 oben: Berliner Stadtschloß mit Dom, um 1935 (Landesbildstelle Berlin)

S. 211 unten: Die Siegesallee, um 1903 (Landesbildstelle Berlin)

S. 212 oben: Die Siegesallee mit Kleingärten, April 1949 (Landesbildstelle Berlin)

S. 212 unten: Die Denkmäler der Siegesallee im Park des Schlosses Bellevue, Mai 1979 (Landesbildstelle Berlin)

S. 248: Wahlpropaganda für Hitler, 1933 (Landesbildstelle Berlin)

S. 249: Straßenbeflaggung zur Volksabstimmung am 19. August 1934 (Landesbildstelle Berlin)

S. 250 oben: Kundgebung gegen den Versailler Vertrag im Lustgarten, 28. Juni 1933 (Landesbildstelle Berlin)

S. 250 unten: Rundfunkübertragung einer Wahlrede Hitlers am 12. November 1933 am Dönhoffplatz (Landesbildstelle Berlin)

S. 251 oben: Brände am Dönhoffplatz nach einem Luftangriff auf Berlin, 1945 (Landesbildstelle Berlin)

S. 251 unten: Ausgebrannte Häuser nach einem Luftangriff auf Berlin, 1944/45 (Landesbildstelle Berlin)

S. 252 oben: Ruinen in der Winterfeldtstraße, Ecke Gossowstraße, 1944 (Landesbildstelle Berlin)

S. 252 unten: Ruinen und Schutt nach einem Luftangriff im Bezirk Charlottenburg, Joachimstaler Straße/Ecke Hardenbergstraße, 1945 (Landesbildstelle Berlin)

S. 253 oben: Aus einer sowjetischen Wochenschau: Granatwerfer der Roten Armee in Berlin, April 1945 (Landesbildstelle Berlin)

S. 253 unten: Aus einer sowjetischen Wochenschau: Kolonne deutscher Kriegsgefangener in Berlin, April 1945 (Landesbildstelle Berlin)

S. 254 Kaiser-Wilhelm-Gedächtniskirche und Gloria-Palast, 1945 (Landesbildstelle Berlin)

S. 255 oben: DDR-Arbeiter reißen die alte Sperrmauer ein und errichten eine neue Grenzmauer, 1966 (Landesbildstelle Berlin)

S. 255 unten: Bau einer neuen Mauer zwischen Potsdamer Platz und Brandenburger Tor, 1976 (Landesbildstelle Berlin)

Literaturverzeichnis und Quellenangaben

Trotz sorgfältiger Bemühungen ist es dem Verlag in einigen wenigen Fällen nicht gelungen, die heutigen Rechtsinhaber bzw. -nachfolger zu ermitteln und sie rechtzeitig über den Nachdruck in dieser Anthologie zu informieren. Der Verlag bittet um Verständnis und Benachrichtigung, falls Ansprüche geltend gemacht werden.

ALTMANN, WALTER: Ohne das Lachen zu verlernen. Ein Berliner Überlebensbuch, Berlin 1977, Friedrich Nolte, Berlin

ANDERS, RICHARD: Stadtbilder, in: Schädlich/Werner, a. a. O., © Richard Anders, Berlin

ANDREAS-FRIEDRICH, RUTH: Schauplatz Berlin. Ein deutsches Tagebuch, München 1962, Rheinsberg Verlag, © Suhrkamp Verlag, Frankfurt/M.

APEL, HANS: Geschichten am Rande, Berlin 1979, Edition Neue Wege, © Hans Apel, Berlin

ARNDT, ARNO: Berliner Sport. Großstadt Dokumente Bd. 10, Berlin und Leipzig 1906, H. Seemann Nachfolger

Atlas, zusammengestellt von deutschen Autoren, Berlin 1965, Verlag Klaus Wagenbach

ATTERBOM, PER DANIEL AMADEUS: Reisebilder aus dem romantischen Deutschland. Jugenderinnerungen eines romantischen Dichters und Kunstgelehrten aus den Jahren 1817 bis 1819, Stuttgart, Steingrüben Verlag

AUSTERLITZ, ROSE: Café Größenwahn, Berlin und Leipzig o. J., H. Seemann Nachfolger

BAB, JULIUS, HANDL, WILLI: Wien und Berlin. Vergleichendes zur Kulturgeschichte der beiden Hauptstädte Mitteleuropas, Berlin 1918, Oesterheld & Co. Verlag

BACHMANN, INGEBORG: Ein Ort für Zufälle, Berlin 1968, Verlag Klaus Wagenbach

BECKMANN, MAX: Leben in Berlin. Tagebuch 1908–1909, München 1983, R. Piper Verlag

BENJAMIN, WALTER: Aufklärung für Kinder. Rundfunkvorträge, hg. von Rolf Tiedemann, Frankfurt/M., Suhrkamp Verlag

BENN, GOTTFRIED: Das kalte, kritische Berlin, in: Ästhetik und Kommunikation, Berlin 1986, 16. Jg., Nr. 61/62, © Klett-Cotta Verlagsgemeinschaft, Stuttgart

BENNETT, JACK O.: 40000 Stunden am Himmel, Frankfurt/M.–Berlin–Wien 1982, Verlag Ullstein

Berlin bei Nacht. Ein gründlicher Wegweiser durch das nächtliche Berlin vom frühen Abend bis zum späten Morgen, Berlin o. J. [um 1900], Max Marcus

BERSTL, JULIUS: Berlin. Schlesischer Bahnhof, Berlin 1964, E. Staneck Verlag

BISINGER, GERALD: Ich stehe in Steglitz, in: Literatur im technischen Zeitalter, Supplement zu: Sprache im technischen Zeitalter 88/1983, © Gerald Bisinger, Wien

BISMARCK, OTTO FÜRST VON: Gedanken und Erinnerungen, 1. Bd., Stuttgart und Berlin 1905, Cottasche Buchhandlung

BLOCH, ERNST: Erbschaft dieser Zeit, Frankfurt/M. 1973, Suhrkamp Verlag

BLOCH, ERNST: Berlin aus der Landschaft gesehen (1932), in: E. B.: Gesamtausgabe, Bd. 9, Literarische Aufsätze, Frankfurt/M. 1965, Suhrkamp Verlag

BORGELT, HANS: Das war der Frühling oder Die goldenen Hungerjahre, München 1980, Franz Schneekluth Verlag

BOUCHHOLTZ, CHRISTIAN: Kurfürstendamm, Berlin 1921, Axel Juncker Verlag

BRÄKER, ULRICH: Lebensgeschichte und Natürliche Ebentheuer des Armen Mannes in Tokkenburg, in: Ulrich Bräker. Lesebuch, hg. von Heinz Weder, Frankfurt/M. 1973, S. Fischer

BREDEL, WILLI: Ein neues Kapitel. Erstes Buch: Chronik einer Wandlung. Berlin und Weimar 1967, Aufbau-Verlag

BRENTANO, BERNARD VON: Wo in Europa ist Berlin. Bilder aus den zwanziger Jahren, Frankfurt/M. Insel Verlag

BRENTANO, CLEMENS: Das unsterbliche Leben. Unbekannte Briefe von Clemens Brentano, hg. von Wilhelm Schellberg und Friedrich Fuchs, Jena 1939, Eugen Diederichs Verlag

BUCOVICH, MARIO V.: Berlin, Geleitwort von Alfred Döblin, Berlin 1928, Albertus Verlag

BÜLOW, JOACHIM V.: Berliner Vehikel, in: Vossische Zeitung, 13. Februar 1913, Abendausgabe

BÜSCHING, ANTON FRIDERICH: Anton Friderich Büschings, Königl. Preußl. Oberconsistorialraths ec. Beschreibung seiner Reise von Berlin über Potsdam nach Rekahn unweit Brandenburg welche er vom dritten bis achten Junius 1775 gethan hat, Leipzig 1775, Haude und Spener

CALLENDER, HAROLD: Berlin vor drei Jahren, in: Ost und West. Beiträge zu kulturellen und politischen Fragen der Zeit, hg. von Alfred Kantorowicz, Heft 8, August 1948

CANETTI, ELIAS: Die Fackel im Ohr. Lebensgeschichte 1921–1931, München–Wien 1980, Carl Hanser Verlag

CONSENTIUS, ERNST: Alt-Berlin. Anno 1740, Berlin 1907, C. A. Schwetschke & Sohn

CORRINTH, KURT: Potsdamer Platz, München 1919 (Kraus Reprint)

CRAIG, GORDON A.: Über die Deutschen, München 1982, C.H. Beck'sche Verlagsbuchhandlung

DAMASCHKE, ADOLF: Aus meinem Leben, Berlin 1928, Reimar Hobbing

Die Dame. Ein deutsches Journal für den verwöhnten Geschmack 1912 bis 1943, zusammengestellt und hg. von Christian Ferber, Berlin 1980, Verlag Ullstein

DEIGHTON, LEN: Finale in Berlin, München 1984, Wilhelm Heyne Verlag

DÖBLIN, ALFRED: Geleitwort zu: M. v. Bucovich, a. a. O., © Walter-Verlag, Olten

DÖBLIN, ALFRED: Berlin Alexanderplatz, München 1966, dtv, © Walter Verlag, Olten

DÖBLIN, ALFRED: Autobiographische Schriften und letzte Aufzeichnungen, Frankfurt a. M., Wien, Zürich o. J., Büchergilde Gutenberg, © Walter Verlag, Olten

DRONKE, ERNST: Berlin, hg. von Rainer Nitsche, Darmstadt und Neuwied 1974, Hermann Luchterhand Verlag

EBERTY, FELIX: Jugenderinnerungen eines alten Berliners, Berlin 1925, Verlag für Kulturpolitik

EDEL, EDMUND: Neu-Berlin. Großstadt-Dokumente Bd. 50, hg. von Hans Ostwald, Berlin und Leipzig o. J., H. Seemann Nachfolger

EDEL, EDMUND: Berlin W. Ein paar Kapitel von der Oberfläche, Berlin 1906, Ball und Pickardt

EGGEBRECHT, AXEL: Volk ans Gewehr. Chronik eines Berliner Hauses 1930–34, Berlin–Bonn 1980, Verlag J. H. W. Dietz

EHRENBURG, ILJA: Menschen, Jahre, Leben. Autobiographie, 2 Bde., München 1962, Kindler, © VAAP-Allunionsagentur für Urheberrechte der UdSSR, Moskau

EICHHOLZ, MARIANNE: Das Mauerspiel, in: Schädlich/Werner a. a. O., © Marianne Eichholz, Berlin

ENDELL, AUGUST: Die Schönheit der großen Stadt, Stuttgart 1908, Strecker und Schröder

ENGEL, GEORG: Das kleine Mädchen, in: Ulrich Frank, a. a. O.

FALLADA, HANS: Wolf unter Wölfen, Reinbek 1975, Rowohlt, © Emma Hey, Braunschweig

FECHTER, PAUL: Die Landschaft, in: Wolfgang Weyrauch, a. a. O.

FONTANE, THEODOR: Cécile, Frankfurt/M.–Berlin–Wien, 1976, Verlag Ullstein

FONTANE, THEODOR: Irrungen, Wirrungen, Frankfurt/M.–Berlin–Wien 1977, Verlag Ullstein

FONTANE, THEODOR: L'Adultera, Frankfurt/M.–Berlin–Wien 1977, Verlag Ullstein

FONTANE, THEODOR: Mathilde Möhring, Frankfurt/M.–Berlin–Wien 1976, Verlag Ullstein

FORMEY, D. LUDWIG: Versuch einer medicinischen Topographie von Berlin, Berlin 1796, Ernst Felisch

FRANK, ULRICH (Hg.): Die Berlinerin, Berlin 1897, Concordia Deutsche Verlagsanstalt

FRENZEL, KARL: Die Berlinerin, in: Ulrich Frank, a. a. O.

FRIEDRICH, OTTO: Weltstadt Berlin. Größe und Untergang 1918–1933, München 1972, Desch

FRISCH, MAX: Tagebuch 1946–1949, Frankfurt/M. 1965, Suhrkamp Verlag
FÜRST, MAX: Talisman Scheherezade. Die schwierigen zwanziger Jahre, o. O., o. J., Deutsche Buchgemeinschaft, © Carl Hanser Verlag, München
GERSAL, LUC (JULES LEGRAS): Spree-Athen. Berliner Skizzen von einem Böotier, Leipzig 1892
GLASSBRENNER, ADOLF: Unterhaltungen, in: A. G.: Ausgewählte Werke, Bd. I, Welt im Guckkasten, Frankfurt/M.–Berlin–Wien 1981, Verlag Ullstein
GLATZER, RUTH (Hg.): Berliner Leben. Erinnerungen und Berichte 1648– 1806, Berlin 1956, Rütten & Loening
GLATZER, RUTH (Hg.): Erinnerungen und Berichte 1870–1900, Berlin 1963, Rütten & Loening
GÖHRE, PAUL: Das Warenhaus, Frankfurt/M. 1907
GOLDSCHMIDT, ALFONS: Deutschland heute, Berlin 1928, Rowohlt
GOLL, IVAN: Sodom Berlin, Berlin [1975], Rotbuch Verlag
GRASS, GÜNTER: In Kreuzberg fehlt ein Minarett, in: Hans Werner Richter, a. a. O.
GREUNER, RUTH (Hg.): Berlin – Stimmen einer Stadt. 99 Autoren – 100 Jahre an der Spree, Berlin 1971, Der Morgen
GROSZ, GEORGE: Ein kleines Ja und ein großes Nein. Sein Leben von ihm selbst erzählt, Reinbek 1974, Rowohlt
GROSZ, GEORGE: Briefe 1913–1959, Reinbek 1979, Rowohlt
GURK, PAUL: Berlin. Roman vom Sterben einer Stadt, Berlin–Darmstadt 1980, Agora Verlag
GUSTAFSSON, LARS: Herr Gustafsson persönlich, Frankfurt/M. 1975, S. Fischer Verlag, © Carl Hanser Verlag, München
GUTZKOW, KARL: Vorrede zu Schleiermachers «Vertrauten Briefen über die Lucinde», in: Gutzkows Werke, 10. Teil, Aufsätze zur Literaturgeschichte, hg. von Reinhold Gensel, Berlin–Leipzig–Wien–Stuttgart o. J., Deutsches Verlagshaus Bong & Co.
HÄRLIN, BENNY, SONTHEIMER, MICHAEL: Potsdamer Straße, Berlin 1983, Rotbuch Verlag
HÄSSLIN, JOHANN JAKOB: Berlin, München 1979, Prestel Verlag
HAMMER, DR. MED. WILHELM: Zehn Lebensläufe Berliner Kontrollmädchen und zehn Beiträge zur Behandlung der geschlechtlichen Frage, Großstadt Dokumente Bd. 23, hg. von Hans Ostwald, Berlin und Leipzig o. J., H. Seemann Nachfolger
HARDEN, MAXIMILIAN: Kaiserpanorama, Berlin o. J., Der Morgen
HAUSENSTEIN, WILHELM: Eine Stadt, auf nichts gebaut... Wilhelm Hausenstein über Berlin, Berlin 1984, Archibook Verlag, © Prestel Verlag, München
HEBBEL, FRIEDRICH: Reiseeindrücke, in: F. H.s sämtliche Werke in zwölf Bänden, neu hg. von Hermann Krumm, 9. Bd. Leipzig o. J., Max Hesse Verlag
HEGEMANN, WERNER: Das steinerne Berlin. Geringfügig gekürzte Ausgabe der Originalausgabe von 1930, Braunschweig 1979, Friedr. Vieweg & Sohn
HEINE, HEINRICH: Briefe aus Berlin. 2. Brief (1822), in: Sämtliche Schriften, 2. Bd., München 1969, Carl Hanser Verlag
HERMANN, GEORG: Kubinke, Berlin 1963, Das neue Berlin, © C. Bertelsmann Verlag GmbH, München
HERRMANN-NEISSE, MAX: Cajetan Schaltermann, in: M. H.-N.: Gesammelte Werke, hg. von Klaus Völker, Frankfurt/M. 1986, Zweitausendeins
HESSEL, FRANZ: Ein Flaneur in Berlin. (Neuausgabe von: Spazieren in Berlin), Berlin 1984, Das Arsenal, © Rogner & Bernhard, München
HEY, RICHARD: West-Berliner Exil, in: FR, 7. 4. 1984, © Richard Hey, Berlin
HEYM, GEORG: Georg Heym, ausgew. von Karl Ludwig Schneider und Gunter Martens, München 1971, Nymphenburger Verlagshandlung
HEYM, STEFAN: 5 Tage im Juni, Frankfurt/M. 1977, S. Fischer Verlag
HILDEBRANDT, DIETER: Die Leute vom Kurfürstendamm, München–Wien 1982, Carl Hanser Verlag
HIRSCHFELD, DR. MAGNUS: Berlins drittes Geschlecht, Großstadt Dokumente Bd. 3, hg. von Hans Ostwald, Berlin und Leipzig o. J., H. Seemann Nachfolger
HÖPFNER, JÜRGEN: Gleisverwerfung, Halle–Leipzig 1982, Mitteldeutscher Verlag

Holitscher, Arthur: Mein Leben in dieser Zeit 1907–1925, Potsdam 1928, Kiepenheuer

Huelsenbeck, Richard: Dr. Billig am Ende, Frankfurt/M. 1973, Makol Verlag, © Mareile B. Richardson, Halifax, Canada

Huret, Jules: Berlin um Neunzehnhundert, München 1909, Langen (Reprint: Berlin 1979, Nicolaische Verlagsbuchhandlung)

Isherwood, Christopher: Mr. Norris steigt um, Frankfurt/M. 1986a, S. Fischer Verlag, © Albino-Verlag, Berlin

Isherwood, Christopher: Leb wohl, Berlin, Frankfurt/M.–Berlin–Wien 1986b, Verlag Ullstein

Italiaander, Rolf, Haas, Willy (Hg.): Berliner Cocktail, Hamburg–Wien, Zsolnay Verlag

Jameson, Egon: Zwei Ansichten, Frankfurt/M.–Berlin–Wien 1965, Verlag Ullstein, © Ullstein Textarchiv, Berlin

Johnson, Uwe: Zwei Ansichten, Frankfurt/M. 1965, Suhrkamp Verlag

Jünger, Friedrich Georg: Werke. Autobiographische Schriften – Spiegel der Jahre, Erinnerungen, Stuttgart 1980, Klett-Cotta Verlagsgemeinschaft

Kästner, Erich: Fabian, Frankfurt/M.–Berlin 1966, Verlag Ullstein, © Atrium Verlag, Zürich

Kaléko, Mascha: Das lyrische Stenogrammheft, Reinbek 1986, Rowohlt

Kantorowicz, Alfred: Gerechtigkeit für Berlin, in: Das Tagebuch vom 3. Okt. 1931, Jg. 12, H. 40, nach: Jochen Meyer (Hg.): Berlin – Provinz. Literarische Kontroversen um 1930, Marbacher Magazin 35/1985, Deutsche Schillergesellschaft Marbach

Kardorff, Ursula v.: Berliner Aufzeichnungen. Aus den Jahren 1942–1945, München 1962, Biederstein Verlag, © C. H. Beck'sche Verlagsbuchhandlung

Kastan, Isidor: Berlin wie es war, Berlin SW 1919, Rudolf Mosse

Kellermann, Bernhard: Der 9. November, Berlin 1921, S. Fischer, © Verlag Volk und Welt

Kessel, Martin: Fragmente, in: Wolfgang Weyrauch, a. a. O.

Keun, Irmgard: Das kunstseidene Mädchen, Düsseldorf 1981, Econ Verlag

Kiaulehn, Walther: Berlin – Schicksal einer Weltstadt, München 1981, dtv, © Biederstein Verlag

Kiaulehn, Walther: Wir lieben Neugierige. Ein Willkommengruß an die Gäste der XI. Olympischen Spiele in Berlin, in: Die Dame, a. a. O., © Biederstein Verlag

Knickerbocker, Hubert Renfro: Deutschland so oder so?, Berlin 1932, Rowohlt

Kniestädt, Eberhard v., Spittler, Christian Ferdinand: Besuch in Berlin 1776/77, Auszug aus «Reiße von Stuttgardt nach Berlin im Jahr 1776 und 1777», nach der Hs. der Landesbibliothek Stuttgart bearbeitet von E. Brinkschulte u. a. in einem Proseminar am Fachbereich 13, Geschichtswissenschaften, der FU Berlin im WS 1978/79

Knobloch, Heinz: Angehaltener Bahnhof. Fantasiestücke, Spaziergänge in Berlin, Berlin 1984, Das Arsenal

König, Barbara: Ade für diesmal, in: Hans Werner Richter, a. a. O.

Koeppen, Wolfgang: Ein Kaffeehaus, in: Atlas, a. a. O.

Körner, Wolfgang Hermann: Die ägyptischen Träume, Berlin 1980, Verlag Klaus Wagenbach

Korherr, Dr. Richard: Berlin, in: Süddeutsche Monatshefte, H. 6, 27. Jg., München, März 1930

Koschka, Emil: Berliner Sitte(n), Berlin 1981, Haude und Spenersche Verlagsbuchhandlung

Kracauer, Siegfried: Kult der Zerstreuung, in: S. K.: Das Ornament der Masse, Frankfurt/M. 1963, Suhrkamp Verlag

Kracauer, Siegfried: Straßen in Berlin und anderswo, Frankfurt/M. 1964, Suhrkamp Verlag

Kracauer, Siegfried: Die Angestellten, Frankfurt/M. 1971, Suhrkamp Verlag

Kraft, Ruth: Die Shimmytreppe, in: Ruth Greuner, a. a. O., © Ruth Kraft, Zeuthen

Kretzer, Max: Großstadtmenschen, Berlin 1920, Globus Verlag

Kretzer, Max: Meister Timpe, Berlin 1927, Büchergilde Gutenberg

Krell, Max: Das alles gab es einmal, Stuttgart–Hamburg 1961, Deutscher Bücherbund

KUBY, ERICH: Aus schöner Zeit. Vom Carepaket zur Nachrüstung: der kurze deutsche Urlaub, Hamburg 1984, Rasch und Röhring Verlag

KÜGELGEN, BERNT VON: Brief an Berlin, in: Freies Deutschland, Mexiko 2. Jan. 1944, nach: Ruth Greuner, a. a. O.

KÜGELGEN, BERNT VON: Die Nacht der Entscheidung, Erinnerungen an Familie und Jugend, Berlin 1983, Verlag der Nation

KÜPPER, HANNES: «Provinz» und Berlin, in: Der Querschnitt 1931, Jg. 11, H. 5

KUNERT, GÜNTER: Ziellose Umtriebe, Berlin und Weimar 1979, Aufbau-Verlag, © Günter Kunert, Kaisborstel

LAFORGUE, JULES: Berlin. Der Hof und die Stadt, 1887 (Reprint: Frankfurt/M. 1970, Insel Verlag)

LANGBEHN, JULIUS: Rembrandt als Erzieher, Leipzig 1890, Verlag von E. L. Hirschfeld

LANGENSCHEIDT, G.: Naturgeschichte des Berliners. Zugleich ein Spaziergang durch das alte Berlin von 1739. Für Einheimische und Fremde, Berlin 1878, Langenscheidts Verlagsbuchhandlung (Reprint: Berlin o. J., Richard Seitz & Co.)

LANGNER, ILSE: Utopie, in: Wolfgang Weyrauch, a. a. O., © Ilse Langner, Darmstadt

LAQUEUR, WALTER: Jahre auf Abruf, Stuttgart 1982, Deutsche Verlags-Anstalt

LAUBE, HEINRICH: Reise durch das Biedermeier, hg. von Franz Heinrich Körber, Hamburg 1965, Hoffmann und Campe Verlag

LEIXNER, OTTO V.: Soziale Briefe aus Berlin, mit besonderer Berücksichtigung der sozialdemokratischen Strömungen, Berlin 1894, Verlag von Friedrich Pfeilstücker

LEWIS, SINCLAIR: Sam Dodsworth, Hamburg 1957, Rowohlt

LIENHARD, FRIEDRICH: Los von Berlin, o. O. u. o. J.

LINDENBERG, PAUL: Berlin in Wort und Bild, Berlin 1895, Ferd. Dümmlers Verlagsbuchhandlung

LÖFFLER, LUDWIG: Berlin und die Berliner in Wort und Bild, Leipzig 1856 (Reprint: Berlin 1978, Verlag J. Schacht)

LOEST, ERICH: Durch die Erde ein Riß. Ein Lebenslauf, Hamburg 1981, Hoffmann und Campe Verlag

MANN, HEINRICH: Berlin (1948), in: H. M.: Verteidigung der Kultur, hg. von Werner Herden, Berlin–Weimar 1971, Aufbau-Verlag

MANN, KLAUS: Der Wendepunkt. Ein Lebensbild, Stuttgart o. J., Deutscher Bücherbund, © Verlag Heinrich Ellermann

MARCUSE, DR. MED. MAX: Uneheliche Mütter, Großstadt Dokumente Bd. 27, hg. von Hans Ostwald, Berlin NW, o. J., H. Seemann Nachfolger

MCNEISH, JAMES: Ahnungslos in Berlin, Berlin 1986, Literarisches Colloquium Berlin, LCR Edition, © James McNeish, Wellington, Neuseeland

MEHRING, WALTER: Die verlorene Bibliothek. Autobiographie einer Kultur, Düsseldorf 1979, Claassen-Verlag

MENDELSSOHN, MOSES: Über die Frage: was heißt aufklären?, in: Was ist Aufklärung? Thesen und Definitionen, hg. von Ehrhard Bahr, Stuttgart 1976, Verlag Philipp Reclam jun.

MEYER, HANS: Der Berlinische Dialekt, in: Joachim Wachtel (Hg.): Kleine Bettlektüre für alle Berliner, die nischt uff ihre Schnauze kommen lassen, München o. J. [1982] Scherz-Verlag

MIELKE, THOMAS R. P.: Der Tag an dem die Mauer brach, Bergisch Gladbach 1985, Bastei Verlag

MÖLLER VAN DEN BRUCK, ARTHUR: Der politische Mensch, hg. v. Hans Schwarz, Breslau 1933, Korn

MUSIL, ROBERT: Gesammelte Werke, Bd. 7, Kleine Prosa, Aphorismen, Autobiographisches, Reinbek 1981, Rowohlt

NABOKOV, VLADIMIR: Stadtführer durch Berlin, in: V. N.: Frühling in Fialta. Erzählungen, hg. von Dieter E. Zimmer, Reinbek 1982, Rowohlt

NABOKOV, VLADIMIR: König, Dame, Bube, Reinbek 1965, Reinbek

NABOKOV, VLADIMIR: Sprich, Erinnerung, sprich. Wiedersehen mit einer Autobiographie, Reinbek 1984, Rowohlt

NADOLNY, STEN: Ein Taxifahrer dankt der Zentrale. in: Hans Werner Richter, a. a. O.

Neukrantz, Klaus: Barrikaden am Wedding. Der Roman einer Straße aus den Berliner Maitagen 1929, Proletarisch-revolutionäre Romane 1, Berlin 1970, Oberbaum Verlag

Nicolai, Friedrich: Beschreibung der Königlichen Residenzstädte Berlin und Potsdam, aller daselbst befindlichen Merkwürdigkeiten, und der umliegenden Gegend, Berlin 1786, Nicolai (Reprint: Berlin 1968, Haude und Spenersche Verlagsbuchhandlung)

Nicolson, Harold: The Charm of Berlin, in: Der Querschnitt, IX. Jg. 1929, H. 5 (Übersetzung nach Johann Jakob Hässlin, a. a. O.)

Nordegg, L. v. (A. v. Wilke): Die Berliner Gesellschaft, Berlin SW 1907, Hugo Steinitz Verlag

Noth, Ernst Erich: Erinnerungen eines Deutschen, Hamburg 1971, Claassen-Verlag

Noth, Ernst Erich: Die Mietskaserne, Frankfurt a. M.–Berlin–Wien 1984, Verlag Ullstein

Ohff, Heinz: Zweimal Berlin, München 1985, R. Piper Verlag

Ostwald, Hans: Der Urberliner in Witz, Humor und Anekdote, Berlin o. J., Paul Franke Verlag

Ostwald, Hans: Das erotische Berlin, Der gesammelten Großstadt Dokumente erster Bd., Berlin und Leipzig o. J., H. Seemann Nachfolger

Ostwald, Hans: Die Berliner. Kultur- und Sittengeschichte Berlins, Berlin W 1921, Verlag für Kunstwissenschaft

Ostwald, Hans: Berliner Bordelle, Leipzig 1905, Walther Fiedler

Ost und West. Beiträge zu kulturellen und politischen Fragen der Zeit, hg. von Alfred Kantorowicz, Berlin 1947–1949

Pecht, Friedrich: Aus meiner Zeit. Lebenserinnerungen, München 1894

PEM: Heimweh nach dem Kurfürstendamm. Aus Berlins glanzvollen Tagen und Nächten, Berlin 1952, Lothar Blanvalet Verlag

Perthes, Friedrich: Friedrich Perthes' Leben. Nach dessen schriftlichen und mündlichen Mitteilungen aufgezeichnet von Clemens Theodor Perthes, Gotha 1896, F. A. Perthes

Petersen, Jan: Unsere Straße. Eine Chronik, geschrieben im Herzen des faschistischen Deutschlands 1933/34, Berlin 1947, Dietz Verlag, © Frau Ingrid Schwalm-Petersen, Berlin (DDR)

Plivier, Theodor: Berlin, München, Wien, Basel 1954, Desch Verlag

Polgar, Alfred: Hinterland, Berlin 1929, Rowohlt

Polgar, Alfred: Kleine Schriften, hg. von Michael Reich-Ranicki in Zusammenarbeit mit Ulrich Weinzierl, Reinbek 1982, Rowohlt

Rasch, Gustav: Die dunklen Häuser von Berlin, Wittenberg 1863, Herrosé

Reichshauptstadt Berlin, Berlin 1943, Haude und Spenersche Verlagsbuchhandlung

Rein, Heinz: Berlin 1932. Ein Roman aus der Zeit der großen Arbeitslosigkeit, Berlin 1946, Die neue Lese

Rein, Heinz: Finale Berlin, Frankfurt/M. 1980, Büchergilde Gutenberg

Reinfrank, Arno und Karin: Zwei Städte unter sieben Flaggen oder Warum die Berliner immer Recht haben, Bremen 1986, Donat & Temmen Verlag

Richter, Hans Werner (Hg.): Berlin, ach Berlin, München 1985, dtv, © Siedler Verlag, Berlin

Riesbeck, Johann Kaspar: Briefe eines reisenden Franzosen über Deutschland an seinen Bruder zu Paris, 2. Bde., Zürich 1784

Roberts, Alexander Baron von: Geschichte einer Berliner Straße in W., in: M. Reymond und L. Manzel: Berliner Pflaster. Illustrierte Schilderungen aus dem Berliner Leben, Berlin 1893, Verlag von W. Pauli's Nachfolger

Roda, Roda, s. Rose Austerlitz, a. a. O., Vorwort

Rodenburg, Julius: Bilder aus dem Berliner Leben, Berlin 1891, Verlag von Gebrüder Paetel

Roth, Joseph: Berliner Saisonbericht. Reportagen und journalistische Arbeiten 1920–1939, Köln 1984, Kiepenheuer & Witsch, © Verlag Allert de Lange, Amsterdam, und Verlag Kiepenheuer & Witsch, Köln

Saltykow-Schtschedrin, Nikolai E.: Reise nach Paris, Berlin 1958, Aufbau-Verlag, nach: Ruth Glatzer (Hg.): Erinnerungen und Berichte 1870–1900, Berlin 1963

SASS, FRIEDRICH: Berlin in seiner neuesten Zeit und Entwicklung 1846, Berlin 1846 (Nachdruck: Berlin 1983, Detlef Heikamp Verlag)

SAUDEK, ROBERT: Dämon Berlin, Berlin NW o. J., Magdeburger Verlagsanstalt

SCHÄDLICH, KRISTA MARIA, WERNER, FRANK (Hg.): Die Hälfte der Stadt. Ein Berliner Lesebuch, München– Königstein 1982, Art Edition

SCHAEFER, ODA: Eine frühe Vision, in: Bruno E. Werner, Ortrud Reichel (Hg.): Lunapark und Alexanderplatz, München 1964, R. Piper Verlag

Schattenriß von Berlin. Bd. 1: Kritische Betrachtungen über das offizielle Berlin, seine Einwohner und andere Berliner Sachen, 1788. Bd. 2: Kritische Betrachtungen über das private Berlin, seine Einwohner und andere Berliner Sachen, 1788 (Reprint, hg. und mit kritischen Anmerkungen versehen von Uwe Otto, Berlin 1974 und 1975, Berliner Handpresse, Reihe Werkdruck)

SCHEER, MAXIMILIAN: Berliner Mosaik, in: Ost und West, a. a. O.

SCHEFFLER, KARL: Berlin. Ein Stadtschicksal, Berlin-Westend 1910, Erich Reiss Verlag

SCHEFFLER, KARL: Wandlungen einer Stadt, Berlin 1931, Bruno Cassirer Verlag

SCHEFFLER, KARL: Der deutsche Januskopf, Berlin 1921, Bruno Cassirer Verlag

SCHLESINGER, KLAUS: Berliner Traum. Fünf Geschichten, Frankfurt/M. 1980, S. Fischer Verlag

SCHLOBINSKI, PETER: Berlinisch für Berliner und alle, die es werden wollen, Berlin 1984, arani-Verlag

SCHNABEL, FRIEDRICH: Deutsche Geschichte im 19. Jahrhundert, Bd. 2, Freiburg 1933, Herder

SCHNEIDER, PETER: Der Mauerspringer, Darmstadt und Neuwied 1982, Hermann Luchterhand Verlag

SCHNEIDER, ROLF: Ich bin kein Berliner, in: Hans Werner Richter, a. a. O.

SCHNURRE, WOLFDIETRICH: Mit der Mauer leben, in: Rudolf Hartung (Hg.): Hier schreibt Berlin heute. Eine Anthologie, München 1963, Paul List Verlag, © Wolfdietrich Schnurre, Felde

SCHNURRE, WOLFDIETRICH: Ein Leben, in: W. S.: Freundschaft mit Adam. Erzählungen 2, Frankfurt/M.–Berlin–Wien 1980, Verlag Ullstein

SCHWARZ, KARL: Berlin: Kulturmetropole und Industriemetropole neuen Typs, in: Ästhetik und Kommunikation, Berlin 1986, 16. Jg., Nr. 61/62

SEIDEL, HEINRICH: Leberecht Hühnchen, München, Zürich 1957

SIMMEL, GEORG: Brief an Margarete Susmann vom 17. 1. 1918 aus Straßburg, Nachlaß Georg Simmel, Berlin, Staatsbibliothek Preußischer Kulturbesitz

SMITH, HOWARD K.: Feind schreibt mit. Ein amerikanischer Korrespondent erlebt Nazi-Deutschland, Berlin 1982, Rotbuch Verlag

SPÄTH, GEROLD: Kurze Zeit in Berlin, in: Hans Werner Richter, a. a. O.

SPENGLER, OSWALD: Der Untergang des Abendlandes, München 1973, dtv, © C. H. Beck'sche Verlagsbuchhandlung

SPEYER, WILHELM: Charlott etwas verrückt, Berlin 1927, © Frau Gaby Speyer, Hastings-on-Hudson, N. Y., zitiert nach: Hessel, a. a. O.

SPITZEMBERG, HILDEGARD VON: Das Tagebuch der Baronin Spitzemberg geb. Freiin von Varnbüler. Aufzeichnungen aus der Hofgesellschaft des Hohenzollernreiches, ausgew. und hg. von Rudolf Vierhaus, Deutsche Geschichtsquellen des 19. und 20. Jahrhunderts, hg. von der Historischen Kommission bei der Bayerischen Akademie der Wissenschaften, Bd. 43, Göttingen 1960, Vandenhoeck und Ruprecht

SPRINGER, ROBERT: Die deutsche Kaiserstadt nebst Potsdam und Charlottenburg mit ihren schönsten Bauwerken und hervorragendsten Monumenten, Darmstadt 1878 (Reprint: Berlin o. J., Haude und Spenersche Verlagsbuchhandlung)

STAPEL, WILHELM: Der Geistige und sein Volk, in: Deutsches Volkstum, Jg. 12, Januar 1930, H. 1

STEFFENS, HENRICH: Was ich erlebte. Aus der Erinnerung niedergeschrieben, 10. Bd., Breslau 1844

STERNHEIM, CARL: Berlin der Juste Millieu, München 1920, Kurt Wolff Verlag, jetzt in: C. S.: Gesamtwerk, Band 6: Zeitkritik, Darmstadt und Neuwied 1966, © Hermann Luchterhand Verlag

STILLICH, OSKAR: Die Lage der weiblichen Dienstboten in Berlin. Berlin 1902, Akademieverlag für Sociale Wissenschaften

STOLZE, STEPHAN: Innenansicht. Eine bürgerliche Kindheit 1938–1945, Frankfurt/M. 1981, Suhrkamp Verlag

STROUSBERG, BETHEL HENRY: Dr. Strousberg und sein Wirken von ihm selbst geschildert, Berlin 1876, Guttentag

STUDNITZ, H. G. VON: Die Berliner Luft, Luft, Luft..., in: Christ und Welt, 10. Aug. 1962

Tagebuch einer Berlinerin, in: Die Dame, a. a. O.

TERGIT, GABRIELE: Käsebier erobert den Kurfürstendamm, Frankfurt/M. 1978, S. Fischer Verlag

THEOBALDY, JÜRGEN: Zurück, in: Jochen Jung (Hg.): Deutschland, Deutschland. 47 Schriftsteller aus der BRD und der DDR schreiben über ihr Land, Salzburg und Wien 1949, Residenz Verlag, © Jürgen Theobaldy, Berlin

TROJAN, JOHANNES: Berliner Bilder. Hundert Momentaufnahmen, Berlin 1903, G. Grotesche Verlagsbuchhandlung

TUCHOLSKY, KURT: Gesammelte Werke in 10 Bänden, Reinbek 1975, Rowohlt

TUCHOLSKY, KURT: Deutschland, Deutschland über alles, Berlin 1929 (Faksimileausgabe: Berlin 1967, Verlag Volk und Welt)

UNGER, FRIEDERIKE HELNE: Briefe über Berlin. Aus Briefen einer reisenden Dame an ihren Bruder in H. 1798, Berlin 1930, Aldus Druck

VOLTAIRE, FRANÇOIS MARIE AROUET DE: Mein Aufenthalt in Berlin, hg. und übers. von Hans Jacob, München 1921, O. C. Recht Verlag

WALSER, ROBERT: Friedrichstraße, in: Dichtungen in Prosa von Robert Walser. Kleine Dichtungen, hg. von Carl Seelig, Darmstadt 1959, Holle Verlag, jetzt in: R. W.: Sämtliche Werke in Einzelausgaben, Bd. 5, Frankfurt/M. 1985, Suhrkamp Verlag, mit freundl. Genehmigung der Carl-Seelig-Stiftung, Zürich

WEBER, ANNEMARIE: Westend, München 1985, dtv

WEISS, LEO: Die Nacht der Provokation, in: Unsere Zeit, VIII. Jg., Paris / Basel, 20. 2. 1934, H. 2

WERNER, FRANK: Das Außen und das Innen, in: Schädlich/Werner, a. a. O., © Frank Werner, Berlin

WEYRAUCH, WOLFGANG (Hg.): Das Berlin-Buch, Leipzig 1941, A. H. Payne Verlag

WOLFE, THOMAS: Brooklyn, Europa und ich, in: Die Dame, a. a. O. Februar 1939

WOLFE, THOMAS: Es führt kein Weg zurück, Reinbek 1981, Rowohlt

WOLZOGEN, ERNST VON: Die musterhafte Hausfrau, in: Ulrich Frank, a. a. O.

WORM, HARDY: Rund um den Alexanderplatz. Gereimtes und Ungereimtes aus dem alten Berlin, Berlin–Weimar 1981, Aufbau-Verlag

ZECH, PAUL: Deutschland, dein Tänzer ist der Tod, Frankfurt/M. 1981, Röderberg Verlag, © Greifenverlag, Rudolstadt

ZOBELTITZ, FEDOR VON: Chronik der Gesellschaft unter dem letzten Kaiserreich 1894–1914, 2 Bde., Hamburg 1922, Alster Verlag

ZUCKMAYER, CARL: Als wär's ein Stück von mir. Horen der Freundschaft. Frankfurt/M. 1966, S. Fischer Verlag

ZWEIG, STEFAN: Die Welt von gestern. Erinnerungen eines Europäers, Frankfurt/M. 1962, S. Fischer Verlag

Kurt Tucholsky

Schloß Gripsholm
Eine Sommergeschichte.
240 Seiten. Gebunden und als rororo 4

Deutschland, Deutschland über alles
Ein Bilderbuch von Kurt Tucholsky und vielen Fotografen. Sonderausgabe.
240 Seiten mit 180 Abbildungen.
Broschiert und als rororo 4611

Rheinsberg
Ein Bilderbuch für Verliebte.
180 Seiten. Gebunden und als rororo 261

Wenn die Igel in der Abendstunde
Gedichte, Lieder und Chansons.
200 Seiten. Gebunden und als rororo 5658

Wo kommen die Löcher im Käse her?
Glossen und Grotesken.
157 Seiten. Gebunden

Briefe an eine Katholikin 1929-1931
90 Seiten. Broschiert

Briefe aus dem Schweigen 1932-1935
Briefe an Nuuna.
312 Seiten. Gebunden und als rororo 5410

Unser ungelebtes Leben
Briefe an Mary.
624 Seiten. Gebunden

Die Q-Tagebücher 1934 – 1935
448 Seiten. Gebunden und als rororo 5604

ro ro ro

C 143/32 a

Kurt Tucholsky

Ausgewählte Werke I und II
Band 1. Einzelband
512 Seiten. Gebunden
Band 2. Einzelband
532 Seiten. Gebunden

Das Kurt-Tucholsky-Chanson-Buch
Texte und Noten. 368 Seiten. Kartoniert

Gedichte
Sonderausgaben. 832 Seiten. Gebunden

Deutsches Tempo
Gesammelte Werke, Ergänzungsband
1911 – 1932. 896 Seiten. Gebunden

Zwischen Gestern und Morgen
Eine Auswahl (rororo 50)

Panter, Tiger & Co.
Eine Auswahl (rororo 131)

Ein Pyrenäenbuch
Bericht einer Reise (rororo 474)

Politische Briefe
(rororo 1183)

Politische Justiz
(rororo 1336)

Politische Texte
(rororo 1444)

Schnipsel
Aphorismen (rororo 1669)

Literaturkritik
Mit einer Vorbemerkung von
Fritz J. Raddatz (rororo 1539)

Kurt Tucholsky
dargestellt von Klaus-Peter Schulz (rm 31)

C 143/32 b

Vladimir Nabokov

Das Bastardzeichen
Roman. Deutsch von Dieter E. Zimmer.
286 Seiten. Gebunden

Das Wahre Leben des Sebastian Knight
Roman. Deutsch von Dieter E. Zimmer
232 Seiten. Gebunden

Durchsichtige Dinge
Roman. Deutsch von Dieter E. Zimmer.
156 Seiten. Gebunden und als
rororo 5756

Einladung zur Enthauptung
Roman. Deutsch von Dieter E. Zimmer.
214 Seiten. Gebunden und als
rororo 1641

Fahles Feuer
Roman. Deutsch von Uwe Friesel.
342 Seiten. Gebunden

Lushins Verteidigung
Roman. Deutsch von Dietmar Schulte.
264 Seiten. Gebunden

Maschenka
Roman. Deutsch von Klaus Birkenhauer.
160 Seiten. Gebunden und als
rororo 4817

Die Mutprobe
Roman. Deutsch von Susanna Rademacher.
256 Seiten. Gebunden und als
rororo 5107

Sieh doch die Harlekins!
Roman. Deutsch von Uwe Friesel.
279 Seiten. Gebunden

rororo

C 2273/1